全国职业教育规划教材·汽车系列

汽车保险与理赔

主　编　王　娜
副主编　代丽丽　袁诚坤
参　编　刘剑峰　汪振凤　韩卫东　李效春
主　审　杨柏青　杨　勇

图书在版编目(CIP)数据

汽车保险与理赔/王娜主编. —北京:北京大学出版社,2017.2
(全国职业教育规划教材·汽车系列)
ISBN 978-7-301-26710-3

Ⅰ. ①汽…　Ⅱ. ①王…　Ⅲ. ①汽车保险—理赔—中国—高等职业教育—教材　Ⅳ. ①F842.63

中国版本图书馆 CIP 数据核字(2016)第 000330 号

书　　　名	汽车保险与理赔
著作责任者	王　娜　主　编
策划编辑	温丹丹
责任编辑	温丹丹
标准书号	ISBN 978-7-301-26710-3
出版发行	北京大学出版社
地　　　址	北京市海淀区成府路 205 号　100871
网　　　址	http://www.pup.cn　新浪微博：@北京大学出版社
电子信箱	zyjy@pup.cn
电　　　话	邮购部 62752015　发行部 62750672　编辑部 62765126
印 刷 者	北京鑫海金澳胶印有限公司
经 销 者	新华书店
	789 毫米×1092 毫米　16 开本　13.75 印张　332 千字
	2017 年 2 月第 1 版　2017 年 2 月第 1 次印刷
定　　　价	32.00 元

未经许可，不得以任何方式复制或抄袭本书之部分或全部内容。
版权所有，侵权必究
举报电话：010-62752024　电子信箱：fd@pup.pku.edu.cn
图书如有印装质量问题，请与出版部联系，电话：010-62756370

前 言

自第一辆汽车问世以来,汽车工业得到迅猛发展,汽车已成为代步工具越来越多地进入人们生活中。截至2015年,我国汽车保有量已达到1.72亿辆,汽车保险行业得到快速发展,汽车保险市场规模在不断扩大,市场对保险从业人员的需求大幅增加。由于相关保险岗位对汽车保险的理论和技能知识都有一定的要求,因此进行一定的理论学习与技能训练是非常必要的,也是职业岗位所必需的。为此,我们编写了本书。

本书具有如下特点。

1. 编写体例新颖

本书融入课程教学设计新理念,以学习需求为基础,以提高学生职业技能和创新能力为目标,理论紧密联系实践。本书的基础理论和基本知识,突出实用性、新颖性;任务训练面向岗位需求,注重结合汽车后市场服务保险岗位的知识和技能要求;案例分析可以让学生、从业人员和汽车使用者从中得到启迪、借鉴,并培养分析问题、解决问题的能力。

2. 以工作任务作为驱动

本书结合我国职业教育改革的新模式,围绕职业工作需要,按照保险人员技能要求设计工作任务。以工作任务为驱动,以完成岗位典型任务为目标,理论知识的学习、实践技能的训练和职业素质的养成均可在任务的完成中得以实现。

3. 理论与实践相结合

在讲述汽车保险与理赔理论基础上,注重"任务训练"内容的编写。在"做"中"学",通过实践技能练习,即可具备基本的从业素质和技能。

4. 注重学习能力的培养

在每项任务资讯后都附有任务训练,便于学生自测学习。同时,在每个系统学习后,均结合行业标准及职业资格考试要求,给出真实案例及思考题,使教学与保险从业资格考试有机结合。这样编写可以锻炼学生自主学习、自我评价的能力。

本书由黑龙江农业工程职业学院王娜担任主编,代丽丽、袁诚坤担任副主编,黑龙江农业工程职业学院杨柏青教授、中国人民财产保险股份有限公司哈尔滨市平房支公司总经理杨勇担任主审。具体编写分工如下:李效春编写任务一,王娜编写任务二,袁诚坤编写任务三、四,韩卫东编写任务五,汪振凤编写任务六,代丽丽编写任务七、八、九,刘剑峰编写任务十。

本书在编写过程中,参考了大量国内外文献资料,也得到了中国人民财产保险股份有限公司哈尔滨市平房支公司的大力支持。在此,谨向本书参考资料中的作者及关心、支持本书写作的同行们表示诚挚的感谢。

由于编者水平有限,书中难免存在不足之处,恳请各位专家和广大读者批评指正,使我们不断完善书中内容。

编　者
2016.12

本教材配有教学课件,如有老师需要,请加 QQ 群(279806670)或发电子邮件至 zyjy@pup.cn 索取,也可致电北京大学出版社:010-62765126。

目 录

任务一 保险和汽车保险 / 1
  任务目标 / 1
  任务资讯 / 1
    资讯一 风险的概述 / 1
    资讯二 风险管理与保险 / 5
    资讯三 汽车保险 / 14
  任务训练 / 19
  案例分析 / 20
  思考题 / 21

任务二 汽车保险产品 / 22
  任务目标 / 22
  任务资讯 / 22
    资讯一 交通事故责任强制保险 / 22
    资讯二 基本险产品 / 31
    资讯三 附加险产品 / 45
    资讯四 机动车保险费率 / 51
  任务训练 / 58
  案例分析 / 60
  思考题 / 61

任务三 汽车保险投保方案设计 / 62
  任务目标 / 62
  任务资讯 / 62
    资讯一 汽车保险的购买途径 / 62
    资讯二 保险营销 / 66
    资讯三 保险促成 / 71
    资讯四 汽车保险的选择 / 74

任务训练 / 80
　　案例分析 / 81
　　思考题 / 81

任务四　汽车保险合同的签订 / 82
　　任务目标 / 82
　　任务资讯 / 82
　　　资讯一　汽车保险合同概述 / 82
　　　资讯二　汽车保险合同的订立 / 87
　　　资讯三　汽车保险合同的生效、变更、解除及争议处理 / 91
　　任务训练 / 94
　　案例分析 / 95
　　思考题 / 95

任务五　汽车保险承保 / 96
　　任务目标 / 96
　　任务资讯 / 96
　　　资讯一　车辆保险的承保 / 96
　　　资讯二　核保业务 / 98
　　　资讯三　缮制和签发保险单证 / 103
　　　资讯四　续保、批改和退保业务 / 104
　　任务训练 / 107
　　案例分析 / 107
　　思考题 / 107

任务六　报案调度 / 108
　　任务目标 / 108
　　任务资讯 / 108
　　　资讯一　受理报案 / 108
　　　资讯二　调度派工 / 116
　　任务训练 / 119
　　思考题 / 120

任务七　车险查勘 / 121
　　任务目标 / 121
　　任务资讯 / 121
　　　资讯一　现场查勘概述 / 121
　　　资讯二　现场查勘流程 / 128

任务训练　/ 146
　　思考题　/ 149

任务八　车险定损　/ 150
　　任务目标　/ 150
　　任务资讯　/ 150
　　　　资讯一　车险定损概述　/ 150
　　　　资讯二　车险定损要求　/ 153
　　　　资讯三　核损　/ 165
　　任务训练　/ 169
　　思考题　/ 170

任务九　人伤案件　/ 171
　　任务目标　/ 171
　　任务资讯　/ 171
　　　　资讯一　人伤案件概述　/ 171
　　　　资讯二　人伤案件核损流程　/ 173
　　任务训练　/ 182
　　思考题　/ 183

任务十　车险理算　/ 184
　　任务目标　/ 184
　　任务资讯　/ 184
　　　　资讯一　车险理赔概述　/ 184
　　　　资讯二　车险理赔流程　/ 186
　　　　资讯三　未决案件　/ 203
　　　　资讯四　理赔案卷的制作和管理　/ 205
　　任务训练　/ 207
　　思考题　/ 209

参考文献　/ 210

任务一
保险和汽车保险

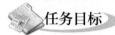**任务目标**

1. 掌握风险的定义。
2. 了解风险的分类以及风险管理的过程和方法。
3. 掌握汽车保险的含义、职能、作用、特征、要素和原则。
4. 能够运用风险理论对车辆进行风险识别。
5. 能够为客户设计简单的风险管理方案。

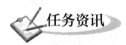**任务资讯**

资讯一 风险的概述

一、风险的定义

保险离不开危险，危险的存在是人们进行保险的前提条件。在日常生活中，人们往往把"危险"和"风险"视作同义词，"危险又称风险"的提法也常见于有关的保险作品中，这种提法是有误的。实际上，危险与风险既有联系义有区别，是两个不同的概念。

危险是指导致意外损失发生的灾害事故的不确定性。即在特定期间，特定客观情况下，导致损失的事件是否发生、何时发生，损失的范围和程度的不可预见性和不可控制性。危险包含两个方面的含义：一是危险的不确定性；二是危险事件发生给人类造成的经济损失的不确定性。

风险是指人们在生产、生活或对某一事项做出决策的过程中，对未来结果的不确定性，包括正面效应和负面效应的不确定性。从经济角度而言，前者为收益，后者为损失。

二、风险的特征

1. 客观性

风险是客观存在的，人们只能在一定的时间和空间内改变风险存在和发生的条件，降低风险发生的频率和损失，却不能彻底消除风险。

2. 普遍性

风险是无时不在、无处不有的,它渗透到每个人的工作和生活的方方面面。

3. 偶然性

对某一个经济主体而言,风险是否发生,何时何地发生,损失有多大,是事先无法知道的。

4. 可测性

人们根据以往发生的一系列类似事件的统计资料来分析某种风险发生的频率及其造成的损失程度,从而对其进行预测、衡量与评估。

5. 可变性

风险并不是一成不变的,在一定条件下可以转化。这种转化包括风险性质的转化、风险量的转化,在一定的时间和空间范围内消除某些风险、产生新的风险等。

三、风险的组成要素

风险的组成要素包括风险因素、风险事故和损失。

1. 风险因素

风险因素是指引起或增加风险事故的机会或扩大损失幅度的原因和条件,是风险事故发生的潜在原因,是造成损失的直接的或间接的原因。例如,酒后驾车、疲劳驾驶,车辆制动系统有故障等由此导致的车祸或损失等。风险因素根据性质可分为物质风险因素、道德风险因素和心理风险因素。

(1) 物质风险因素。物质风险因素是指有形的,并能直接影响事物物理功能的因素,即某一标的本身所具有的足以引起或增加损失机会和损失幅度的客观原因和条件。例如,汽车的超速行驶、地壳的异常变化、恶劣的气候、疾病传染、环境污染等。

(2) 道德风险因素。道德风险因素是与人的品德修养有关的无形的因素,即是指由于个人不诚实、不正直或不轨企图促使风险事故发生,以致引起社会财富损毁或人身伤亡的原因和条件。例如,欺诈、纵火、贪污、盗窃等。

(3) 心理风险因素。心理风险因素是与人的心理状态有关的无形的因素,即由于人的不注意、不关心、侥幸或存在依赖保险的心理,以致增加风险事故发生的概率和损失幅度的因素。例如,酒后驾车、驾驶有故障车辆、企业或个人投保财产保险后放松对财物的保护措施、投保人身保险后忽视自己的身体健康等。

2. 风险事故

风险事故是指造成生命、财产损害的偶发事件,是造成损害的外在的和直接的原因,损失都是由风险事故造成的。风险事故使风险的可能性转化为现实,即风险的发生。例如,制动系统失灵酿成车祸而导致人员伤亡,其中,制动系统失灵是风险因素;车祸是风险事故;人员伤亡是损失。如果仅有制动系统失灵,而未导致车祸,则不会导致人员伤亡。

对于某一事件,在一定条件下,可能是造成损失的直接原因,则它称为风险事故;而在其他条件下,可能是造成损失的间接原因,则它便成为风险因素。例如,下冰雹使得路滑而造成车祸或人员伤亡,这时冰雹就是风险因素,车祸是风险事故;若冰雹直接击伤行人,则它是风险事故。

3. 损失

在风险管理中,损失是指非故意的、非预期的和非计划的经济价值的减少,这是狭义损失的定义。显然,风险管理中的损失包括两个方面的条件:一为非故意的、非预期的和非计划的观念;二为经济价值的观念,即经济损失必须以货币来衡量,二者缺一不可。例如,有人因病致使其智力下降,虽然符合第一个条件,但不符合第二个条件,故不能把智力下降定为损失。

广义的损失既包括精神上的耗损,又包括物质上的损失。例如,记忆力减退、时间的耗费、车辆的折旧和报废等属于广义的损失,不能作为风险管理中所涉及的损失。因为,它们是必然发生的或是计划安排的。

在保险实务中,损失分为直接损失和间接损失,前者是直接的、实质的损失;后者包括额外费用损失、收入损失和责任损失。

4. 风险因素、风险事故和损失三者之间的关系

风险是由风险因素、风险事故和损失三者构成的统一体,它们之间存在着一种因果关系,简单表述如图1-1所示。

图1-1 风险组成要素之间的因果关系

四、风险的分类

风险的分类方法有很多,现介绍几种与风险管理有密切关系的分类方法。

(一)按风险损害的对象分类

按风险损害的对象分类,风险可划分为财产风险、人身风险、责任风险和信用风险。

1. 财产风险

财产风险是导致财产发生毁损、灭失和贬值的风险。例如,房屋有遭受火灾、地震的风险,汽车有发生车祸的风险,财产价值因经济因素有贬值的风险。

2. 人身风险

人身风险是指因生、老、病、死等原因而导致经济损失的风险。例如,因为年老而丧失劳动能力或由于疾病、伤残、死亡、失业等导致个人、家庭经济收入减少,造成经济困难。生、老、病、死虽然是人生的必然现象,但在何时发生并不确定,一旦发生,将给本人或其家属在精神和经济生活上造成困难。

3. 责任风险

责任风险是指因侵权或违约,依法对他人遭受的人身伤亡或财产损失应负的赔偿责任的风险。例如,汽车撞伤了行人,如果属于驾驶员的过失,那么按照法律责任规定,就必须对受害人或其家属给付赔偿金。又如,根据合同、法律规定,雇主对其雇员在从事工作范围内的活动中,造成身体伤害所承担的经济给付责任。

4. 信用风险

信用风险是指在经济交往中,权利人与义务人之间,由于一方违约或犯罪而造成对方经济损失的风险。

(二) 按风险的性质分类

按风险的性质分类，风险可划分为纯粹风险和投机风险。

1. 纯粹风险

纯粹风险是指只有损失可能而无获利机会的风险，即造成损害可能性的风险。其所致结果有两种，即损失和无损失。例如，交通事故只会给人民的生命财产带来危害，而绝不会有利益可得。在现实生活中，纯粹风险是普遍存在的，如水灾、火灾、疾病、意外事故等都可能导致巨大损害。但是，这种灾害事故何时发生，损害后果多大，往往无法事先确定，于是，它就成为保险的主要对象。人们通常所称的"危险"，也就是指这种纯粹风险。

2. 投机风险

投机风险是指既可能造成损害，又可能产生收益的风险，其所致结果有三种，即损失、无损失和盈利。例如，有价证券，证券价格的下跌可使投资者蒙受损失，证券价格不变无损失，但是证券价格的上涨却可使投资者获得利益。又如，赌博、市场风险等，这种风险都带有一定的诱惑性，可以促使某些人为了获利而甘冒这种损失的风险。在保险业务中，投机风险一般是不能列入可保风险之列的。

此外，还有一种只会产生收益而不会导致损失的风险，例如，接受教育可使人终身受益，但教育对受教育的得益程度是无法进行精确计算的。而且，这也与不同的个人因素、客观条件和机遇有密切关系。对不同的个人来说，虽然付出的代价是相同的，但其收益可能是大相径庭的，这也可以说是一种风险，有人称之为收益风险，这种风险当然也不能成为保险的对象。

(三) 按损失的原因分类

按损失的原因分类，风险可分为自然风险、社会风险、经济风险、技术风险、政治风险和法律风险。

1. 自然风险

自然风险是指由于自然现象或物理现象所导致的风险。如洪水、地震、风暴、火灾、泥石流等所致的人身伤亡或财产损失的风险。

2. 社会风险

社会风险是由于个人行为反常或不可预测的团体的过失、疏忽、侥幸、恶意等不当行为所致的损害风险。例如，盗窃、抢劫、罢工、暴动等。

3. 经济风险

经济风险是指在产销过程中，由于有关因素变动或估计错误而导致的产量减少或价格涨跌的风险等。例如，市场预期失误、经营管理不善、消费需求变化、通货膨胀、汇率变动等所致经济损失的风险。

4. 技术风险

技术风险是指伴随着科学技术的发展、生产方式的改变而发生的风险。例如，核辐射、空气污染、噪声等风险。

5. 政治风险

政治风险是指由于政治原因。例如，政局的变化、政权的更替、政府法令和决定的颁布实施，以及种族和宗教冲突、叛乱、战争等引起社会动荡而造成损害的风险。

6. 法律风险

法律风险是指由于颁布新的法律和对原有法律进行修改等原因而导致经济损失的风险。

(四) 按风险涉及的范围分类

按风险涉及的范围分类,风险可分为特定风险和基本风险。

1. 特定风险

特定风险是指与特定的人有因果关系的风险。即由特定的人所引起,而且损失仅涉及个人的风险。例如,盗窃、火灾等都属于特定风险。

2. 基本风险

基本风险是指其损害波及社会的风险。基本风险的起因及影响都不与特定的人有关,至少是个人所不能阻止的风险。例如,与社会或政治有关的风险,与自然灾害有关的风险,都属于基本风险。

特定风险和基本风险的界限,对某些风险来说,会因时代背景和人们观念的改变而有所不同。如失业,过去认为是特定风险,而现在认为是基本风险。

资讯二 风险管理与保险

一、风险管理的定义

风险管理是指经济单位通过风险识别、风险估测、风险评价,对风险实施有效的控制和妥善处理风险所致的损失,期望达到以最小的成本获得最大安全保障的管理活动。

风险管理是研究风险发生规律和风险控制技术的一门新兴管理学科,主要是为了适应现代企业自我发展和自我改造的能力。首先,由于科学技术的飞速发展及其广泛应用于社会生活的各个方面,无形中使各种风险因素及风险发生的可能性大大增加,并且使风险事故发生所造成的损失规模起了很大变化。这都说明,现代化的工业也会造成巨额经济损失,这就对企业所负担的责任,提出更高的管理要求。其次,在现代经济生活中,企业面临着国内外众多商家的激烈竞争,其各种经济活动、经济关系日趋复杂,投机活动也越来越多,使各种动态风险因素剧增,并渗透到社会生产和社会生活的各个方面。企业为了防止可能发生的风险与损失,以及解决损失后如何获得补偿等问题,就必须进行风险识别、风险估测、风险评价,并在此基础上优化组合各种风险管理技术,对风险实施有效的控制和妥善处理风险所致损失的后果,期望达到以最小的成本获得最大安全保障的目标。

二、风险管理的目标

风险管理的目标由两部分组成:损失发生前的风险管理目标和损失发生后的风险管理目标。损失发生前的风险管理目标是避免和减少风险事故形成的机会,包括节约经营成本、减少忧虑心理;损失发生后的风险管理目标是努力使损失的标恢复到损失前的状态,包括维持企业的继续生存、生产服务的持续、稳定的收入、生产的持续增长和社会责任。二者有效结合,构成完整而系统的风险管理目标。

1. 损失发生前的风险管理目标

(1) 降低损失成本。风险事故的形成势必增加企业的经营成本,影响企业利润计划的实现。因此,企业必须根据本身运作的特点,充分考虑到自身所面临的各项风险因素。并且对这些风险因素可能形成的风险事故进行处理,从而使风险事故对企业可能造成的损失成本变为最小,达到最大安全保障的目标。

(2) 减轻和消除精神压力。风险因素的存在对于人们正常的生产和生活造成了各种心理的和精神的压力,通过制定切实可行的损失发生前的管理目标,便可减轻和消除这种压力,从而有利于社会和家庭的稳定。

2. 损失发生后的风险管理目标

(1) 维持企业的生存。在损失发生后,企业至少要在一段合理的时间内才能部分恢复生产或经营。这是损失发生后的企业风险管理工作的最低目标。只有在损失发生后能够继续维持受灾企业的生存,才能使企业有机会减少损失所造成的影响,尽早恢复至损失发生之前的生产状态。

(2) 生产能力的保持与利润计划的实现。这是损失发生后的企业风险管理工作的最高目标。如何使风险事故对于企业所造成的损失为最小,保证企业的生产能力与利润计划不因为损失的发生而受到严重的影响,是企业风险管理工作中必须策划的目标。为了保证这个目标的实现,企业在制定和设计损失发生后的风险管理的目标过程中,就必须根据企业的资本结构和资产分布状况确定消除风险事故影响的最佳经济和技术方案。

(3) 保持企业的服务能力。这是损失发生后的企业风险管理工作的社会义务目标。企业的社会责任之一就是保证其对于社会和消费者所作出的服务承诺的正常履行,这种责任的履行不仅是为了维护企业的社会形象,而且是为了保证企业发挥作为整个社会正常运转的一个链条的作用。所以,对于企业来说,这个目标具有强制性和义务性的特点。例如,公共事业必须保证对于公共设施提供不间断的服务,生产民用产品的企业必须能够在损失发生后保证继续履行对于其客户承诺的售后服务,以防止消费者转向该企业的竞争对手。

(4) 履行社会责任。即尽可能减轻企业受损对其他人和整个社会的不利影响,因为企业遭受一次严重的损失灾难转而会影响到雇员、顾客、供货人、债权人、税务部门以至整个社会的利益。这是损失发生后的企业风险管理工作的社会责任目标。企业作为社会的一部分,其本身的损失可能还涉及企业员工的家属、企业的债权人和企业所在社区的直接利益,从而使企业面临严重的社会压力。因此,企业在制定自身的风险管理目标时不仅要考虑企业本身的需要,而且还要考虑企业所负担的社会责任。

三、风险管理的作用

(1) 增强风险面临者的安全保障程度。风险管理可以保障风险面临者及其家庭免于重大灾害损失的风险,解除后顾之忧,敢于承担风险去创业和投资,通过有效地风险管理可以使个人及家庭节省保费开支而不减少其安全保障。

(2) 降低经济组织的经营风险。通过风险管理,选择恰当有效的风险管理技术,可以创造一个安全稳定的经营环境,有利于提高经济组织的经济效益。

(3) 保障社会稳定。实施风险管理,采取风险保障措施,可以在一定程度上补偿风险受害者的损失,使家庭、经济组织在风险事故发生后能够继续维持生存,并有机会减少损失所造成的影响,从而减轻家庭、经济组织受损对整个社会的不利影响,保障社会稳定。风险管理使得各经济组织的资源得到有效的利用,使风险处理的社会成本下降,增加社会的经济效益。

四、风险管理的基本程序

风险管理的基本程序为风险识别、风险估测、风险评价、选择风险管理技术和风险管理效果评价等环节。

1. 风险识别

风险识别是风险管理的第一步，是指对企业面临的和潜在的风险加以判断、归类和对风险性质进行鉴定的过程。风险识别是对尚未发生的、潜在的和客观的各种风险系统地、连续地进行识别和归类，并分析产生风险事故的原因。识别风险主要包括感知风险和分析风险两个方面的内容。

感知风险是了解客观存在的各种风险，例如，汽车有碰撞、丢失、火灾等多种风险。分析风险是分析引起风险事故的各种因素，例如，具体分析车辆发生火灾的因素，线路短路、碰撞致使油箱漏油、被人纵火等都会引起车辆火灾。感知风险是风险识别的基础，分析风险是风险识别的关键。

2. 风险估测

风险估测是指在风险识别的基础上，通过对收集的大量的详细资料加以分析，运用概率论和数理统计，估计和预测风险发生的概率和损失程度。风险估测以损失频率和损失程度为主要测算目标。

损失频率的高低取决于风险单位数目、损失形态和风险事故；损失程度是指某一特定风险发生的严重程度。风险估测不仅使风险管理建立在科学的基础上，而且使风险分析定量化。损失分布的建立、损失概率和损失期望值的预测值为风险管理者进行风险决策、选择最佳管理技术提供了可靠的科学依据。它要求从风险发生频率、发生后所致损失的程度和自身的经济情况入手，分析自己的风险承受力，为正确选择风险的处理方法提供根据。

3. 风险评价

风险评价是指在风险识别和风险估测的基础上，对风险发生的概率、损失程度，结合其他因素全面进行考虑，评估风险发生的可能性及其危害程度，并与公认的安全指标相比较，以衡量风险的程度，并决定是否需要采取相应的措施处理风险。风险评价需要一定费用，费用和风险损失之间的比例关系直接影响风险管理的效益。通过对风险性质的定性、定量分析和比较处理风险所支出的费用，来确定风险是否需要处理和处理程度，以判定为处理风险所支出的费用是否有效益。

4. 选择风险管理技术

根据风险评价结果，为实现风险管理目标，选择最佳风险管理技术与实施是风险管理中最重要的环节。风险管理技术分为风险控制法和风险财务法两大类，前者的目的是降低损失频率和减少损失程度，重点在于改变引起风险事故和扩大损失的各种条件；后者是事先做好吸纳风险成本的财务安排。

（1）风险控制法。控制法是指避免、消除风险或减少风险发生频率及控制风险损失扩大的一种风险管理方法，主要包括以下内容。

① 避免。避免是放弃某项活动以达到回避因从事该项活动可能导致风险损失目的的行为。避免是处理风险的一种消极方法，通常在两种情况下进行：一是某种特定风险所致损

失频率和损失幅度相当高时；二是处理风险的成本大于其产生的效益时。避免风险虽然简单易行，但有时能够彻底根除风险，例如，担心锅炉爆炸，就放弃利用锅炉烧水，改用电热炉等，但这又存在因电压过高致使电热炉被损坏的风险。但有时因回避风险而放弃了经济利益，增加了机会成本，且"避免"的采用通常会受到限制。

② 预防。预防是指在风险发生前为了消除和减少可能引起损失的各种因素而采取的处理风险的具体措施，其目的在于通过消除或减少风险因素而达到降低损失频率的目的。具体方法有工程物理法和人类行为法。工程物理法（如精心选择建筑材料，以防止火灾风险）的重点是预防各种物质性风险因素；人类行为法包括对设计、施工人员及住户进行教育等，其重点是预防人为风险因素。

③ 抑制。抑制是指风险事故发生时或发生后采取的各种防止损失扩大的措施。抑制是处理风险的有效技术。例如，在建筑物上安装火灾警报器和自动喷淋系统等，可减轻火灾损失的程度，防止损失扩大，降低损失程度。抑制常在损失幅度高且风险又无法回避和转嫁的情况下采用。

④ 风险中和。风险中和是指风险管理者采取措施将损失机会与获利机会进行平分。例如，企业为应付价格变动的风险，可以在签订买卖合同的同时进行现货和期货买卖。风险的中和一般只限于对投机风险的处理。

⑤ 集合或分散。集合或分散是集合性质相同的多数单位来直接负担所遭受的损失，以提高每一单位承受风险的能力。就纯粹风险而言，可使实际损失的变异局限于预期的一定幅度内，适用大数法则的要求。就投机风险而言，如通过购并、联营等手段，以此增加单位数目，提高风险的可测性，达到把握风险、分担风险、降低风险成本的目的。虽然该方法适用于大数法则，但只适用于特殊的行业、地区或时期。

（2）风险财务法。由于人们对风险的认识受许多因素的制约，因而对风险的预测和估计不可能达到绝对精确的地步，而各种控制处理方法，都有一定的缺陷。为此，有必要采取风险财务法，以便在财务上预先提留各种风险准备金，消除风险事故发生时所造成的经济困难和精神忧虑。风险财务法包括自留或承担和转移两种。

① 自留或承担。自留是经济单位或个人自己承担全部风险成本的一种风险管理方法，即对风险的自我承担。自留有主动自留和被动自留两种。采取自留方法，应考虑经济上的合算性和可行性。一般来说，在风险所致的损失频率和幅度低、损失短期内可预测以及最大损失不足以影响自己的财务稳定时，宜采用自留方法。但有时会因风险单位数量的限制而无法实现其处理风险的功效，一旦发生损失，可能导致财务调度上的困难而失去其作用。

② 转移。风险转移是一些单位或个人为避免承担风险损失而有意识地将风险损失或与风险损失有关的财务后果转嫁给另一个单位或个人承担的一种风险管理方式。

风险转移分为直接转移和间接转移。直接转移是风险管理者将与风险有关的财务或业务直接转嫁给他人；间接转移是指风险管理者在不转移财产或业务本身的条件下将财产或业务的风险转移给他人。直接转移主要包括转让、转包等，间接转移主要包括租赁、保证、保险等。其中，转让是将可能面临风险的标的通过买卖或赠予的方式将标的所有权让渡给他人；转包是将可能面临风险的标的通过承保的方式将标的经营权或管理权让渡给他人；租赁是通过出租财产或业务的方式将与该项财产或业务有关的风险转移给承租人；保证是保证人和债权人约定，当债务人不履行债务时，保证人按照约定履行债务或承担责任的行为；保险是指通过支付保费购买保险将自身面临的风险转嫁给保险人的行为。

上述财务法和控制法的各种形式各有利弊,适用于不同的风险损失类型。

5. 风险管理效果评价

风险管理效果评价是分析、比较已实施的风险管理方法的结果与预期目标的契合程度,以此来评判管理方案的科学性、适应性和收益性。由于风险性质的可变性,人们对风险认识的阶段性以及风险管理技术正处于不断完善之中。因此,需要对风险的识别、估测、评价及管理方法进行定期检查、修正,以保证风险管理方法适应变化了的新情况。所以,我们把风险管理视为一个周而复始的管理过程。风险管理效益的大小取决于是否能以最小风险成本取得最大安全保障,同时还要考虑与整体管理目标是否一致以及具体实施的可能性、可操作性和有效性。

五、汽车风险识别

(一) 汽车面临的风险

1. 道路交通事故的风险

(1) 车与车之间发生的碰撞。

(2) 车与行人之间发生的碰撞。

(3) 车辆自身的事故。

(4) 其他事故。

2. 自然灾害风险

自然灾害风险是指由于自然界的自然现象引起的汽车的损害和驾乘者的人身伤害,例如,洪水、大风、泥石流、冰雹、暴雪、大雨、雷击、地震、海啸、塌方、滑坡等自然现象引起的车辆碰撞、倾覆、火灾、爆炸等损害继而引发的人身伤害。

3. 其他风险

其他风险,如车辆被盗抢风险、高空坠物、交通事故导致精神损害风险等。

(二) 汽车风险的识别

1. 汽车本身风险的识别

(1) 汽车的使用性质和使用目的。汽车的使用性质不同,对其行驶里程、使用频率、损耗程度以及技术情况都有不同程度的影响。汽车的使用性质一般分为私用和商用,我国以营业和非营业为标准划分。私用汽车一般使用频率较低,危险暴露相应小一些;而商用汽车使用频率较高,事故率也较高。所以汽车的使用性质不同,所发生事故的风险也不同;汽车使用目的的不同,其危险性也不一样,确定保险费率的依据也不同。

(2) 车型与厂牌型号。车型大小与发生事故的危险性有直接关系。一般大型汽车由于其体积大、功率大、速度快,一旦发生事故后果严重,危害较大;而小型汽车发生事故的危害性相对较小一些。现代汽车的车型很多,也很复杂,即便同一型号的汽车其安全性也不尽相同。因此,对汽车的车型及其危险性进行分类很重要。英国采用由保险公司成立的专门机构负责对各种车辆的安全性进行综合分类,作用十分明显。

因汽车的种类很多,各种汽车的构造、性能差异很大,即使是同一厂家的汽车,不同型号之间差异也很大。因此厘定汽车的保险费率时,厂家和型号都是很重要的因素。

(3) 车龄或机动车的实际价格。车龄或汽车的实际价格是汽车已使用时间长短的评价指标,它与汽车的折旧关系很大,直接影响到保险金额,也会影响到汽车的修理成本和使用危险性。车龄较大的汽车技术性能明显不如新车,危险性比新车要大。因此对于从车主义(设计保险费率考虑的因素以车为主)的汽车保险,车龄或汽车的实际价格是确定保险金额和厘定保险费率的重要依据之一。

(4)家庭或车主拥有的机动车数。如果一个家庭或一个家族拥有的汽车数量少,汽车的使用频率就会很高;同时,由于家庭成员的驾驶习惯不同,往往事故频率较大。如果车主拥有多辆车,则有助于保险成本的降低。

2. 驾驶风险的识别

(1)驾驶员的年龄与驾龄。研究表明,驾驶员的年龄是影响交通事故率的重要因素之一,交通事故的发生与驾驶员的生理状况和心理状态密切相关。一般情况下,年轻人的心理未臻成熟,处于争强好胜阶段,往往容易超速驾车,因此事故率比年长者高;而老年人的生理机能日趋下降,反应较迟钝,事故率也较高。统计资料表明,驾驶员发生交通事故的概率年轻时最高,然后逐年下降,大约在40~50岁时为最低,此后又略有上升。因此,通过合理划分年龄档次确定保险费率是从人主义(设计费率考虑的因素以人的因素为主)汽车保险制度的通用做法。

(2)驾驶员的性别与职业。汽车驾驶员的性别与交通事故率也有很大的关系。由于男性驾驶员在驾驶汽车时较女性更易受干扰,所以事故率也较女性高。研究表明,女性驾驶员发生事故的概率比男性驾驶员略低,其差别大约相差3~5岁。但当女性驾驶员超过60岁时,其发生事故的概率比男性驾驶员略高。所以,一般情况下女性驾驶员的保险费率应比男性驾驶员略低一些。

不同的职业对人的情绪和体力的影响很大,同时也会影响人的心理状态。资料表明,不同职业的汽车驾驶员出事故的概率差别很大。例如,从事体力劳动的工人的事故率要高于行政工作人员,飞机驾驶员的事故率比教师的事故率要高。因此,驾驶员的职业反映了其生活习惯和生活方式,也影响到保险车辆的使用目的和使用范围,是交通事故的危险因素之一。

(3)驾驶员的婚姻状况。驾驶员的婚姻状况对发生交通事故也有影响。如果驾驶员已婚,家庭责任和家人的督促会使其小心驾车,从而降低事故率;如果驾驶员未婚,没有家庭牵挂,其驾车安全性显然不如已婚者,易发生交通事故。因此,已婚驾驶员的保险费率要比未婚者低。

(4)驾驶员的生活习性与事故记录。驾驶员是否有吸烟的生活习惯对交通事故也有影响。如果驾驶员在汽车行驶途中吸烟,必然妨碍其驾驶操作,影响汽车行驶的安全性。而酗酒对驾驶员神经系统的影响尤为明显,会导致其反应迟钝、判断错误,酒后开车一直是交通事故的主要原因之一,因此大多数国家都明令禁止酒后驾驶。

(5)附加驾驶员的数量。由于附加驾驶员个人情况差异较大,显然会增加事故概率。附加驾驶员越多,事故危险性越大。因此每附加一个驾驶员,保险人就要增收一部分保险费。投保人附加的驾驶员越多,所交保险费就越多。

六、保险

1. 保险的定义

根据《中华人民共和国保险法》(以下简称《保险法》)第 2 条规定:"本法所称保险,是指投保人根据合同约定,向保险人支付保险费,保险人对于合同约定的可能发生的事故因其发生所造成的财产损失承担赔偿保险金责任,或者当被保险人死亡、伤残、疾病或者达到合同约定的年龄、期限等条件时承担给付保险金责任的商业保险行为。"

现代保险学者一般从两个方面来解释保险的定义。从经济角度上来看,保险是分摊意外事故损失的一种财务安排。投保人参加保险,实质上是将他的不确定的大额损失变成确定的小额支出,即保险费。而保险人集中了大量同类风险,能借助大数法则来正确预见损失的发生额,并根据保险标的的损失概率制定保险费率。通过向所有投保人收取保险费建立保险基金,用于补偿少数被保险人遭受的意外事故损失。因此,保险是一种有效的财务安排,并体现了一定的经济关系。从法律角度来看,保险是一种合同行为,体现的是一种民事法律关系。根据合同约定,一方承担支付保险费的义务,换取另一方为其提供的经济补偿或给付的权利,这正好体现了民事法律关系的内容与主体之间的权利和义务关系。

2. 保险的要素

保险要素是指进行保险活动所应具备的基本条件。一般来讲,现代商业保险活动包括五大要素。

(1)必须是可保风险,即符合保险人承包条件的风险。可保风险是保险人可以接受承保的风险。尽管保险是人们处理风险的一种方式,它能为人们在遭受损失时提供经济补偿,但并不是所有破坏物质财富或威胁人身安全的风险,保险人都承保。可保风险有几个特性:一是风险不是投机性的;二是风险必须具有不确定性,就一个具体单独的保险标的而言,保险当事人事先无法知道其是否发生损失、发生损失的时间和发生损失的程度如何;三是风险必须是大量标的均有遭受损失的可能性;四是风险必须是意外的;五是风险可能导致较大损失;六是在保险合同期限内预期的损失是可计算的,保险人承保某一特定风险,必须在保险合同期限内收取足够数额的保险费,以聚集资金支付赔款,支付各项费用开支,并获得合理的利润。

(2)大量同质风险的集合与分散。保险的过程,既是风险的集合过程,又是风险的分散过程。众多投保人将其所面临的风险转嫁给保险人,保险人通过承保而将众多风险集合起来。当发生保险责任范围内的损失时,保险人又将少数人发生的风险损失分摊给全部投保人,也就是通过保险的补偿行为分摊损失,将集合的风险予以分散转移。保险风险的集合与分散应具备两个前提条件。一是多数人的风险。如果是少数或个别人的风险,就无所谓集合与分散,而且风险损害发生的概率难以测定。二是同质风险。如果风险为不同性质风险,那么风险损失发生的概率就不相同,因此风险也就无法进行集合与分散。此外,由于不同性质的风险损失发生的频率与幅度是有差异的,倘若进行集合与分散,会导致保险经营财务的不稳定,保险人将不能提供保险供给。

(3)保险费率的厘定。保险在形式上是一种经济保障活动,而实质上是一种商品交换行为。因此,厘定合理的费率,即制定保险商品的价格,便构成了保险的基本要素。保险的费率过高,保险需求会受到限制;反之,保险的费率厘定得过低,保险供给将得不到保障,这都不能称为合理的费率。费率的厘定应依据概率论、大数法则的原理进行计算。

(4) 保险基金的建立。保险的分摊损失与补偿损失功能是通过建立保险基金实现的。保险基金是用以补偿或给付因自然灾害、意外事故和人体自然规律所致的经济损失和人身损害的专项货币基金,它主要来源于开业资金和保险费。就财产保险准备金而言,表现为未到期责任准备金、赔款准备金等形式;就人寿保险准备金而言,主要以未到期责任准备金形式存在。保险基金具有分散性、广泛性、专项性与增值性等特点,保险基金是保险的赔偿与给付的基础。

(5) 保险合同的订立。保险是一种经济关系,是投保人与保险人之间的经济关系。这种经济关系是通过合同的订立来确定的。保险是专门对意外事故和不确定事件造成的经济损失给予赔偿的,风险是否发生,何时发生,其损失程度如何,均具有较大的随机性。保险的这一特性要求保险人与投保人应在确定的法律或契约关系约束下履行各自的权利与义务。倘若不具备在法律上或合同上规定的各自的权利与义务,保险经济关系则难以成立。因此,订立保险合同是保险得以成立的基本要素,它是保险成立的法律保证。

3. 保险的分类

(1) 根据保险标的的不同进行分类。根据保险标的的不同,保险可分为财产保险和人身保险。

财产保险是指以财产及其相关利益为保险标的的保险,包括财产损失保险、责任保险、信用保险、保证保险、农业保险等。财产保险是以有形财产或无形财产及其相关利益为保险标的的一类补偿性保险。

人身保险是以人的寿命和身体为保险标的的保险。当人们遭受不幸事故或因疾病、年老以致丧失工作能力、伤残、死亡或年老退休时,根据保险合同的约定,保险人对被保险人或受益人给付保险金或年金,以解决其因病、残、老、死所造成的经济困难。

(2) 根据实施形式的不同进行分类。根据实施形式的不同,保险可分为自愿保险和强制保险两种。

自愿保险是通过自愿的方式,即投保人和保险人双方在平等互利、协商一致的基础上,签订保险合同来实现的一种保险,其自愿当然是双向的。一方面,投保人对于自己的财产、人身等保险标的既有投保的权利,也有不投保的自由,法律不作硬性的规定,保险人或任何其他人都不能强迫某人投保;另一方面,保险人也有决定承保与否和如何承保,或承保多少的选择余地。当前,世界各国的绝大部分保险业务都采用自愿保险方式办理,我国也不例外。

强制保险又称法定保险,是指根据国家颁布的有关法律和法规,凡是在规定范围内的单位或个人,不管愿意与否都必须参加的保险。强制保险的实施形式有两种:一种是由国家通过立法程序公布强制保险条例来实施,并授权保险公司为执行机构,这种保险标的或对象的范围直接由法律或法规规定;另一种是由政府某些行政机关发布的有关行政法规或命令,规定在一定范围内的人或物都必须投保,否则就不允许从事法律所许可的活动。这种保险对被保险人具有一定的约束力,然而对保险人来说,保险关系的产生仍需要双方签订保险合同。法律的强制性,是强制保险最根本的特征。

(3) 根据承担责任次序的不同进行分类。根据承担责任次序的不同,保险可分为原保险和再保险。

原保险与再保险是相互对应的,原保险也称第一次保险,是指保险人对被保险人因保险事故所致的损害承担直接原始的赔付责任的保险。我们平时所说的保险,多指这种保险。当然,就某一具体保险关系而言,如果没有再保险关系,原保险的称谓也就没有什么意义了。

再保险也称分保,是指将原始(即第一次)的保险责任再予投保的保险。我国《保险法》第28条第一款规定:"保险人将其承担的保险业务,以分保形式部分转移给其他保险人的,为再保险。"再保险以原保险即第一次保险的存在为前提,所以也叫第二次保险。再保险业务是国际保险市场上通行的一种业务,通过再保险而使保险人避免危险过于集中,不致因一次重大事故发生而无法履行支付赔偿义务,故而对于经营保险业务起了稳定的作用。随着现代科学技术的日益发展,保险标的越来越大,危险也越来越集中,再保险已成为保险业务中不可缺少的一环,其重要性也越来越突出,因而各国都非常重视再保险业务的开展。

再保险业务基本上可以分为两大类。一是以保险金额来计算再保险责任的比例再保险,二是以赔偿额来计算再保险责任的超额再保险。但无论是哪一种,都须通过再保险人与原保险人签订合同来确定。这种合同最明显的特征是:再保险人仅对原保险人负责,与原保险合同的投保人或被保险人不发生任何直接关系。基于这一点,再保险的性质应当是责任保险,也可以说是一种合同责任的保险。但是,由于再保险的特殊作用,人们通常所说的责任保险并不包括再保险。

(4) 根据经营目的及职能作用的不同进行分类。根据经营目的及职能作用的不同,保险可分为营业保险与社会保险两大类,这也是较为常见的一种保险分类。

营业保险又称商业保险,它是以营利为目的,由专门的保险企业经营,几乎所有的保险公司所经营的保险都属于营业保险。

社会保险是国家为了保障社会成员生活福利而提供的各种物质帮助措施的统称,它不以营利为目的,多由国家的专门机构管理。

七、风险管理与保险的关系

(1) 二者研究的对象都是风险。风险是风险管理与保险共同的研究对象,只是保险研究的是风险中的可保风险。

(2) 风险是保险产生和存在的前提,无风险则无保险。风险是客观存在的,不以人的意志为转移。风险的发生直接产生了人们对损失进行补偿的需要。于是人们开始对风险进行管理,保险是一种被社会普遍接受的经济补偿方式和风险管理的有效方法。所以,风险是保险产生和存在的前提,风险的存在是保险关系确立的基础。

(3) 保险是风险处理传统的、有效的措施。转移是风险管理的重要手段,保险作为转移方法之一,长期以来被人们视为传统的处理风险手段。通过保险把不能自行承担的集中风险转嫁给保险人,以小额的固定支出换取对巨额风险的经济保障。

(4) 保险经营效益受风险管理技术的制约。风险管理技术对保险经营效益产生很大的影响。例如,对风险的识别是否全面,对风险损失的频率和造成损失的幅度估计是否准确,哪些风险可以接受承保,哪些风险不可以承保,保险的范围应有多大,程度如何,保险成本与效益的比较等,都制约着保险的经营效益。

资讯三 汽车保险

一、汽车保险的定义

机动车辆保险(也称汽车保险),简称车险,是以机动车本身及其相关利益为保险标的的一种不定值财产保险。这里的机动车是指汽车、电车、电瓶车、摩托车、拖拉机,各种专用机械车、特种车等。汽车保险以机动车辆本身及机动车辆的第三者责任为保险标的。保险对象是机动车及其责任,它既是财产险也是责任险,是财产保险中的主要险种。

汽车保险包括强制保险和自愿保险。强制保险是指国家以立法形式强制一定对象人员必须投保的险种,在我国,是指机动车交通事故责任强制保险。各大保险公司推出的各种汽车保险为自愿保险,自愿保险是商业保险的基本形式。

二、汽车保险的职能

保险的基本职能就是组织经济补偿和实现保险金的给付。同样,这也是汽车保险的基本职能。生产力水平的提高、科学技术的发展使人类社会走向文明,汽车文明在给人类生活带来交通便利的同时,也给人类带来了因汽车运输中的碰撞、倾覆等意外事故造成的财产损失和人身伤亡。不仅如此,随着生产力水平的提高、科学技术的进步,风险事故所造成的损失也越来越大,对人类社会的危害也越来越严重。汽车在使用过程中遭受自然灾害风险和发生意外事故的概率较大,特别是在发生第三者责任的事故中,其损失赔偿是难以通过自我补偿的。汽车使用过程中的各种风险及风险损失,同样是难以通过对风险的避免、预防、分散、抑制以及风险自留就能解决的,必须或最好通过保险转嫁方式将其中的风险及风险损失得以在全社会范围内分散和转移,以最大限度地抵御风险。汽车保险的职能就是使汽车用户以缴纳保险费为条件,将自己可能遭受的风险成本全部或部分转嫁给保险人。

汽车保险是一种重要的风险转嫁方式,在大量的风险单位集合的基础上,将少数投保人可能遭受的损失后果转嫁到全体被保险人身上,而保险人作为被保险人之间的中介对其实行经济补偿。通过汽车保险,将拥有汽车的企业、家庭和个人所面临的种种风险及其损失后果得以在全社会范围内分散与转嫁。汽车保险是现代社会处理风险的一种非常重要的手段,是风险转嫁中一种最重要、最有效的技术,是不可缺少的经济补偿制度。

三、汽车保险的作用

我国自1980年恢复保险业务以来,汽车保险业务已经取得了长足的进步,尤其是伴随着汽车进入百姓的日常生活,汽车保险正逐步成为与人们生活密切相关的经济活动,其重要性和社会性也正逐步凸显,作用越加明显。

1. 扩大消费者对汽车的需求

从目前经济发展情况看,汽车工业已成为我国经济健康、稳定发展的重要动力之一,汽车产业政策在国家产业政策中的地位越来越重要,汽车产业政策要产生社会效益和经济效益,要成为中国经济发展的原动力,离不开汽车保险与其配套服务。汽车保险业务自身的发展对于汽车工业的发展起到了有力的推动作用,汽车保险的出现,解除了企业与个人对使用汽车过程中可能出现的风险的担心,在一定程度上提高了消费者购买汽车的欲望,扩大了对汽车的需求。

2. 稳定社会公共秩序

随着我国经济的发展和人民生活水平的提高,汽车作为重要的生产运输和代步的工具,成为社会经济及人民生活中不可缺少的一部分,其作用显得越来越重要。汽车作为一种保险标的,虽然单位保险金不是很高,但数量多而且分散。车辆所有者为了转嫁使用汽车带来的风险,愿意支付一定的保险费投保。在汽车出险后,可从保险公司获得经济补偿。由此可以看出,开展汽车保险既有利于社会稳定,又有利于保障保险合同当事人的合法权益。

3. 促进汽车安全性能的提高

在汽车保险业务中,经营管理与汽车维修行业及其价格水平密切相关。原因是在汽车保险的经营成本中,事故车辆的维修费用是其中重要的组成部分,同时车辆的维修质量在一定程度上体现了汽车保险产品的质量。保险公司出于有效控制经营成本和风险的需要,除了加强自身的经营业务管理外,必然会加大事故车辆修复工作的管理,在一定程度上提高了汽车维修质量管理的水平。同时,汽车保险的保险人从自身和社会效益的角度出发,联合汽车生产厂家、汽车维修企业开展汽车事故原因的统计分析,研究汽车安全设计新技术,并为此投入大量的人力和财力,从而促进汽车安全性能方面的提高。

4. 汽车保险业务在财产保险中占有重要的地位

目前,大多数发达国家的汽车保险业务在整个财产保险业务中占有十分重要的地位。美国汽车保险保费收入,占财产保险总保费的45%左右,占全部保费的20%左右。亚洲地区的日本和中国台湾汽车保险的保费占整个财产保险总保费的比例更是高达58%左右。

从我国情况来看,随着积极的财政政策的实施,道路交通建设的投入越来越多,汽车保有量逐年递增。在过去的几十年里,汽车保险业务保费收入每年都以较快的速度增长。在国内各保险公司中,汽车保险业务保费收入占其财产保险业务总保费收入的50%以上,部分公司的汽车保险业务保费收入占其财产保险业务总保费收入的60%以上。汽车保险业务已经成为财产保险公司的"吃饭险种",其经营的盈亏,直接关系到整个财产保险行业的经济效益。

四、汽车保险的特征

1. 保险标的出险率较高

汽车是陆地的主要交通工具。由于其经常处于运动状态,总是载着人或货物不断地从一个地方开往另一个地方,很容易发生碰撞及意外事故,造成人身伤亡或财产损失。由于车辆数量的迅速增加,一些国家交通设施及管理水平跟不上车辆的发展速度,再加上驾驶人的疏忽、过失等人为原因,交通事故发生频繁,汽车出险率较高。

2. 业务量大,投保率高

由于汽车出险率较高,汽车的所有者需要以保险方式转嫁风险。各国政府在不断改善交通设施,严格制定交通规章的同时,为了保障受害人的利益,对机动车第三者责任保险实施强制保险。

保险人为适应投保人转嫁风险的不同需要,为被保险人提供了更全面的保障,在开展机动车损失保险和机动车第三者责任保险的基础上,推出了一系列附加险,使汽车保险成为财产保险中业务量较大,投保率较高的一个险种。

3. 扩大保险利益

在汽车保险中,针对汽车的所有者与使用者不同的特点,汽车保险条款一般规定:不仅被保险人本人使用车辆时发生保险事故保险人要承担赔偿责任,而且凡是被保险人允许的驾驶人使用车辆时,也视为其对保险标的具有保险利益,如果发生保险单上约定的事故,保险人同样要承担事故造成的损失,保险人须说明汽车保险的规定以"从车"为主,凡经被保险人允许的驾驶人驾驶被保险人的汽车造成保险事故的损失,保险人须对被保险人负赔偿责任。此规定是为了对被保险人提供更充分的保障,并非违背保险利益原则。但如果在保险合同有效期内,投保人将保险车辆转卖、转让、赠送他人,被保险人应当书面通知保险人并申请办理批改。否则,当保险事故发生时,保险人对被保险人不承担赔偿责任。

4. 被保险人自负责任与无赔款优待

为了促使被保险人注意维护、养护车辆,使其保持安全行驶技术状态,并督促驾驶人注意安全行车,以减少交通事故,保险合同上一般规定:驾驶人在交通事故中负有责任时,机动车损失保险和第三者责任保险在符合赔偿规定的金额内实行绝对免赔率;保险车辆在保险期限内无赔款,续保时可以按保险费的一定比例享受无赔款优待。以上两项规定,虽然分别是对被保险人的惩罚和优待,但要达到的目的是一致的。

五、汽车保险原则

汽车保险过程中,要遵循的基本原则就是《保险法》的基本原则,即集中体现《保险法》本质和精神的基本准则,它既是保险立法的依据,又是保险活动中必须遵循的准则。《保险法》的基本原则是通过《保险法》的具体规定来实现的,而《保险法》的具体规定,必须符合基本原则的要求。

(一)保险与防灾减损相结合的原则

保险从根本上说,是一种危险管理制度,目的是通过危险管理来防止或减少危险事故,把危险事故造成的损失缩小到最低程度,由此产生了保险与防灾、减损相结合的原则。

1. 保险与防灾相结合的原则

这一原则主要适用于保险事故发生前的事先预防。根据这一原则,保险人应对承保的危险责任进行管理,其具体内容如下。

① 调查和分析保险标的的危险情况,据此向投保人提出合理建议,促使投保人采取防范措施,并进行监督检查。

② 向投保人提供必要的技术支援,共同完善防范措施和设备。

③ 对不同的投保人采取差别费率制,以促使其加强对危险事故的管理,即对事故少、信誉好的投保人给予降低保费的优惠;反之,则提高保费等。

遵循这一原则,投保人应遵守国家有关消防、安全、生产操作、劳动保护等方面的规定,主动维护保险标的的安全,履行所有人、管理人应尽的义务;同时,按照保险合同的规定,履行危险增加通知义务。

2. 保险与减损相结合的原则

这一原则主要适用于保险事故发生后的事后减损。根据这一原则,如果发生保险事故,则投保人应尽最大努力积极抢险,避免事故蔓延、损失扩大,并保护出险现场,及时向保险人报案。而保险方则通过承担施救及其他合理费用来履行义务。

(二) 最大诚信原则

由于保险关系的特殊性,人们在保险实务中越来越感到诚信原则的重要性,要求合同双方当事人最大限度地遵守这一原则,故称最大诚信原则。具体来说,即要求双方当事人不隐瞒事实,不相互欺诈,以最大诚信全面履行各自的义务,以保证对方权利的实现。最大诚信原则是合同双方当事人都必须遵循的基本原则,其表现为以下几个方面。

1. 履行如实告知义务

履行如实告知义务,是最大诚信原则对投保人的要求。由于保险人面对广大的投保人,不可能一一去了解保险标的的各种情况。因此,被投保人在投保时,应当将足以影响保险人决定是否承保,足以影响保险人确定保险费率或增加特别条款的重要情况,向保险人如实告知。保险实务中一般以投保险单为限,即投保险单中询问的内容投保人必须如实填写。除此之外,投保人不承担任何告诉、告知义务。

投保人因故意或过失没有履行如实告知义务,将要承担相应的法律后果,包括保险人可以据此解除保险合同;如果发生保险事故,保险人有权拒绝赔付等。

2. 履行说明义务

履行说明义务,是最大诚信原则对保险人的要求。由于保险合同由保险人事先制定,投保人只有表示接受与否的选择,通常投保人又缺乏保险知识和经验,因此,在订立保险合同时,保险人应当向投保人说明合同条款内容。对于保险合同的一般条款,保险人应当履行说明义务。对于保险合同的责任免除条款,保险人应当履行明确说明义务;未明确说明的,责任免除条款不发生效力。

3. 履行保证义务

这里的保证,是指投保人向保险人做出的承诺,保证在保险期间遵守作为或不作为的某些规则,或保证某一事项的真实性,因此,这也是最大诚信原则对投保人的要求。

保险上的保证有两种,一种是明示保证,即以保险合同条款的形式出现,是保险合同的内容之一,故为明示。例如,汽车保险中有遵守交通规则、安全驾驶、做好车辆维修和维护工作等条款,一旦合同生效,即构成投保人对保险人的保证,对投保人具有作为或不作为的约束力。

另一种是默示保证,即这种保证在保险合同条款中并不出现,往往以社会上普遍存在或认可的某些行为规范为准则,并将此视作投保人保证作为或不作为的承诺,故为默示。例如,在财产保险附加盗窃险合同中,虽然没有明文规定被保险人外出时应该关闭门窗,但这是一般常识下应该做的行为,这种社会公认的常识,即构成默示保证,也成为保险人之所以承保的基础。因此,被保险人没有关闭门窗而招致的失窃,保险人不承担保险责任。

4. 弃权和禁止抗辩

弃权和禁止抗辩,是最大诚信原则对保险人的要求。所谓弃权,是指保险人放弃法律或保险合同中规定的某项权利,例如,拒绝承保的权利、解除保险合同的权利等。所谓禁止抗辩,与弃权有紧密联系,是指保险人既然放弃了该项权利,就不得向被保险人或受益人再主张这种权利。

(三) 保险利益原则

我国《保险法》第12条规定:人身保险的投保人在保险合同订立时,对被保险人应当具有保险利益。财产保险的被保险人在保险事故发生时,对保险标的应当具有保险利益。人身保险是以人的寿命和身体为保险标的的保险。财产保险是以财产及其有关利益为保险标的的保险。被保险人是指其财产或者人身受保险合同保障,享有保险金请求权的人。投保人可以为被保险人。保险利益是指投保人或者被保险人对保险标的具有的法律上承认的利益。根据这条规定,保险利益原则主要有两层含义。其一,投保人在投保时,必须对保险标的具有保险利益;否则,保险就可能成为一种赌博,丧失其补偿经济损失、给予经济帮助的功能。其二,是否有保险利益,是判断保险合同有效或无效的根本依据,缺乏保险利益要件的保险合同,自然不发生法律效力。

1. 财产保险利益

财产保险的保险标的是财产及其相关利益,其保险利益是指投保人对保险标的具有法律上承认的经济利益。财产保险利益应当具备以下3个要素。

(1) 必须是法律认可并予以保护的合法利益。

(2) 必须是经济上的利益。

(3) 必须是确定的经济利益。

2. 人身保险利益

人身保险的保险标的是人的寿命和身体,其保险利益是指投保人对被保险人寿命和身体所具有的经济利害关系。以《保险法》第12条规定可知,人身保险的保险利益具有以下特点。

(1) 是法律认可并予以保护的人身关系。

(2) 人身关系中具有财产内容。

(3) 构成保险利益的是经济利害关系。

经济利害关系虽然无法用金钱估算,但投保人与保险人在订立保险合同时,可以通过约定保额来确定。

保险利益原则在保险合同的订立、履行过程中,有不同的适用要求。就财产保险而言,投保人应当在投保时对保险标的具有保险利益;合同成立后,被保险人可能因保险标的的买卖、转让、赠予、继承等情况而变更,因此,发生保险事故时,被保险人应当对保险标的具有保险利益,投保人是否具有保险利益已无关紧要。就人身保险而言,投保时,投保人必须对被保险人具有保险利益,至于发生保险事故时,投保人是否仍具有保险利益,则无关紧要。

(四) 损失赔偿原则

损失赔偿原则是财产保险特有的原则,是指保险事故发生后,保险人在其责任范围内,对被保险人遭受的实际损失进行赔偿的原则。其内涵主要有以下几点。

(1) 赔偿必须在保险人的责任范围内进行,即保险人只有在保险合同规定的期限内,以约定的保险金额为限,对合同中约定的危险事故所致损失进行赔偿。保险期限、保险金额和保险责任是构成保险人赔偿的不可或缺的要件。

(2) 赔偿额应当等于实际损失额。按照民事行为的准则,赔偿应当和损失等量,被保险人不能从保险上获得额外利益。因此,保险人赔偿的金额,只能是保险标的实际损失的金额。换言之,保险人的赔偿应当恰好使保险标的恢复到保险事故发生前的状态。

(3) 损失赔偿是保险人的义务。据此,被保险人提出索赔请求后,保险人应当按主动、迅速、准确、合理的原则,尽快核定损失,与索赔人达成协议并履行赔偿义务;保险人未及时履行赔偿义务时,除支付保险金外,应当赔偿被保险人因此受到的损失。

(五)近因原则

1. 近因原则

近因原则的含义是:损害结果必须与危险事故的发生具有直接的因果关系,若危险事故属于保险人责任范围的,保险人就赔偿或给付。在实际生活中,损害结果可能由单因或多因造成。单因比较简单,多因则比较复杂,主要有以下几种情况。

(1)多因同时发生。若同时发生的都是保险事故,则保险人承担责任;若其中既有保险事故,也有责任免除事项,保险人只承担保险事故造成的损失。

(2)多因连续发生。两个以上灾害事故连续发生造成损害,一般以最近的(后因)、最有效的原因为近因,若其属于保险事故,则保险人承担赔付责任。但后果是前因直接自然的结果、合理连续或自然延续时,以前因为近因。

(3)多因间断发生。即后因与前因之间没有必然因果关系,彼此独立。这种情况的处理与单因大致相同,即保险人视各种独立的危险事故是否属于保险事故而决定是否赔付。

2. 近因原则在汽车保险实务中的应用

在汽车保险业务中,近因的确定对于认定是否属于保险责任具有十分重要的意义。坚持近因原则的目的是为了分清与风险事故有关各方的责任,明确保险人承保的风险与保险标的损失结果之间存在的因果关系。在实践中,由于致损的原因与损失结果之间的因果关系错综复杂,因此给判定近因和运用近因原则带来了困难。

(六)权益转让原则

权益转让原则是由补偿原则派生出来的,仅适用于财产保险,而不适用于人身保险。《保险法》规定:人身保险的保险人不得向第三者行使追偿权利。对于财产保险而言,权益转让原则,是指保险事故发生,保险人向被保险人支付了赔偿金之后,取得有关保险标的的所有权或者向第三者的索赔权。

(七)分摊原则

分摊原则也是由补偿原则派生出来的,它不适用于人身保险,而与财产保险业务中发生的重复保险密切相关。重复保险是指投保人对同一标的、同一保险利益、同一保险事故分别向两个以上保险人订立合同的保险。重复投保原则上是不允许的,但在事实上是存在的。其原因通常是由于投保人或被保险人的疏忽,或者源于投保人想要求得心理上更大安全感。重复保险的投保人应当将重复保险的有关情况通知各保险人。

在重复保险的情况下,当发生保险事故,对于保险标的所受损失,由各保险人分摊。如果保险金额总和超过保险价值的,各保险人承担的赔偿金额总和不得超过保险价值。这是补偿原则在重复保险中的运用,以防止被保险人因重复保险而获得额外利益。

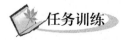任务训练

任务训练一 风 险 识 别

客户李先生有5年驾龄,在本市购买了一辆奥迪A4L轿车,主要用于上下班代步,接送

上小学的儿子上学、放学。而且在节假日的时候还经常全家出去自驾游,但李先生家里并没有私人车库。请对李先生的奥迪 A4L 车进行风险识别。

任务训练二　风险管理方案设计

客户李先生有 5 年驾龄,在本市购买了一辆奥迪 A4L 轿车,主要用于上下班代步,接送上小学的儿子上学、放学。而且在节假日的时候还经常全家出去自驾游,但李先生家里并没有私人车库。请为李先生的奥迪 A4L 车设计一份风险管理方案。

案　例　一

2015 年 10 月 4 日,李某为他的车投保了机动车损失保险和机动车第三者责任保险。2016 年 1 月,李某与叶某在二手车交易市场达成协议,李某将车连同保险单一起转卖给叶某,叶某付给李某全款。5 月 3 日,叶某驾车外出与一汽车相撞,双方车辆受损严重,并有人员受伤。经交通事故管理部门认定叶某负事故全责,赔偿对方修车费、医疗费和误工费等共计 3 万余元。叶某持保险单以第三者责任为由要求保险公司赔偿,而保险公司却拒绝赔偿。叶某诉至法院,要求保险公司承担赔偿责任。请问保险公司是否应该赔偿?

案　例　二

2015 年 1 月,王某买来一辆五菱面包车跑客运,随后以家庭自用车名义为该车购买了保险。同年 8 月 1 日下午,王某驾车载 10 人开往周庄,因驾驶操作不当,发生交通事故,造成 1 人死亡、3 人受伤,车辆严重受损。事故发生后,王某共对死伤人员给予了 10 万余元的赔偿,并要求保险公司按照双方签订的保险协议予以赔偿。保险公司则以车辆改变了使用性质为由拒赔。协商未果后,王某将保险公司告上法院,法院判决保险公司不予承担赔偿责任。请对此案例进行分析。

案　例　三

2016 年 6 月,某运输公司甲、乙两台吊车在车站货运处共同吊装一件设备。甲、乙吊车吊装吨位分别为 25 吨和 20 吨,被吊设备重约 30 吨。当货物备吊离至地面 60 cm 时,乙吊车的吊绳突然崩断,货物失去平衡,造成甲吊车负重侧翻,甲吊车及货物皆受损。甲、乙吊车均在同一家保险公司投保了机动车损失保险及机动车第三者责任保险,他们向保险公司索赔时被拒赔。请分析此案该如何赔偿?

思考题

1. 风险要素有哪些?它们相互之间是什么关系?
2. 在通常条件下,保险人接受承保的风险必须具备哪些条件?
3. 风险管理的作用是什么?
4. 汽车保险有哪些特点?
5. 汽车保险的基本原则有哪些?

任务二
汽车保险产品

任务目标

1. 掌握汽车保险基本险产品的保险责任、责任免除、保险限额和赔偿处理。
2. 熟悉汽车保险附加险产品中常见险种的保险责任、责任免除。
3. 掌握交强险的相关条款内容。
4. 能够运用所学知识进行机动车交强险及商业险各险种保费的计算。
5. 能够为客户做好保险产品的介绍及解释工作。

任务资讯

资讯一 交通事故责任强制保险

一、交通事故责任强制保险概述

机动车交通事故责任强制保险(以下简称"交强险")是指由保险公司对被保险机动车发生道路交通事故造成本车人员、被保险人以外的受害人的人身伤亡、财产损失,在责任限额内予以赔偿的强制性责任保险。

交强险的保障对象是被保险机动车致害的交通事故受害人,但不包括被保险机动车本车人员、被保险人,其保障内容包括受害人的人身伤亡和财产损失。交强险虽然在名称中取消了"第三者",但内容依然以"第三者"为强制保险保障的对象。在责任限额内的损失,交强险先行赔付,超过限额部分再由机动车第三者责任保险或相关人员赔付。

2004年5月1日,我国正式实施《中华人民共和国道路交通安全法》(以下简称《道路交通安全法》),该法第17条明确规定,国家实行机动车第三者责任强制保险制度。显然,"机动车第三者责任强制保险"属法律赋予强制实施的保险险种。交强险从2006年7月1日起正式实施。交强险制度有利于道路交通事故受害人获得及时的经济赔付和医疗救治;有利于减轻交通事故肇事方的经济负担,化解经济赔偿纠纷;有利于促进驾驶人增强交通安全意识,促进道路交通安全;有利于充分发挥保险的保障功能,维护社会稳定。交强险有利于普及保险知识,增强全民保险意识,是保险业发展的重要历史机遇。保险公司要通过管理创新、经营创新、产品创新、服务创新,为社会提供全面丰富的保险保障和保险服务,树立良好的行业形象,促进保险业又好又快的发展。实施交强险制度是促进财产保险业诚信规范经营的有利契机。

二、交通事故责任强制保险的特点

1. 鲜明的强制性

《机动车交通事故责任强制保险条例》(以下简称《交强险条例》)第2条规定,在中华人民共和国境内道路上行驶的机动车的所有人或者管理人应当投保交强险。交强险的"强制性"不仅体现在强制投保上,同时也体现在强制承保上。违反强制性规定的机动车所有人、管理人或保险公司都将受到处罚。未投保交强险的机动车不得上路,经营交强险的保险公司必须承保。

2. 体现"奖优罚劣"的原则

利用经济杠杆促使驾驶人遵规守法是世界各国强制保险制度的通行做法,即安全驾驶者将享有优惠的费率,经常肇事者将负担高额保险费率。对有交通违法行为和发生交通事故的保险车辆提高保险费率,对没有交通违法行为和没有发生交通事故的保险车辆降低保险费率。将交通违法行为、交通事故与保险费率挂钩,这比单纯的行政处罚更为有效。

《交强险条例》规定,被保险人没有发生道路交通安全违法行为和道路交通事故的,保险公司应当在下一年度降低其保险费率。在此后的年度内,被保险人仍然没有发生道路交通安全违法行为和道路交通事故的,保险公司应当继续降低其保险费率。被保险人发生道路交通安全违法行为或者道路交通事故的,保险公司应当在下一年度提高其保险费率。多次发生道路交通安全违法行为、道路交通事故,或者发生严重道路交通事故的,保险公司应当加大提高其保险费率的幅度。在道路交通事故中被保险人没有责任的,不提高其保险费率。

3. 坚持社会效益原则

我国实施交强险制度,其目的是为了维护社会公共利益,将保障受害人得到及时有效的赔偿作为首要目标,而不是为保险公司拓展销售渠道、谋取公司利益提供方便。为了使公众利益得到保护,保险公司得以正常经营,交强险规定保险公司经营交强险不以营利为目的,并且交强险业务必须与其他业务分开管理单独核算。中国保险监督管理委员会(以下简称"保监会")将定期核查保险公司经营交强险业务的盈亏情况,以保护投保人的利益。依照《保险法》第107条的规定,强制保险必须由保险监督管理机构审批保险条款和保险费率,保监会按照交强险业务总体上"不盈利不亏损"的原则审批保险费率。

4. 突出以人为本,保障及时理赔

由于设立交强险制度的目的在于保障交通事故受害人依法得到及时的医疗救助及有效的经济补偿,因此,为防止保险公司拖延赔付、无理拒赔,保护交通事故受害人的利益,交强险规定了保险公司的及时答复、书面告知和限期理赔三项义务。

5. 明确保障对象

《交强险条例》第3条规定,受害人中不包括本车人员及被保险人。作为被保险机动车发生道路交通事故时的受害人,是交强险合同双方以外的第三者。但是,出于防范道德风险、降低成本等考虑,对受害第三者的范围作了限制。

将被保险人和本车人员排除在第三者范围之外,也有利于防止道德风险。

6. 实行无过错责任原则

《交强险条例》第 3 条规定，机动车交通事故责任强制保险，是指由保险公司对被保险机动车发生道路交通事故造成本车人员、被保险人以外的交通事故受害人的人身伤亡、财产损失，在责任限额内予以赔偿的强制性责任保险。该规定贯彻了《道路交通安全法》第 76 条的有关规定，确立了交强险的无过错责任原则。

7. 实行救助基金制度

救助基金是按照交强险的保险费的一定比例提取的资金。道路交通事故社会救助基金是交强险的重要组成部分，担负了较大的社会职责。救助基金的数额直接影响强制保险的保险费的高低，如果救助基金的数额无法确定，则将导致强制保险的费率无法确定，影响强制保险的收取。救助基金，可以保证交通事故受害人得到及时、有效的赔偿。

三、交强险的保险责任、垫付与追偿、责任免除和保险期间

1. 保险责任

交强险规定在中华人民共和国境内（不含港、澳、台地区），被保险人在使用被保险机动车过程中发生交通事故，致使受害人遭受人身伤亡或者财产损失，依法应当由被保险人承担的损害赔偿责任，保险人按照交强险合同的约定负责赔偿，赔偿限额如下。

（1）死亡伤残赔偿限额为 50 000 元；医疗费用赔偿限额为 8000 元；财产损失赔偿限额为 2000 元。

（2）被保险人无责任时，无责任死亡伤残赔偿限额为 10 000 元；无责任医疗费用赔偿限额为 1600 元；无责任财产损失赔偿限额为 400 元。

死亡伤残赔偿限额和无责任死亡伤残赔偿限额项下负责赔偿丧葬费、死亡补偿费、受害人亲属办理丧葬事宜支出的交通费、残疾赔偿金、残疾辅助器具费、护理费、康复费、交通费、被扶养人生活费、住宿费、误工费，被保险人依照法院判决或者调解承担的精神损害抚慰金。

医疗费用赔偿限额和无责任医疗费用赔偿限额项下负责赔偿医药费、诊疗费、住院费、住院伙食补助费，必要的、合理的后续治疗费、整容费、营养费等。

2. 垫付与追偿

被保险机动车在下列之一的情形下发生交通事故，造成受害人受伤需要抢救的，保险人在接到公安机关交通管理部门的书面通知和医疗机构出具的抢救费用清单后，按照国务院卫生主管部门组织制定的交通事故人员创伤临床诊疗指南和国家基本医疗保险标准进行核实。对于符合规定的抢救费用，保险人在医疗费用赔偿限额内垫付。被保险人在交通事故中无责任的，保险人在无责任医疗费用赔偿限额内垫付。对于其他损失和费用，保险人不负责垫付和赔偿；对于以下情况垫付的抢救费用，保险人有权向致害人追偿。

（1）驾驶人未取得驾驶资格的。

（2）驾驶人醉酒的。

（3）被保险机动车被盗抢期间肇事的。

（4）被保险人故意制造交通事故的。

3. 责任免除

下列损失和费用，交强险不负责赔偿和垫付。

(1) 因受害人故意造成的交通事故的损失。

(2) 属于被保险人所有的财产及被保险机动车上的财产遭受的损失。

(3) 被保险机动车发生交通事故,致使受害人停业、停驶、停电、停水、停气、停产、通信或者网络中断、数据丢失、电压变化等造成的损失以及受害人财产因市场价格变动造成的贬值,修理后因价值降低造成的损失等其他各种间接损失。

(4) 因交通事故产生的仲裁或者诉讼费用以及其他相关费用。

4. 保险期间

除国家法律、行政法规另有规定外,交强险合同的保险期间为1年,以保险单载明的起止时间为准。但有下列情形之一的可以投保短期保险:境外机动车临时入境的,机动车临时上道路行驶的,机动车距规定的报废期限不足1年的,保监会规定的其他情形。

投保短期保险的,按照短期月费率计算保费,不足1个月按1个月计算,短期基础保险费=年基础保险费×短期月费率系数。交强险短期月费率系数如表2-1所示。

表2-1 短期月费率系数表

保险期间/月	1	2	3	4	5	6	7	8	9	10	11	12
短期月费率系数/(%)	10	20	30	40	50	60	70	80	85	90	95	100

四、投保人、被保险人的义务

(1) 投保人投保时,应当如实填写投保险单,向保险人如实告知重要事项,并提供被保险机动车的行驶证和驾驶证复印件。重要事项包括机动车的种类、厂牌型号、识别代码、号牌号码、使用性质和机动车所有人或者管理人的姓名(名称)、性别、年龄、住所、身份证或者驾驶证号码(组织机构代码)、续保前该机动车发生事故的情况以及保监会规定的其他事项。投保人未如实告知重要事项,对保险费计算有影响的,保险人按照保险单年度重新核定保险费计收。

(2) 签订交强险合同时,投保人不得在保险条款和保险费率之外,向保险人提出附加其他条件的要求。

(3) 投保人续保的,应当提供被保险机动车上一年度交强险的保险单。

(4) 在保险合同有效期内,被保险机动车因改装、加装、使用性质改变等导致危险程度增加的,被保险人应当及时通知保险人,并办理批改手续。否则,保险人按照保险单年度重新核定保险费计收。

(5) 被保险机动车发生交通事故,被保险人应当及时采取合理、必要的施救和保护措施,并在事故发生后及时通知保险人。

(6) 发生保险事故后,被保险人应当积极协助保险人进行现场查勘和事故调查。发生与保险赔偿有关的仲裁或者诉讼时,被保险人应当及时书面通知保险人。

五、赔偿处理

(1) 被保险机动车发生交通事故的,由被保险人向保险人申请赔偿保险金。被保险人索赔时,应当向保险人提供以下材料。

① 交强险的保险单。

② 被保险人出具的索赔申请书。

③ 被保险人和受害人的有效身份证明、被保险机动车行驶证和驾驶人的驾驶证。

④ 公安机关交通管理部门出具的事故证明,或者人民法院等机构出具的有关法律文书及其他证明。

⑤ 被保险人根据有关法律法规规定选择自行协商方式处理交通事故的,应当提供依照《中华人民共和国道路交通安全法实施条例》(以下简称《道路交通安全法实施条例》)的规定记录交通事故情况的协议书。

⑥ 受害人财产损失程度证明、人身伤残程度证明、相关医疗证明以及有关损失清单和费用单据。

⑦ 其他与确认保险事故的性质、原因、损失程度等有关的证明和资料。

(2) 保险事故发生后,保险人按照国家有关法律法规规定的赔偿范围、项目和标准以及交强险合同的约定,并根据国务院卫生主管部门组织制定的交通事故人员创伤临床诊疗指南和国家基本医疗保险标准,在交强险的责任限额内核定人身伤亡的赔偿金额。

(3) 因保险事故造成受害人人身伤亡的,未经保险人书面同意,被保险人自行承诺或支付的赔偿金额,保险人在交强险责任限额内有权重新核定。

因保险事故损坏的受害人财产需要修理的,被保险人应当在修理前会同保险人检验,协商确定修理或者更换项目、方式和费用。否则,保险人在交强险责任限额内有权重新核定。

(4) 被保险机动车发生涉及受害人受伤的交通事故,因抢救受害人需要保险人支付抢救费用的,保险人在接到公安机关交通管理部门的书面通知和医疗机构出具的抢救费用清单后,按照国务院卫生主管部门组织制定的交通事故人员创伤临床诊疗指南和国家基本医疗保险标准进行核实。对于符合规定的抢救费用,保险人在医疗费用赔偿限额内支付。被保险人在交通事故中无责任的,保险人在无责任医疗费用赔偿限额内支付。

六、合同变更与处理

(1) 在交强险合同有效期内,被保险机动车所有权发生转移的,投保人应当及时通知保险人,并办理交强险合同变更手续。

(2) 在下列三种情况下,投保人可以要求解除交强险合同。

① 被保险机动车被依法注销登记的。

② 被保险机动车办理停驶的。

③ 被保险机动车经公安机关证实丢失的。

交强险合同解除后,投保人应当及时将保险单、保险标志交还保险人;无法交回保险标志的,应当向保险人说明情况,征得保险人同意。

(3) 发生《交强险条例》所列明的投保人、保险人解除交强险合同的情况时,保险人按照日费率收取自保险责任开始之日起至合同解除之日止期间的保险费。

(4) 因履行交强险合同发生争议的,由合同当事人协商解决。协商不成的,提交保险单载明的仲裁委员会仲裁。保险单未载明仲裁机构或者争议发生后未达成仲裁协议的,可以向人民法院起诉。交强险合同争议处理适用中华人民共和国法律。

七、交强险费率

交强险价格与消费者切身利益息息相关,所以交强险费率厘定坚持不盈不亏原则,也就是说在厘定交强险费率时只考虑成本因素,不设定预期利润率。为了体现这一原则,保监会采取了以下措施:一是要求保险公司对交强险业务与其他保险业务分开管理,单独核算;二是加大检查力度,每年对保险公司交强险业务情况进行检查并向社会公布,以便监督;三是根据保险公司交强险的总体盈亏,要求或允许保险公司调整交强险费率。

第一年的交强险费率实行全国统一保险价格,之后通过实行"奖优罚劣"的费率浮动机制,并根据各地区经营情况,逐步在费率中加入地区差异化因素等,进而实行差异化费率。

1. 交强险基础费率

交强险基础费率如表2-2所示。汽车交强险的基础费率共分42种,家庭自用车、非营业客车、营业客车、非营业货车、营业货车、特种车、摩托车和拖拉机8大类42小类车型保险费率各不相同。但对同一车型,全国执行统一价格。

表2-2 机动车交通事故责任强制保险基础费率表

车辆大类	序号	车辆明细分类	保费
家庭自用车	1	家庭自用汽车6座以下	950
	2	家庭自用汽车6座及以上	1100
非营业客车	3	企业非营业汽车6座以下	1000
	4	企业非营业汽车6~10座	1130
	5	企业非营业汽车10~20座	1220
	6	企业非营业汽车20座以上	1270
	7	机关非营业汽车6座以下	950
	8	机关非营业汽车6~10座	1070
	9	机关非营业汽车10~20座	1140
	10	机关非营业汽车20座以上	1320
营业客车	11	营业出租租赁6座以下	1800
	12	营业出租租赁6~10座	2360
	13	营业出租租赁10~20座	2400
	14	营业出租租赁20~36座	2560
	15	营业出租租赁36座以上	3530
	16	营业城市公交6~10座	2250
	17	营业城市公交10~20座	2520
	18	营业城市公交20~36座	3020
	19	营业城市公交36座以上	3140
	20	营业公路客运6~10座	2350
	21	营业公路客运10~20座	2620
	22	营业公路客运20~36座	3420
	23	营业公路客运36座以上	4690
非营业货车	24	非营业货车2吨以下	1200
	25	非营业货车2~5吨	1470
	26	非营业货车5~10吨	1650
	27	非营业货车10吨以上	2220

续表

车辆大类	序号	车辆明细分类	保费
营业货车	28	营业货车2吨以下	1850
	29	营业货车2～5吨	3070
	30	营业货车5～10吨	3450
	31	营业货车10吨以上	4480
特种车	32	特种车一	3710
	33	特种车二	2430
	34	特种车三	1080
	35	特种车四	3980
摩托车	36	摩托车50CC及以下	80
	37	摩托车50～250CC(含)	120
	38	摩托车250CC以上及侧三轮	400
拖拉机	39	兼用型拖拉机14.7kW及以下	按保监产险〔2007〕53号实行地区差别费率
	40	兼用型拖拉机14.7kW以上	
	41	运输型拖拉机14.7kW及以下	
	42	运输型拖拉机14.7kW以上	

注：1. 座位和吨位的分类都按照"含起点不含终点"的原则来解释。

2. 特种车一：油罐车、汽罐车、液罐车。

特种车二：专用净水车、特种车一以外的罐式货车，以及用于清障、清扫、清洁、起重、装卸、升降、搅拌、挖掘、推土、冷藏、保温等的各种专用机动车。

3. 挂车根据实际的使用性质并按照对应吨位货车的30%计算。

4. 低速载货汽车参照运输型拖拉机14.7kW以上的费率执行。

2．费率浮动暂行办法

实行"奖优罚劣"费率浮动机制的目的是，利用费率杠杆的经济调节手段来提高驾驶人的道路交通安全法律意识，督促安全行驶，以便有效预防和减少道路交通事故的发生。

2007年6月27日，保监会公布了《机动车交通事故责任强制保险费率浮动暂行办法》（以下简称《费率浮动暂行办法》），规定在全国范围内统一实行交强险费率浮动与道路交通事故相联系，暂不在全国范围内统一实行与道路交通安全违法行为相联系。《费率浮动暂行办法》适用于2007年7月1日起签发的交强险保险单。交强险费率浮动标准为：连续3年或3年以上没有赔款记录（出险），费率为70%，即交强险打7折；连续2年没有赔款记录，费率为80%，即交强险打8折；上一年没有赔款，费率为90%，即交强险打9折。交强险费率浮动因素及比率如表2-3所示。

表2-3　2007年7月1日后交强险《费率浮动暂行办法》的浮动因素及比率

浮动因素			浮动比率
与道路交通事故相联系的浮动比率A	A1	上一个年度未发生有责任道路交通事故	－10%
	A2	上两个年度未发生有责任道路交通事故	－20%
	A3	上三个及以上年度未发生有责任道路交通事故	－30%
	A4	上一个年度发生一次有责任不涉及死亡的道路交通事故	0%
	A5	上一个年度发生两次及两次以上有责任道路交通事故	10%
	A6	上一个年度发生有责任道路交通死亡事故	30%

费率浮动时,应注意以下事项。

(1) 交强险最终保险费＝交强险基础保险费×(1＋与道路交通事故相联系的浮动比率 A)。

(2) 交强险费率浮动标准根据被保险机动车所发生的道路交通事故计算。摩托车和拖拉机暂不浮动。

(3) 与道路交通事故相联系的浮动比率 A 为 A1 至 A6 其中之一,不累加。同时满足多个浮动因素的,按照向上浮动或者向下浮动比率的高者计算。

(4) 仅发生无责任道路交通事故的,交强险费率仍可享受向下浮动。

(5) 浮动因素计算区间为上期保险单出单日至本期保险单出单日之间。

(6) 与道路交通事故相联系浮动时,应根据上年度交强险已赔付的赔案浮动。上年度发生赔案但还未赔付的,本期交强险费率不浮动,直至赔付后的下一年度交强险费率向上浮动。

(7) 几种特殊情况的交强险费率浮动方法如下。

① 首次投保交强险的机动车费率不浮动。

② 在保险期限内,被保险机动车所有权转移,应当办理交强险合同变更手续,且交强险费率不浮动。

③ 机动车临时上道路行驶或境外机动车临时入境投保短期交强险的,交强险费率不浮动。其他投保短期交强险的情况下,根据交强险短期基准保险费并按照上述标准浮动。

④ 被保险机动车经公安机关证实丢失后追回的,根据投保人提供的公安机关证明,在丢失期间发生道路交通事故的,交强险费率不向上浮动。

⑤ 机动车上一期交强险保险单满期后未及时续保的,浮动因素计算区间仍为上期保险单出单日至本期保险单出单日之间。

⑥ 在全国车险信息平台联网或全国信息交换前,机动车跨省变更投保地时,如投保人能提供相关证明文件的,可享受交强险费率向下浮动。不能提供的,交强险费率不浮动。

(8) 交强险保险单出单日距离保险单起期最长不能超过 3 个月。

(9) 除投保人明确表示不需要的,保险公司应当在完成保险费计算后、出具保险单以前,向投保人出具《机动车交通事故责任强制保险费率浮动告知书》(如表 2-4 所示),经投保人签章确认后,再出具交强险保险单、保险标志。投保人有异议的,应告知其有关道路交通事故的查询方式。

(10) 已经建立车险联合信息平台的地区,通过车险联合信息平台实现交强险费率浮动。除当地保险监管部门认可的特殊情形以外,《机动车交通事故责任强制保险费率浮动告知书》和交强险保险单必须通过车险联合信息平台出具。

未建立车险联合信息平台的地区,通过保险公司之间相互报盘、简易理赔共享查询系统或者手工方式等,实现交强险费率浮动。

表 2-4 机动车交通事故责任强制保险费率浮动告知书

尊敬的投保人：
  您的机动车投保基本信息如下：
  车牌号码：   号牌种类：
  发动机号：   识别代码（车架号）：
  浮动因素计算区间： 年 月 日零时至 年 月 日二十四时
  根据中国保险监督管理委员会批准的机动车交通事故责任强制保险（以下简称"交强险"）费率，您的机动车交强险基础保险费是：人民币 元。
  您的机动车从上年度投保以来至今，发生的有责任道路交通事故和交通安全违法行为记录情况如下。
  有责任的道路交通事故记录：

序号	赔付时间	是否造成受害人死亡

  由于道路交通事故引起的保险费浮动比率为： %。
  道路交通安全违法行为记录：

序号	处理时间	行为类别

  或者：您的机动车在上 个年度内未发生道路交通事故，由此引起的保险浮动比率为： %。
  交强险最终保险费＝交强险基础保险费×(1＋与道路交通事故相联系的浮动比率)×(1＋道路交通安全违法行为相联系的浮动比率)
  本次投保的应交保险费：人民币 元（大写：   ）
  以上告知，如无异议，请您签字(签章)确认。

                      投保人签字(盖章)：_____
                      日期：____年____月____日

3. 解除保险合同保费计算办法

  根据《交强险条例》规定解除保险合同时，保险人应按如下标准计算退还投保人保险费。
  (1) 投保人已交纳保险费，但保险责任尚未开始的，全额退还保险费。

（2）投保人已交纳保险费，但保险责任已开始的，退还未到期责任部分保险费。

退还保险费＝保险费×（1－已了责任天数/保险期间天数）

资讯二　基本险产品

一、机动车商业保险概述

2007 年 2 月 27 日保监会对中国保险行业协会申报的《中国保险行业协会关于申报车险 A、B、C 三款(07 版)行业条款费率方案的请示》批复，2007 年 4 月 1 日起各财产保险公司实施条款、费率切换工作。

商业险分为基本险和附加险两大类，其中基本险为机动车损失保险、机动车全车盗抢保险、机动车车上人员责任保险以及机动车第三者责任保险四种，是对车辆使用过程中大多数车辆使用者经常面临的风险给予保障。而附加险则包括车身划痕损失险、玻璃单独破碎险、自燃险、不计免赔率等，是对主保险责任的补充，它承保的一般是基本险不予承保的自然灾害或意外事故。附加险不能独立投保，而必须依附于相应的基本险才能投保。

随着机动车保险业的发展，基本险和附加险都在不断补充丰富、改革创新，险种数量及保障内容都大大增加。经过几年实践，为规范机动车辆保险行业，促进有序竞争和良好发展，2007 年 4 月 1 日起，正式启用由中国保险行业协会牵头开发的 2007 版 A、B、C 三套条款，国内经营车险的保险公司都必须从这三套条款中选择一款经营（天平汽车保险公司除外，为独有条款）。新版 A、B、C 三套条款的险种构成及施行的商业险种分别如表 2-5、表 2-6 所示。

表 2-5　新版 A、B、C 三套条款的险种构成

A 款险种构成	B 款险种构成	C 款险种构成
机动车第三者责任保险	机动车第三者责任保险	机动车损失保险
家庭自用机动车损失保险	机动车损失保险	机动车第三者责任保险
非营业用机动车损失保险	机动车全车盗抢保险	机动车车上人员责任保险
营业用机动车损失保险	机动车车上人员责任保险	机动车全车盗抢保险
特种车保险	摩托车、拖拉机保险	摩托车、拖拉机保险
摩托车、拖拉机保险	玻璃单独破碎险	玻璃单独破碎险
机动车车上人员责任保险	车身划痕损失险	车身油漆单独损伤险
机动车全车盗抢保险	不计免赔率险	车损免赔额特约条款
玻璃单独破碎险		不计免赔率险
车身划痕损失险		
可选免赔额特约险		
不计免赔率特约险		

表 2-6　我国现施行的商业险种

公司名称	中国人民财产保险股份有限公司	中国平安财产保险股份有限公司	中国太平洋财产保险股份有限公司
三套条款	采用 A 款	采用 B 款	采用 C 款
基本险	机动车第三者责任保险 机动车损失保险无法找到第三方特约险 机动车损失保险 营业用机动车损失保险 特种车保险 摩托车、拖拉机保险 机动车车上人员责任保险 机动车全车盗抢保险 机动车单独提车损失保险	机动车第三者责任保险 机动车损失保险无法找到第三方特约险 机动车损失保险 机动车全车盗抢保险 机动车车上人员责任保险 摩托车、拖拉机保险 机动车单程提车损失保险	机动车损失保险 机动车第三者责任保险 机动车损失保险无法找到第三方特约险 机动车车上人员责任保险 机动车全车盗抢保险 摩托车、拖拉机保险 机动车单程提车损失保险 单程提车三者险
附加险、特约条款	玻璃单独破碎险 自燃损失险 车身划痕损失险 新增加设备损失险 发动机涉水损失险 修理期间费用补偿险 更换轮胎服务特约条款 送油、充电服务特约条款 拖车服务特约条款 随车行李物品损失保险 车上货物责任险 附加精神损害抚慰金责任险 不计免赔率险 起重、装卸、挖掘车辆损失扩展条款 特种车辆固定设备、仪器损坏扩展条款 指定修理厂险	玻璃单独破碎险 自燃损失险 车身划痕损失险 车辆停驶损失险 修理期间费用补偿险 新增加设备损失险 车上货物责任险 车载货物掉落责任险 精神损害抚慰金责任险 全车盗抢附加高尔夫球具盗窃险 车轮单独损坏险 发动机涉水损失险 随车行李物品损失险 保险事故附随费用损失险 车辆重置特约险条款 A 车辆重置特约险条款 B 系安全带补偿特约险 指定修理厂险 特种车特约条款 基本险不计免赔率险 附加险不计免赔率险	玻璃单独破碎险 自燃损失险 新增加设备损失险 发动机涉水损失险 零部件、附属设备被盗窃险 车上货物责任险 精神损害抚慰金责任险 随车携带物品责任险 特种车车辆损失扩展险 特种车固定机具、设备损失险 车损免赔额特约条款 救援费用特约条款 修理期间费用补偿特约条款 事故附随费用特约条款 更换新车特约条款 基本险不计免赔率险 附加险不计免赔率险 节假日行驶区域扩展特约条款 指定修理厂险

因此,现行的机动车辆商业保险险种是由基本统一的基本险险种和主要的附加险险种以及个性化的各家保险公司自主制定的其他附加险险种组成。

二、机动车第三者责任保险

机动车第三者责任保险是指被保险人允许的合格驾驶员在使用被保险机动车过程中发生的意外事故,致使第三者遭受人身伤亡或财产的直接损失,依法应当由被保险人支付的赔偿金额,保险人依照《道路交通安全法实施条例》和保险合同的规定负责赔偿。但因事故产生的善后工作,保险人不负责处理。其中,第三者是指因被保险机动车发生意外事故遭受人身伤亡或者财产损失的人,不包括被保险机动车本车上人员、被保险人。

1. 保险责任

(1) 保险期间内,被保险人或其允许的驾驶人在使用被保险机动车过程中发生意外事故,致使第三者遭受人身伤亡或财产直接损毁且不属于免除保险人责任的范围,依法应当对第三者承担的损害赔偿责任保险人依照机动车第三者责任保险中的约定,对于超过机动车交通事故责任强制保险各分项赔偿限额的部分负责赔偿。

(2) 保险人依据被保险机动车一方在事故中所负的事故责任比例,承担相应的赔偿责任。

被保险人或被保险机动车一方根据有关法律法规规定选择自行协商或由公安机关交通管理部门处理事故未确定事故责任比例的,按照下列规定确定事故责任比例。

① 被保险机动车一方负主要事故责任的,事故责任比例为70%。
② 被保险机动车一方负同等事故责任的,事故责任比例为50%。
③ 被保险机动车一方负次要事故责任的,事故责任比例为30%。
④ 涉及司法或仲裁程序的,以法院或仲裁机构最终生效的法律文书为准。

2. 责任免除

(1) 在上述保险责任范围内,下列情况下,不论任何原因造成的人身伤亡、财产损失和费用,保险人均不负责赔偿:

① 事故发生后,被保险人或其允许的驾驶人故意破坏、伪造现场、毁灭证据。

② 驾驶人有下列情形之一的:

a. 事故发生后,在未依法采取措施的情况下驾驶被保险机动车或者遗弃被保险机动车离开事故现场。

b. 饮酒、吸食或注射毒品、服用国家管制的精神药品或者麻醉药品。

c. 无驾驶证,驾驶证被依法扣留、暂扣、吊销、注销期间。

d. 驾驶与驾驶证载明的准驾车型不相符合的机动车。

e. 实习期内驾驶公共汽车、营运客车或者执行任务的警车、载有危险物品的机动车或牵引挂车的机动车。

f. 驾驶出租机动车或营业性机动车无交通运输管理部门核发的许可证书或其他必备证书。

g. 学习驾驶时无合法教练员随车指导。

h. 非被保险人允许的驾驶人。

③ 被保险机动车有下列情形之一的:

a. 发生保险事故时被保险机动车行驶证、号牌被注销的,或未按规定检验或检验不合格。

b. 被扣押、收缴、没收、政府征用期间。

c. 在竞赛、测试期间,在营业性场所维修、保养、改装期间。

d. 全车被盗窃、被抢劫、被抢夺、下落不明期间。

(2) 下列原因导致的人身伤亡、财产损失和费用,保险人均不负责赔偿。

① 地震及其次生灾害、战争、军事冲突、恐怖活动、暴乱、污染(含放射性污染)、核反应、核辐射。

② 第三者、被保险人或其允许的驾驶人的故意行为、犯罪行为,第三者与被保险人或其他致害人恶意串通的行为。

③ 被保险机动车被转让、改装、加装或改变使用性质等,被保险人、受让人未及时通知保险人,且因转让、改装、加装或改变使用性质等导致被保险机动车危险程度显著增加。

(3) 下列原因导致的人身伤亡、财产损失和费用,保险人均不负责赔偿。

① 被保险机动车发生意外事故,致使任何单位或个人停业、停驶、停电、停水、停气、停产、通信或网络中断、电压变化、数据丢失造成的损失以及其他各种间接损失;

② 第三者财产因市场价格变动造成的贬值,修理后因价值降低引起的减值损失。

③ 被保险人及其家庭成员、被保险人允许的驾驶人及其家庭成员所有、承租、使用、管理、运输或代管的财产的损失,以及本车上财产的损失。

④ 被保险人、被保险人允许的驾驶人、本车车上人员的人身伤亡。

⑤ 停车费、保管费、扣车费、罚款、罚金或惩罚性赔款。

⑥ 超出《道路交通事故受伤人员临床诊疗指南》和国家基本医疗保险同类医疗费用标准的费用部分。

⑦ 律师费、未经保险人事先书面同意的诉讼费、仲裁费。

⑧ 投保人、被保险人或其允许的驾驶人知道保险事故发生后,故意或者因重大过失未及时通知,致使保险事故的性质、原因、损失程度等难以确定的,保险人对无法确定的部分,不承担赔偿责任,但保险人通过其他途径已经及时知道或者应当及时知道保险事故发生的除外;

⑨ 因被保险人违反"因保险事故损坏的被保险机动车,应当尽量修复。修理前被保险人应当会同保险人检验,协商确定修理项目、方式和费用。对未协商确定的,保险人可以重新核定。"的约定,导致无法确定的损失及精神损害抚慰金。

⑩ 应当由机动车交通事故责任强制保险赔偿的损失和费用。

保险事故发生时,被保险机动车未投保机动车交通事故责任强制保险或机动车交通事故责任强制保险合同已经失效的,对于机动车交通事故责任强制保险责任限额以内的损失和费用,保险人不负责赔偿。

3. 免赔率

保险人在依据机动车第三者责任保险中约定的计算赔款的基础上,在保险单载明的责任限额内,按照下列方式免赔。

① 被保险机动车一方负次要事故责任的,实行5%的事故责任免赔率;负同等事故责任的,实行10%的事故责任免赔率;负主要事故责任的,实行15%的事故责任免赔率;负全部事故责任的,实行20%的事故责任免赔率。

② 违反安全装载规定的,实行10%的绝对免赔率。

4. 责任限额

(1) 每次事故的责任限额,由投保人和保险人在签订机动车第三者责任保险合同时协商确定。

(2) 主车和挂车连接使用时视为一体,发生保险事故时,由主车保险人和挂车保险人按照保险单上载明的机动车第三者责任保险责任限额的比例,在各自的责任限额内承担赔偿责任,但赔偿金额总和以主车的责任限额为限。

5. 赔偿处理

(1) 发生保险事故时,被保险人或其允许的驾驶人应当及时采取合理的、必要的施救和保护措施,防止或者减少损失,并在保险事故发生后 48 小时内通知保险人。被保险人或其允许的驾驶人根据有关法律法规规定选择自行协商方式处理交通事故的,应当立即通知保险人。

(2) 被保险人或其允许的驾驶人根据有关法律法规规定选择自行协商方式处理交通事故的,应当协助保险人勘验事故各方车辆、核实事故责任,并依照《道路交通安全法实施条例》签订记录交通事故情况的协议书。

(3) 被保险人索赔时,应当向保险人提供与确认保险事故的性质、原因、损失程度等有关的证明和资料。

被保险人应当提供保险单、损失清单、有关费用单据、被保险机动车行驶证和发生事故时驾驶人的驾驶证。

属于道路交通事故的,被保险人应当提供公安机关交通管理部门或法院等机构出具的事故证明、有关的法律文书(判决书、调解书、裁定书、裁决书等)及其他证明。被保险人或其允许的驾驶人根据有关法律法规规定选择自行协商方式处理交通事故的,被保险人应当提供依照《道路交通安全法实施条例》签订记录交通事故情况的协议书。

(4) 保险人对被保险人给第三者造成的损害,可以直接向该第三者赔偿。被保险人给第三者造成损害,被保险人对第三者应负的赔偿责任确定的,根据被保险人的请求,保险人应当直接向该第三者赔偿。被保险人怠于请求的,第三者有权就其应获赔偿部分直接向保险人请求赔偿。

被保险人给第三者造成损害,被保险人未向该第三者赔偿的,保险人不得向被保险人赔偿。

(5) 因保险事故损坏的第三者财产,应当尽量修复。修理前被保险人应当会同保险人检验,协商确定修理项目、方式和费用。对未协商确定的,保险人可以重新核定。

(6) 赔款计算。

①当[(依合同约定核定的第三者损失金额-机动车交通事故责任强制保险的分项赔偿限额)×事故责任比例]等于或高于每次事故赔偿限额时:

赔款=每次事故赔偿限额×(1-事故责任免赔率)×(1-绝对免赔率之和)

②当[(依合同约定核定的第三者损失金额-机动车交通事故责任强制保险的分项赔偿限额)×事故责任比例]低于每次事故赔偿限额时:

赔款=(依合同约定核定的第三者损失金额-机动车交通事故责任强制保险的分项赔偿限额)×事故责任比例×(1-事故责任免赔率)×(1-绝对免赔率之和)

(7) 保险人按《道路交通事故受伤人员临床诊疗指南》和国家基本医疗保险的同类医疗费用标准核定医疗费用的赔偿金额。

未经保险人书面同意,被保险人自行承诺或支付的赔偿金额,保险人有权重新核定。不属于保险人赔偿范围或超出保险人应赔偿金额的,保险人不承担赔偿责任。

(8) 保险人受理报案、现场查勘、核定损失、参与诉讼、进行抗辩、要求被保险人提供证明和资料、向被保险人提供专业建议等行为,均不构成保险人对赔偿责任的承诺。

三、机动车损失保险

机动车损失保险,是指保险车辆遭受保险责任范围内的自然灾害(不包括地震)或意外事故,造成保险车辆本身损失,保险人依据保险合同的规定给予赔偿。

1. 保险责任

(1) 保险期间内,被保险人或其允许的驾驶人在使用被保险机动车过程中,因下列原因造成被保险机动车的直接损失,且不属于免除保险人责任的范围,保险人依照机动车损失保险合同的约定负责赔偿。

① 碰撞、倾覆、坠落。

② 火灾、爆炸。

③ 外界物体坠落、倒塌。

④ 雷击、暴风、暴雨、洪水、龙卷风、冰雹、台风、热带风暴。

⑤ 地陷、崖崩、滑坡、泥石流、雪崩、冰陷、暴雪、冰凌、沙尘暴。

⑥ 受到被保险机动车所载货物、车上人员意外撞击。

⑦ 载运被保险机动车的渡船遭受自然灾害(只限于驾驶人随船的情形)。

(2) 发生保险事故时,被保险人或其允许的驾驶人为防止或者减少被保险机动车的损失所支付的必要的、合理的施救费用,由保险人承担;施救费用数额在被保险机动车损失赔偿金额以外另行计算,最高不超过保险金额的数额。

2. 责任免除

(1) 在上述保险责任范围内,下列情况下,不论任何原因造成被保险机动车的任何损失和费用,保险人均不负责赔偿。

① 事故发生后,被保险人或其允许的驾驶人故意破坏、伪造现场、毁灭证据;

② 驾驶人有下列情形之一的:

a. 事故发生后,在未依法采取措施的情况下驾驶被保险机动车或者遗弃被保险机动车离开事故现场。

b. 饮酒、吸食或注射毒品、服用国家管制的精神药品或者麻醉药品。

c. 无驾驶证,驾驶证被依法扣留、暂扣、吊销、注销期间。

d. 驾驶与驾驶证载明的准驾车型不相符合的机动车。

e. 实习期内驾驶公共汽车、营运客车或者执行任务的警车、载有危险物品的机动车或牵引挂车的机动车。

f. 驾驶出租机动车或营业性机动车无交通运输管理部门核发的许可证书或其他必备证书。

g. 学习驾驶时无合法教练员随车指导。

h. 非被保险人允许的驾驶人。

③ 被保险机动车有下列情形之一的:

a. 发生保险事故时,被保险机动车行驶证、号牌被注销的,或未按规定检验或检验不合格。

b. 被扣押、收缴、没收、政府征用期间。

c. 在竞赛、测试期间,在营业性场所维修、保养、改装期间。

d. 被保险人或其允许的驾驶人故意或重大过失,导致被保险机动车被利用从事犯罪行为。

(2) 下列原因导致的被保险机动车的损失和费用,保险人均不负责赔偿:

① 地震及其次生灾害、战争、军事冲突、恐怖活动、暴乱、污染(含放射性污染)、核反应、核辐射;(三)人工直接供油、高温烘烤、自燃、不明原因火灾。

② 人工直接供油、高温烘烤、自燃、不明原因火灾。

③ 违反安全装载规定。

④ 被保险机动车被转让、改装、加装或改变使用性质等,被保险人、受让人未及时通知保险人,且因转让、改装、加装或改变使用性质等导致被保险机动车危险程度显著增加。

⑤ 被保险人或其允许的驾驶人的故意行为。

(3) 下列原因导致的损失和费用,保险人不负责赔偿。

① 因市场价格变动造成的贬值、修理后因价值降低引起的减值损失。

② 自然磨损、朽蚀、腐蚀、故障、本身质量缺陷。

③ 遭受保险责任范围内的损失后,未经必要修理并检验合格继续使用,致使损失扩大的部分。

④ 投保人、被保险人或其允许的驾驶人知道保险事故发生后,故意或者因重大过失未及时通知,致使保险事故的性质、原因、损失程度等难以确定的,保险人对无法确定的部分,不承担赔偿责任,但保险人通过其他途径已经及时知道或者应当及时知道保险事故发生的除外。

⑤ 因被保险人违反"因保险事故损坏的被保险机动车,应当尽量修复。修理前被保险人应当会同保险人检验,协商确定修理项目、方式和费用。对未协商确定的,保险人可以重新核定。"的约定,导致无法确定的损失及精神损害抚慰金。

⑥ 被保险机动车全车被盗窃、被抢劫、被抢夺、下落不明以及在此期间受到的损坏,或被盗窃、被抢劫、被抢夺未遂受到的损坏,或车上零部件、附属设备丢失。

⑦ 车轮单独损坏、玻璃单独破碎、无明显碰撞痕迹的车身划痕以及新增设备的损失。

⑧ 发动机进水后导致的发动机损坏。

3. 免赔率与免赔额

(1) 保险人在依据机动车损失保险合同约定计算赔款的基础上,按照下列方式免赔。

① 被保险机动车一方负次要事故责任的,实行5%的事故责任免赔率;负同等事故责任的,实行10%的事故责任免赔率;负主要事故责任的,实行15%的事故责任免赔率;负全部事故责任或单方肇事事故的,实行20%的事故责任免赔率。

② 被保险机动车的损失应当由第三方负责赔偿,无法找到第三方的,实行30%的免赔率。

③ 违反安全装载规定但不是事故发生的直接原因的,增加10%的绝对免赔率。

④ 对于投保人与保险人在投保时协商确定绝对免赔额的,本保险在实行免赔率的基础上增加每次事故绝对免赔额。

4．保险金额

保险金额按投保时被保险机动车的实际价值确定。

（1）投保时，被保险机动车的实际价值由投保人与保险人根据投保时的新车购置价减去折旧金额后的价格协商确定或根据其他市场公允价值协商确定。

（2）折旧金额可根据保险合同列明的参考折旧系数表确定。

5．赔偿处理

（1）发生保险事故时，被保险人或其允许的驾驶人应当及时采取合理的、必要的施救和保护措施，防止或者减少损失，并在保险事故发生后48小时内通知保险人。被保险人或其允许的驾驶人根据有关法律法规规定选择自行协商方式处理交通事故的，应当立即通知保险人。

（2）被保险人或其允许的驾驶人根据有关法律法规规定选择自行协商方式处理交通事故的，应当协助保险人勘验事故各方车辆、核实事故责任，并依照《道路交通安全法实施条例》签订记录交通事故情况的协议书。

（3）被保险人索赔时，应当向保险人提供与确认保险事故的性质、原因、损失程度等有关的证明和资料。

被保险人应当提供保险单、损失清单、有关费用单据、被保险机动车行驶证和发生事故时驾驶人的驾驶证。

属于道路交通事故的，被保险人应当提供公安机关交通管理部门或法院等机构出具的事故证明、有关的法律文书（判决书、调解书、裁定书、裁决书等）及其他证明。被保险人或其允许的驾驶人根据有关法律法规规定选择自行协商方式处理交通事故的，被保险人应当提供依照《道路交通安全法实施条例》签订记录交通事故情况的协议书。

（4）因保险事故损坏的被保险机动车，应当尽量修复。修理前被保险人应当会同保险人检验，协商确定修理项目、方式和费用。对未协商确定的，保险人可以重新核定。

（5）被保险机动车遭受损失后的残余部分由保险人、被保险人协商处理。如折归被保险人的，由双方协商确定其价值并在赔款中扣除。

（6）因第三方对被保险机动车的损害而造成保险事故，被保险人向第三方索赔的，保险人应积极协助；被保险人也可以直接向本保险人索赔，保险人在保险金额内先行赔付被保险人，并在赔偿金额内代位行使被保险人对第三方请求赔偿的权利。

被保险人已经从第三方取得损害赔偿的，保险人进行赔偿时，相应扣减被保险人从第三方已取得的赔偿金额。

保险人未赔偿之前，被保险人放弃对第三方请求赔偿权利的，保险人不承担赔偿责任。

被保险人故意或者因重大过失致使保险人不能行使代位请求赔偿的权利的，保险人可以扣减或者要求返还相应的赔款。

保险人向被保险人先行赔付的，保险人向第三方行使代位请求赔偿的权利时，被保险人应当向保险人提供必要的文件和所知道的有关情况。

（7）机动车损失赔款按以下方法计算。

① 全部损失。

赔款＝（保险金额－被保险人已从第三方获得的赔偿金额）×（1－事故责任免赔率）×（1－绝对免赔率之和）－绝对免赔额

② 部分损失。被保险机动车发生部分损失,保险人按实际修复费用在保险金额内计算赔偿:

赔款=(实际修复费用－被保险人已从第三方获得的赔偿金额)×(1－事故责任免赔率)×(1－绝对免赔率之和)－绝对免赔额

③ 施救费。施救的财产中,含有本保险合同未保险的财产,应按本保险合同保险财产的实际价值占总施救财产的实际价值比例分摊施救费用。

(8)保险人受理报案、现场查勘、核定损失、参与诉讼、进行抗辩、要求被保险人提供证明和资料、向被保险人提供专业建议等行为,均不构成保险人对赔偿责任的承诺。

(9)被保险机动车发生本保险事故,导致全部损失,或一次赔款金额与免赔金额之和(不含施救费)达到保险金额,保险人跟据机动车损失保险合同约定支付赔款后,保险责任终止,保险人不退还机动车损失保险及其附加险的保险费。

四、机动车车上人员责任保险

1. 保险责任

(1)保险期间内,被保险人或其允许的驾驶人在使用被保险机动车过程中发生意外事故,致使车上人员遭受人身伤亡,且不属于免除保险人责任的范围,依法应当对车上人员承担的损害赔偿责任,保险人依照机动车全车盗抢保险合同的约定负责赔偿。

(2)保险人依据被保险机动车一方在事故中所负的事故责任比例,承担相应的赔偿责任。

被保险人或被保险机动车一方根据有关法律法规规定选择自行协商或由公安机关交通管理部门处理事故未确定事故责任比例的,按照下列规定确定事故责任比例。

① 被保险机动车一方负主要事故责任的,事故责任比例为70%。

② 被保险机动车一方负同等事故责任的,事故责任比例为50%。

③ 被保险机动车一方负次要事故责任的,事故责任比例为30%。

涉及司法或仲裁程序的,以法院或仲裁机构最终生效的法律文书为准。

2. 责任免除

(1)上述保险责任范围内,下列情况下,不论任何原因造成的人身伤亡,保险人均不负责赔偿。

① 事故发生后,被保险人或其允许的驾驶人故意破坏、伪造现场、毁灭证据。

② 驾驶人有下列情形之一的:

a. 事故发生后,在未依法采取措施的情况下驾驶被保险机动车或者遗弃被保险机动车离开事故现场。

b. 饮酒、吸食或注射毒品、服用国家管制的精神药品或者麻醉药品。

c. 无驾驶证,驾驶证被依法扣留、暂扣、吊销、注销期间。

d. 驾驶与驾驶证载明的准驾车型不相符合的机动车。

e. 实习期内驾驶公共汽车、营运客车或者执行任务的警车、载有危险物品的机动车或牵引挂车的机动车。

f. 驾驶出租机动车或营业性机动车无交通运输管理部门核发的许可证书或其他必备

证书。

  g. 学习驾驶时无合法教练员随车指导。

  h. 非被保险人允许的驾驶人。

 ③ 被保险机动车有下列情形之一者：

  a. 发生保险事故时，被保险机动车行驶证、号牌被注销的，或未按规定检验或检验不合格。

  b. 被扣押、收缴、没收、政府征用期间。

  c. 在竞赛、测试期间，在营业性场所维修、保养、改装期间。

  d. 全车被盗窃、被抢劫、被抢夺、下落不明期间。

 (2) 下列原因导致的人身伤亡，保险人均不负责赔偿。

 ① 地震及其次生灾害、战争、军事冲突、恐怖活动、暴乱、污染（含放射性污染）、核反应、核辐射。

 ② 被保险机动车被转让、改装、加装或改变使用性质等，被保险人、受让人未及时通知保险人，且因转让、改装、加装或改变使用性质等导致被保险机动车危险程度显著增加。

 ③ 被保险人或驾驶人的故意行为。

 (3) 下列原因导致的人身伤亡、财产损失和费用，保险人均不负责赔偿。

 ① 被保险人及驾驶人以外的其他车上人员的故意行为造成的自身伤亡。

 ② 车上人员因疾病、分娩、自残、斗殴、自杀、犯罪行为造成的自身伤亡。

 ③ 违法、违章搭乘人员的人身伤亡。

 ④ 罚款、罚金或惩罚性赔款。

 ⑤ 超出《道路交通事故受伤人员临床诊疗指南》和国家基本医疗保险的同类医疗费用标准的费用部分。

 ⑥ 律师费，未经保险人事先书面同意的诉讼费、仲裁费。

 ⑦ 投保人、被保险人或其允许的驾驶人知道保险事故发生后，故意或者因重大过失未及时通知，致使保险事故的性质、原因、损失程度等难以确定的，保险人对无法确定的部分，不承担赔偿责任，但保险人通过其他途径已经及时知道或者应当及时知道保险事故发生的除外。

 ⑧ 精神损害抚慰金。

 ⑨ 应当由机动车交通事故责任强制保险赔付的损失和费用。

 3. 免赔率

 保险人在依据本保险合同约定计算赔款的基础上，在保险单载明的责任限额内，按照下列方式免赔。

 被保险机动车一方负次要事故责任的，实行5%的事故责任免赔率；负同等事故责任的，实行10%的事故责任免赔率；负主要事故责任的，实行15%的事故责任免赔率；负全部事故责任或单方肇事事故的，实行20%的事故责任免赔率。

 4. 责任限额

 驾驶人每次事故责任限额和乘客每次事故每人责任限额由投保人和保险人在投保时协商确定。投保乘客座位数按照被保险机动车的核定载客数（驾驶人座位除外）确定。

5. 赔偿处理

(1) 发生保险事故时,被保险人或其允许的驾驶人应当及时采取合理的、必要的施救和保护措施,防止或者减少损失,并在保险事故发生后48小时内通知保险人。被保险人或其允许的驾驶人根据有关法律法规规定选择自行协商方式处理交通事故的,应当立即通知保险人。

(2) 被保险人或其允许的驾驶人根据有关法律法规规定选择自行协商方式处理交通事故的,应当协助保险人勘验事故各方车辆、核实事故责任,并依照《道路交通安全法实施条例》签订记录交通事故情况的协议书。

(3) 被保险人索赔时,应当向保险人提供与确认保险事故的性质、原因、损失程度等有关的证明和资料。

被保险人应当提供保险单、损失清单、有关费用单据、被保险机动车行驶证和发生事故时驾驶人的驾驶证。

属于道路交通事故的,被保险人应当提供公安机关交通管理部门或法院等机构出具的事故证明、有关的法律文书(判决书、调解书、裁定书、裁决书等)和通过机动车交通事故责任强制保险获得赔偿金额的证明材料。被保险人或其允许的驾驶人根据有关法律法规规定选择自行协商方式处理交通事故的,被保险人应当提供依照《道路交通安全法实施条例》签订记录交通事故情况的协议书和通过机动车交通事故责任强制保险获得赔偿金额的证明材料。

(4) 赔款计算。

① 对每座的受害人,当[(依合同约定核定的每座车上人员人身伤亡损失金额-应由机动车交通事故责任强制保险赔偿的金额)×事故责任比例]高于或等于每次事故每座赔偿限额时:

赔款=每次事故每座赔偿限额×(1-事故责任免赔率)

② 对每座的受害人,当(依合同约定核定的每座车上人员人身伤亡损失金额-应由机动车交通事故责任强制保险赔偿的金额)×事故责任比例低于每次事故每座赔偿限额时:

赔款=(依合同约定核定的每座车上人员人身伤亡损失金额-应由机动车交通事故责任强制保险赔偿的金额)×事故责任比例×(1-事故责任免赔率)

(5) 保险人按照《道路交通事故受伤人员临床诊疗指南》和国家基本医疗保险的同类医疗费用标准核定医疗费用的赔偿金额。

未经保险人书面同意,被保险人自行承诺或支付的赔偿金额,保险人有权重新核定。由于被保险人的原因导致损失金额无法确定的,保险人有权拒绝赔偿。

(6) 保险人受理报案、现场查勘、核定损失、参与诉讼、进行抗辩、要求被保险人提供证明和资料、向被保险人提供专业建议等行为,均不构成保险人对赔偿责任的承诺。

五、机动车全车盗抢保险

1. 保险责任

保险期间内,被保险机动车的下列损失和费用,且不属于免除保险人责任的范围,保险人依照机动车全车盗抢保险合同的约定负责赔偿:

(1) 被保险机动车被盗窃、抢劫、抢夺,经出险当地县级以上公安刑侦部门立案证明,满60天未查明下落的全车损失。

(2) 被保险机动车全车被盗窃、抢劫、抢夺后,受到损坏或车上零部件、附属设备丢失需要修复的合理费用。

(3) 被保险机动车在被抢劫、抢夺过程中,受到损坏需要修复的合理费用。

2. 责任免除

(1) 在上述保险责任范围内,下列情况下,不论任何原因造成被保险机动车的任何损失和费用,保险人均不负责赔偿。

① 被保险人索赔时,未能提供出险当地县级以上公安刑侦部门出具的盗抢立案证明。

② 驾驶人、被保险人、投保人故意破坏现场、伪造现场、毁灭证据。

③ 被保险机动车被扣押、罚没、查封、政府征用期间。

④ 被保险机动车在竞赛、测试期间,在营业性场所维修、保养、改装期间,被运输期间。

(2) 下列原因导致的损失和费用,保险人不负责赔偿。

① 地震及其次生灾害、战争、军事冲突、恐怖活动、暴乱导致的损失和费用。

② 因诈骗引起的任何损失;因投保人、被保险人与他人的民事、经济纠纷导致的任何损失。

③ 被保险人或其允许的驾驶人的故意行为、犯罪行为导致的损失和费用。

④ 非全车遭盗窃,仅车上零部件或附属设备被盗窃或损坏。

⑤ 新增设备的损失。

⑥ 遭受保险责任范围内的损失后,未经必要修理并检验合格继续使用,致使损失扩大的部分。

⑦ 被保险机动车被转让、改装、加装或改变使用性质等,被保险人、受让人未及时通知保险人,且因转让、改装、加装或改变使用性质等导致被保险机动车危险程度显著增加而发生保险事故。

⑧ 投保人、被保险人或其允许的驾驶人知道保险事故发生后,故意或者因重大过失未及时通知,致使保险事故的性质、原因、损失程度等难以确定的,保险人对无法确定的部分,不承担赔偿责任,但保险人通过其他途径已经及时知道或者应当及时知道保险事故发生的除外。

⑨ 因被保险人违反"因保险事故损坏的被保险机动车,应当尽量修复。修理前被保险人应当会同保险人检验,协商确定修理项目、方式和费用。对未协商确定的,保险人可以重新核定"的约定,导致无法确定的损失。

3. 免赔率

保险人在依据本保险合同约定计算赔款的基础上,按照下列方式免赔。

(1) 发生全车损失的,绝对免赔率为20%。

(2) 发生全车损失,被保险人未能提供《机动车登记证书》、机动车来历凭证的,每缺少一项,增加1%的绝对免赔率。

4. 保险金额

(1) 保险金额在投保时被保险机动车的实际价值内协商确定。

(2)投保时,被保险机动车的实际价值由投保人与保险人根据投保时的新车购置价减去折旧金额后的价格,协商确定或其他市场公允价值协商确定。

折旧金额可根据本保险合同列明的参考折旧系数表确定,如表2-7所示。

表2-7 月折旧率表

车辆种类	月折旧率			
	家庭自用	非营业	营业	
			出租	其他
9座(含)以下客车	0.60%	0.60%	1.10%	0.90%
10座(含)以下客车	0.90%	0.90%	1.10%	0.90%
微型载货汽车	—	0.90%	1.10%	1.10%
带拖挂的载货汽车	—	0.90%	1.10%	1.10%
低速货车和三轮汽车	—	1.10%	1.40%	1.40%
其他车辆	—	0.90%	1.10%	0.90%

折旧按月计算,不足一个月的部分,不计折旧。最高折旧金额不超过投保时被保险机动车新车购置价的80%。

折旧金额=新车购置价×被保险机动车已使用月数×月折旧系数

5. 赔偿处理

(1)被保险机动车全车被盗抢的,被保险人知道保险事故发生后,应在24小时内向出险当地公安刑侦部门报案,并通知保险人。

(2)被保险人索赔时,须提供保险单、损失清单、有关费用单据、《机动车登记证书》、机动车来历凭证以及出险当地县级以上公安刑侦部门出具的盗抢立案证明。

(3)因保险事故损坏的被保险机动车,应当尽量修复。修理前被保险人应当会同保险人检验,协商确定修理项目、方式和费用。对未协商确定的,保险人可以重新核定。

(4)保险人按下列方式赔偿。

① 被保险机动车全车被盗抢的,按以下方法计算赔款:

赔款=保险金额×(1-绝对免赔率之和)

② 被保险机动车发生"被保险机动车全车被盗窃、抢劫、抢夺后,受到损坏或车上零部件、附属设备丢失需要修复的合理费用"及"被保险机动车在被抢劫、抢夺过程中,受到损坏需要修复的合理费用"中列明的损失,保险人按实际修复费用在保险金额内计算赔偿。

(5)保险人确认索赔单证齐全、有效后,被保险人签具权益转让书,保险人赔付结案。

(6)被保险机动车发生本保险事故,导致全部损失,或一次赔款金额与免赔金额之和达到保险金额,保险人按保险合同约定支付赔款后,保险责任终止,保险人不退还机动车全车盗抢保险及其附加险的保险费。

六、通用条款

1. 保险期间

除另有约定外,保险期间为一年,以保险单载明的起讫时间为准。

2. 其他事项

（1）保险人按照本保险合同的约定，认为被保险人索赔提供的有关证明和资料不完整的，应当及时一次性通知被保险人补充提供。

（2）保险人收到被保险人的赔偿请求后，应当及时做出核定；情形复杂的，应当在30日内做出核定。保险人应当将核定结果通知被保险人；对属于保险责任的，在与被保险人达成赔偿协议后10日内，履行赔偿义务。保险合同对赔偿期限另有约定的，保险人应当按照约定履行赔偿义务。

保险人未及时履行前款约定义务的，除支付赔款外，应当赔偿被保险人因此受到的损失。

（3）保险人依照（2）的约定做出核定后，对不属于保险责任的，应当自做出核定之日起3日内向被保险人发出拒绝赔偿通知书，并说明理由。

（4）保险人自收到赔偿请求和有关证明、资料之日起60日内，对其赔偿数额不能确定的，应当根据已有证明和资料可以确定的数额先予支付；保险人最终确定赔偿数额后，应当支付相应的差额。

（5）在保险期间内，被保险机动车转让他人的，受让人承继被保险人的权利和义务。被保险人或者受让人应当及时通知保险人，并及时办理保险合同变更手续。

因被保险机动车转让导致被保险机动车危险程度发生显著变化的，保险人自收到前款约定的通知之日起30日内，可以相应调整保险费或者解除本保险合同。

（6）保险责任开始前，投保人要求解除保险合同的，应当向保险人支付应交保险费金额3%的退保手续费，保险人应当退还保险费。

保险责任开始后，投保人要求解除本保险合同的，自通知保险人之日起，保险合同解除。保险人按日收取自保险责任开始之日起至合同解除之日止期间的保险费，并退还剩余部分保险费。

（7）因履行本保险合同发生的争议，由当事人协商解决，协商不成的，由当事人从下列两种合同争议解决方式中选择一种，并在本保险合同中载明：

① 提交保险单载明的仲裁委员会仲裁。

② 依法向人民法院起诉。

机动车全车盗抢保险合同适用中华人民共和国（不含港、澳、台地区）法律。

七、释义

1. 碰撞

碰撞是指被保险机动车或其符合装载规定的货物与外界固态物体之间发生的，产生撞击痕迹的意外撞击。

2. 倾覆

倾覆是指被保险机动车由于自然灾害或意外事故，造成本被保险机动车翻倒，车体触地，失去正常状态和行驶能力，不经施救不能恢复行驶。

3. 坠落

坠落是指被保险机动车在行驶中发生意外事故，整车腾空后下落，造成本车损失的情况。非整车腾空，仅由于颠簸造成被保险机动车损失的，不属于坠落。

4. 外界物体倒塌

外界物体倒塌是指被保险机动车自身以外的物体倒下或陷下。

5. 自燃

自燃是指在没有外界火源的情况下,由于本车电器、线路、供油系统、供气系统等被保险机动车自身原因或所载货物自身原因起火燃烧。

6. 火灾

火灾是指被保险机动车本身以外的火源引起的、在时间或空间上失去控制的燃烧(即有热、有光、有火焰的剧烈的氧化反应)所造成的灾害。

7. 次生灾害

次生灾害是指地震造成工程结构、设施和自然环境破坏而引发的火灾、爆炸、瘟疫、有毒有害物质污染、海啸、水灾、泥石流、滑坡等灾害。

8. 暴风

暴风是指风速在 28.5 米/秒(相当于 11 级大风)以上的大风。风速以气象部门公布的数据为准。

9. 暴雨

暴雨是指每小时降雨量达 16 毫米以上,或连续 12 小时降雨量达 30 毫米以上,或连续 24 小时降雨量达 50 毫米以上。

10. 洪水

洪水是指山洪暴发、江河泛滥、潮水上岸及倒灌。但规律性的涨潮、自动灭火设施漏水以及在常年水位以下或地下渗水、水管爆裂不属于洪水。

资讯三 附加险产品

附加险条款的法律效力优于主险条款。附加险条款未尽事宜,以主险条款为准。除附加险条款另有约定外,主险中的责任免除、免赔规则、双方义务同样适用于附加险。附加险主要有以下几种。

(1) 玻璃单独破碎险。

(2) 自燃损失险。

(3) 新增加设备损失险。

(4) 车身划痕损失险。

(5) 发动机涉水损失险。

(6) 修理期间费用补偿险。

(7) 车上货物责任险。

(8) 精神损害抚慰金责任险。

(9) 不计免赔率险。

(10) 机动车损失保险无法找到第三方特约险。

(11) 指定修理厂险。

一、玻璃单独破碎险

投保了机动车损失保险的机动车,可以投保本附加险。

1. 保险责任

保险期间内,被保险机动车风挡玻璃或车窗玻璃的单独破碎,保险人按实际损失金额赔偿。

2. 投保方式

投保人与保险人可协商选择按进口或国产玻璃投保。保险人根据协商选择的投保方式承担相应的赔偿责任。

投保人在与保险人协商的基础上,可自愿选择按进口风窗玻璃或国产风窗玻璃投保。

3. 责任免除

安装、维修机动车过程中造成的玻璃单独破碎。

4. 其他事项

本附加险不适用主险中的各项免赔率、免赔额约定。

二、自燃损失险

投保了机动车损失保险的机动车,可以投保本附加险。

1. 保险责任

（1）保险责任是指在保险期间内,没有外界火源的情况下,由于本车电器、线路、供油系统、供气系统等被保险机动车自身原因或所载货物自身原因起火燃烧造成本车的损失。

（2）发生保险事故时,被保险人为防止或者减少被保险机动车的损失所支付的必要的、合理的施救费用,由保险人承担；施救费用数额在被保险机动车损失赔偿金额以外另行计算,最高不超过本附加险保险金额的数额。

2. 责任免除

（1）自燃仅造成电器、线路、油路、供油系统、供气系统的损失。

（2）由于擅自改装、加装电器及设备导致被保险机动车起火造成的损失。

（3）被保险人在使用被保险机动车过程中,因人工直接供油、高温烘烤等违反车辆安全操作规则造成的损失。

（4）本附加险每次赔偿实行 20% 的绝对免赔率,不适用主险中的各项免赔率、免赔额约定。

3. 保险金额

保险金额由投保人和保险人按投保时被保险机动车的实际价值内协商确定

4. 赔偿处理

（1）全部损失,在保险金额内计算赔偿。

（2）部分损失,在保险金额内按实际修理费用计算赔偿。

三、新增加设备损失险

投保了机动车损失保险的机动车,可以投保本附加险。

1. 保险责任

保险期间内,投保了本附加险的被保险机动车因发生机动车损失保险责任范围内的事故,造成车上新增加设备的直接损毁,保险人在保险单载明的本附加险的保险金额内,按照实际损失计算赔偿。

2. 责任免除

本附加险每次赔偿的免赔约定以机动车损失保险条款约定为准。

3. 保险金额

保险金额根据新增加设备投保时的实际价值确定。新增加设备的实际价值是指新增加设备的购置价减去折旧金额后的金额。

四、车身划痕损失险

投保了机动车损失保险的机动车,可以投保本附加险。

1. 保险责任

保险期间内,投保了本附加险的机动车在被保险人或其允许的驾驶人使用过程中,发生无明显碰撞痕迹的车身划痕损失,保险人按照保险合同约定负责赔偿。

2. 责任免除

(1) 被保险人及其家庭成员、驾驶人及其家庭成员的故意行为造成的损失。

(2) 因投保人、被保险人与他人的民事、经济纠纷导致的任何损失。

(3) 车身表面自然老化、损坏,腐蚀造成的任何损失。

(4) 本附加险每次赔偿实行15%的绝对免赔率,不适用主险中的各项免赔率、免赔额约定。

3. 保险金额

保险金额为2000元、5000元、10 000元或20 000元,由投保人和保险人在投保时协商确定。

4. 赔偿处理

(1) 在保险金额内按实际修理费用计算赔偿。

(2) 在保险期间内,累计赔款金额达到保险金额,本附加险保险责任终止。

五、发动机涉水损失险

本附加险仅适用于家庭自用汽车、党政机关、事业团体用车、企业非营业用车,且只有在投保了机动车损失保险后,才可以投保本附加险。

1. 保险责任

(1) 保险期间内,投保了本附加险的被保险机动车在使用过程中,因发动机进水后导致的发动机的直接损毁,保险人负责赔偿。

(2) 发生保险事故时,被保险人为防止或减少被保险机动车的损失所支付的必要的、合理的施救费用,由保险人承担;施救费用数额在被保险机动车损失赔偿金额以外另行计算,最高不超过保险金额的数额。

2. 责任免除

本附加险每次赔偿实行15%的绝对免赔率,不适用主险中的各项免赔率、免赔额约定。

3. 赔偿处理

发生保险事故时,保险人在保险金额内计算赔偿。

六、修理期间费用补偿险

投保了机动车损失保险的机动车,可以投保本附加险。机动车损失保险责任终止时,修理期间费用补偿险责任同时终止。

1．保险责任

保险期间内，投保了本条款的机动车在使用过程中，发生机动车损失保险责任范围内的事故，造成车身损毁，致使被保险机动车停驶，保险人按保险合同约定，在保险金额内向被保险人补偿修理期间费用，作为代步车费用或弥补停驶损失。

2．责任免除

（1）因机动车损失保险责任范围以外的事故而致被保险机动车的损毁或修理。

（2）没有在保险人认可的修理厂修理时，因车辆修理质量不合要求造成返修。

（3）被保险人或驾驶人拖延车辆送修期间。

（4）本附加险每次事故的绝对免赔额为1天的赔偿金额，不适用主险中的各项免赔率、免赔额约定。

3．保险金额

$$本附加险保险金额 = 补偿天数 \times 日补偿金额$$

补偿天数及日补偿金额由投保人与保险人协商确定并在保险合同中载明，保险期间内约定的补偿天数最高不超过90天。

4．赔偿处理

（1）全车损失，按保险单载明的保险金额计算赔偿。

（2）部分损失，在保险金额内按约定的日赔偿金额乘以从送修之日起至修复之日止的实际天数计算赔偿，实际天数超过双方约定修理天数的，以双方约定的修理天数为准。

保险期间内，累计赔款金额达到保险单载明的保险金额，本附加险保险责任终止。

七、车上货物责任险

投保了机动车第三者责任保险的机动车，可投保本附加险。

1．保险责任

保险期间内，发生意外事故致使被保险车所载货物遭受直接损毁，依法应由被保险人承担的损害赔偿责任，保险人负责赔偿。

2．责任免除

（1）偷盗、哄抢、自然损耗、本身缺陷、短少、死亡、腐烂、变质、串味、生锈、动物走失、飞失、货物自身起火燃烧或爆炸造成的货物损失。

（2）违法、违章载运造成的损失。

（3）因包装、紧固不善，装载、遮盖不当导致的任何损失。

（4）车上人员携带的私人物品的损失。

（5）保险事故导致的货物减值、运输延迟、营业损失及其他各种间接损失。

（6）法律、行政法规禁止运输的货物的损失。

（7）本附加险每次赔偿实行20%的绝对免赔率，不适用主险中的各项免赔率、免赔额约定。

3．责任限额

责任限额由投保人和保险人在投保时协商确定。

4. 赔偿处理

被保险人索赔时,应提供运单、起运地货物价格证明等相关单据。保险人在责任限额内按起运地价格计算赔偿。

八、精神损害抚慰金责任险

只有在投保了机动车第三者责任保险或机动车车上人员责任保险的基础上,才可以投保本附加险。

在投保人仅投保机动车第三者责任保险的基础上附加本附加险时,保险人只负责赔偿第三者的精神损害抚慰金;在投保人仅投保机动车车上人员责任保险的基础上附加本附加险时,保险人只负责赔偿车上人员的精神损害抚慰金。

1. 保险责任

保险期间内,被保险人或其允许的驾驶人在使用被保险机动车的过程中,发生投保的主险约定的保险责任内的事故,造成第三者或车上人员的人身伤亡,受害人据此提出精神损害赔偿要求,保险人依据人民法院的判决及保险合同约定,对应由被保险人或被保险机动车驾驶人支付的赔款后,在本保险赔偿限额内负责赔偿。

2. 责任限额

(1) 根据被保险人与他人的合同协议,应由他人承担的精神损害抚慰金。

(2) 未发生交通事故,仅因第三者或本车人员的惊恐而引起的损害。

(3) 怀孕妇女的流产发生在交通事故发生之日起30天以外的。

(4) 本附加险每次赔偿实行20%的绝对免赔率,不适用主险中的各项免赔率、免赔额约定。

3. 赔偿限额

本保险每次事故赔偿限额由投保人和保险人在投保时协商确定。

4. 赔偿处理

本附加险赔偿金额依据人民法院的判决在保险单所载明的赔偿限额内计算赔偿。

九、不计免赔率险

投保了任一主险及其他设置了免赔率的附加险后,均可投保本附加险。

1. 保险责任

保险事故发生后,按照对应投保的险种约定的免赔率计算的、应当由被保险人自行承担的免赔金额部分,保险人负责赔偿。

2. 责任免除

(1) 机动车损失保险中应当由第三方负责赔偿而无法找到第三方的。

(2) 因违反安全装载规定而增加的。

(3) 发生机动车全车盗抢保险约定的全车损失保险事故时,被保险人未能提供《机动车登记证书》、机动车来历凭证的,每缺少一项而增加的。

(4) 机动车损失保险中约定的每次事故绝对免赔额。

(5) 可附加不计免赔率险条款但未选择附加本条款的险种约定的。

(6) 不可附加不计免赔率险条款的险种约定的。

十、机动车损失保险无法找到第三方特约险

投保了机动车损失保险的机动车,可以投保本附加险。

投保了本附加险后,被保险机动车的损失应当向第三方负责赔偿,无法找到第三方的,实行30%的免赔率。

十一、指定修理厂险

投保机动车损失保险的机动车可以投保本附加险。

投保了本附加险后,机动车损失保险事故发生后,被保险人可指定修理厂进行修理。

十二、释义

1. 玻璃单独破碎

玻璃单独破碎是指未发生被保险机动车其他部位的损坏,仅发生被保险机动车前后风挡玻璃和左右车窗玻璃的损坏。

2. 车轮单独损坏

车轮单独损坏是指未发生被保险机动车其他部位的损坏,仅发生轮胎、轮辋、轮毂罩的分别单独损坏,或上述三者之中任意二者的共同损坏,或三者的共同损坏。

3. 车身划痕损失

车身划痕损失是指仅发生被保险机动车车身表面油漆的损坏,且无明显碰撞痕迹。

4. 新增设备

新增设备是指被保险机动车出厂时原有设备以外的,另外加装的设备和设施。

5. 新车购置价

新车购置价是指本保险合同签订地购置与被保险机动车同类型新车的价格,无同类型新车市场销售价格的,由投保人与保险人协商确定。

6. 单方肇事事故

单方肇事事故是指不涉及与第三者有关的损害赔偿的事故,但不包括自然灾害引起的事故。

7. 家庭成员

家庭成员是指配偶、子女、父母。

8. 市场公允价值

市场公允价值是指熟悉市场情况的买卖双方在公平交易的条件下和自愿的情况下所确定的价格,或无关联的双方在公平交易的条件下一项资产可以被买卖或者一项负债可以被清偿的成交价格。

9. 饮酒

饮酒是指驾驶人饮用含有酒精的饮料,驾驶机动车时血液中的酒精含量大于等于20 mg/100 mL的。

10. 全部损失

全部损失是指被保险机动车发生事故后灭失,或者受到严重损坏完全失去原有形体、效

用,或者不能再归被保险人所拥有的,为实际全损;或被保险机动车发生事故后,认为实际全损已经不可避免,或者为避免发生实际全损所需支付的费用超过实际价值的,为推定全损。

资讯四　机动车保险费率

一、保险费率模式

保险费率是指按照保险金额计算保险费的比例,通常以千分率(‰)来表示。其公式为:
保险费率＝保险费/保险金额

各国机动车保险的费率模式基本上可以划分为两大类,即从车费率模式和从人费率模式。从车费率模式是以被保险车辆的风险因子为主作为确定保险费率主要因素的费率确定模式,主要变量为车辆的使用性质、车辆生产地、车辆的种类和车辆行驶的区域等。从人费率模式是指以驾驶被保险车辆人员的风险因子为主作为确定保险费率主要因素的费率确定模式,主要变量有驾驶人员的年龄、性别、驾驶年限和安全行驶记录等。目前,我国采用的汽车保险的费率模式就属于从车费率模式。研究人员通过对大量事故分析,发现机动车辆事故的发生更多是由驾驶员因素引起的,所以从人费率相对于从车费率具有更科学和合理的特征,我国正在积极探索,逐步将从车费率的模式过渡到从人费率的模式。

二、保险费率确定的基本原则

根据保险价格理论,厘定保险费率的科学方法是依据不同保险对象的客观环境和主观条件形成的危险度,采用非寿险精算的方法进行确定。但是,非寿险精算是一个纯技术的范畴,在实际经营过程中,非寿险精算仅仅是提供一个确定费率的基本依据和方法,而保险人确定费率还应当遵循一些基本的原则。

1. 公平合理原则

公平合理原则的核心是,确保实现每一个被保险人的保险费负担基本上是依据或者反映了保险标的的危险程度。这种公平合理的原则应在两个层面加以体现。

(1) 在保险人和被保险人之间。在保险人和被保险人之间体现公平合理的原则是指保险人的总体收费应当符合保险价格确定的基本原理,尤其是在附加费率部分,不应让被保险人负担保险人不合理的经营成本和利润。

(2) 在不同的被保险人之间。在不同的被保险人之间体现公平合理是指不同的被保险人的保险标的的危险程度可能存在较大的差异,保险人对不同的被保险人收取的保险费应当反映这种差异。

由于保险商品存在一定的特殊性,要实现绝对的公平合理是不可能的,所以,公平合理只能是相对的,只是要求保险人在确定费率的过程中注意体现一种公平合理的倾向,力求实现费率确定的相对公平合理。

2. 保证偿付原则

保证偿付原则的核心是确保保险人具有充分的偿付能力。保险费是保险标的的损失偿付的基本资金,所以,厘定的保险费率应保证保险公司具有相应的偿付能力,这是由保险的基本职能决定的。保险费率过低,势必削弱保险公司的偿付能力,从而影响对被保险人的实际保障。

在市场经济条件下,经常出现一些保险公司在市场竞争中为了争取市场份额,盲目地降低保险费率,结果是严重影响其自身的偿付能力,损害了被保险人的利益,甚至对整个保险业和社会产生巨大的负面影响。为了防止这种现象的发生,各国对于保险费率的厘定,大都实行由同业工会制定统一费率的方式,有的国家在一定的历史时期甚至采用由国家保险监督管理部门颁布统一费率,并要求强制执行的方式。例如,我国2000年7月1日开始实施的《机动车辆保险条款》就采取统一费率的方法。

保证偿付能力是保险费率确定原则的关键,原因是保险公司是否具有足够的偿付能力,这不仅仅影响到保险业的经营秩序和稳定,同时,也可能对广大的被保险人,乃至整个社会产生直接的影响。

3. 相对稳定原则

相对稳定原则是指保险费率厘定之后,应当在相当长的一段时间内保持稳定,不要轻易地变动。由于机动车保险业务存在保险费总量大、单量多的特点,经常的保险费率变动势必增加保险公司的业务工作量,导致经营成本上升。同时,也会给被保险人需要不断适应新的保险费率带来不便。要实现保险费率确定相对稳定的原则,在确定保险费率时就应充分考虑各种可能影响保险费率的因素,建立科学的费率体系,更重要的是应该对未来的趋势做出科学的预测,确保保险费率的适度超前,从而实现保险费率的相对稳定。

要求保险费率的确定具有一定的稳定性是相对的,一旦经营的外部环境发生了较大的变化,保险费率就必须进行相应的调整,以符合公平合理的原则。

4. 促进防损原则

防灾防损是保险的一个重要职能,其内涵是保险公司在经营过程中应协调某一风险群体的利益,积极推动和参与针对这一风险群体的预防灾害和损失活动,减少或者避免不必要的灾害事故的发生。这样不仅可以减少保险公司的赔付金额和减少被保险人的损失,更重要的是可以保障社会财富,稳定企业的经营,安定人民的生活,促进社会经济的发展。为此,保险人在厘定保险费率的过程中应将防灾、防损的费用列入成本,并将这部分费用用于防灾、防损工作。

在机动车保险业务中防灾、防损职能显得尤为重要。一方面保险公司将积极参与汽车制造商对于汽车安全性能的改进工作;另一方面保险公司对于被保险人的加强安全生产、进行防灾防损的工作也会予以一定的支持,目的是调动被保险人主动加强风险管理和防灾防损工作的积极性。

三、保险费计算

1. 机动车损失保险保险费计算

(1) 按照投保人类别、车辆用途、座位数/吨位数、车辆使用年限、新车购置价所属档次查找基础保险费和保险费率。机动车损失保险保险费率如表2-8所示,计算公式如下。

保险费 = 基础保险费 + 实际新车购置价 × 保险费率

表2-8 机动车损失保险费率(部分)　　　　　　　　　　　　　　单位:元

家庭自用汽车与非营业汽车		机动车损失保险							
		1年以下		1~2年		2~6年		6年以上	
		基础保险费	保险费率	基础保险费	保险费率	基础保险费	保险费率	基础保险费	保险费率
家庭自用汽车	6座以下	593	1.41%	564	1.34%	559	1.33%	576	1.37%
	6~10座	711	1.41%	677	1.34%	670	1.33%	691	1.37%
	10座以上	711	1.41%	677	1.34%	670	1.33%	691	1.37%
企业非营业客车	6座以下	368	1.22%	351	1.16%	347	1.15%	358	1.18%
	6~10座	442	1.16%	421	1.10%	417	1.09%	430	1.13%
	10~20座	442	1.24%	421	1.18%	417	1.17%	430	1.21%
	20座以上	461	1.24%	439	1.18%	434	1.17%	447	1.21%

(2) 如果投保人选择不足额投保,即保额小于新车购置价,保险费应作相应调整,计算公式如下。

保险费=(0.05+0.95×保险金额/新车购置价)×足额投保时的标准保险费率

(3) 36座以上营业客车新车购置价低于20万元的,按照20~36座营业客车对应档次的保险费计收。

(4) 挂车保险费按同吨位货车对应档次保险费的50%计收。

2. 机动车第三者责任保险保险费计算

(1) 按照投保人类别、车辆用途、座位数/吨位数、车辆使用年限、责任限额直接查找保险费。

(2) 挂车保险费按2吨以下货车计收(责任限额统一为5万元)。

家庭自用机动车第三者责任保险费率见表2-9。

表2-9 家庭自用机动车第三者责任保险费率(部分)　　　　　　　单位:元

家庭自用汽车与非营业汽车		机动车第三者责任保险						
		5万元	10万元	15万元	20万元	30万元	50万元	100万元
家庭自用汽车	6座以下	626	903	1031	1120	1264	1516	1976
	6~10座	613	863	975	1051	1178	1402	1825
	10座以上	613	863	975	1051	1178	1402	1825
企业非营业客车	6座以下	658	926	1047	1129	1264	1505	1960
	6~10座	577	822	932	1008	1133	1352	1761
	10~20座	680	971	1103	1194	1343	1607	2092
	20座以上	827	1219	1399	1530	1737	2098	2731

3. 机动车车上人员责任保险保险费计算

按照投保人类别、车辆用途、座位数、投保方式查找保险费率,计算公式如下。

保险费=单座责任限额×投保座位数×保险费率

家庭自用车车上人员责任保险保险费率见表2-10。

4. 机动车全车盗抢保险保险费计算

按照投保人类别、车辆用途、座位数、车辆使用年限查找基础保险费和保险费率,计算公式如下。

$$保险费 = 基础保险费 + 保额 \times 保险费率$$

家庭自用车机动车全车盗抢保险保险费率见表2-10。

5. 玻璃单独破碎险保险费计算

按照客车、货车、座位数、投保进口/国产玻璃查找费率,计算公式如下。

$$保险费 = 新车购置价 \times 保险费率$$

对于特种车,防弹玻璃等特殊材质玻璃标准保费上浮10%。

玻璃单独破碎险保险费率见表2-10。

表2-10 机动车车上人员责任保险、机动车全车盗抢保险、玻璃单独破碎险费率表(部分) 单位:元

家庭自用汽车		机动车车上人员责任保险		机动车全车盗抢保险		玻璃单独破碎险	
		驾驶人	乘客	基础保费	保险费率	国产玻璃	进口玻璃
家庭自用汽车	6座以下	0.42%	0.27%	120	0.41%	0.19%	0.31%
	6~10座	0.40%	0.26%	140	0.37%	0.19%	0.31%
	10座以上	0.40%	0.26%	140	0.37%	0.23%	0.37%
企业非营业客车	6座以下	0.41%	0.25%	120	0.39%	0.12%	0.22%
	6~10座	0.39%	0.23%	130	0.41%	0.13%	0.22%
	10~20座	0.40%	0.24%	130	0.44%	0.14%	0.26%
	20座以上	0.41%	0.25%	140	0.54%	0.15%	0.27%

6. 车身划痕损失险保险费计算

按车龄、新车购置价、保额所属档次直接查找保险费,车身划痕损失险保险费率见表2-11。

表2-11 车身划痕损失险保险费率 单位:元

车龄	保额	新车购置价		
		30万元以下	30~50万元	50万元以上
2年以下	2000	400	585	850
	5000	570	900	1100
	10 000	760	1170	1500
	20 000	1140	1780	2250
2年以上	2000	610	900	1100
	5000	850	1350	1500
	10 000	1300	1800	2000
	20 000	1900	2600	3000

7. 自燃损失险保险费计算

按照车辆使用年限查找保险费率,计算公式如下。

$$保险费 = 保险金额 \times 保险费率$$

自燃损失险保险费率见表2-12。

表 2-12 自燃损失险保险费率

地区	1年以下	1～2年	2～6年	6年以上
深圳	0.15%	0.18%	0.20%	0.30%
其他地区	0.15%	0.18%	0.20%	0.23%

8. 车上货物责任险保险费计算

按照责任限额，营业用、非营业用查找保险费率，计算公式如下。

$$保险费 = 责任限额 \times 保险费率$$

车上货物责任险的最低责任限额为人民币 20 000 元，其保险费率见表 2-13。

表 2-13 车上货物责任险保险费率

车辆类别	非营业用货车	营业用货车
保险费率	0.85%	2.73%

9. 不计免赔率险保险费计算

按照适用的险种查找保险费率，计算公式如下。

$$保险费 = 适用本条款的险种标准保险费 \times 保险费率$$

不计免赔率险保险费率见表 2-14。不计免赔率险保险费率表适用险种中未列明的险种，不可投保不计免赔率险。

表 2-14 不计免赔率险保险费率

适用险种	保险费率	适用险种	保险费率
第三者责任保险	15%	机动车全车盗抢保险	20%
机动车损失保险	15%	发动机特别损失险	20%
车上人员责任保险	15%	车上货物责任险	20%
车身划痕损失险	15%	附加油污污染责任险	20%
新增加设备损失险	15%		

10. 其他险种保费计算

其他险种保险费计算如表 2-15 所示。

(1) 修理期间费用补偿险。

$$保险费 = 约定的最高赔偿天数 \times 约定的最高日赔偿限额 \times 保险费率$$

(2) 新增加设备损失险。

$$保险费 = 本附加险保险金额 \times 机动车损失保险标准保费/机动车损失保险保险金额$$

(3) 发动机涉水损失保险。

$$保险费 = 机动车损失保险标准保费 \times 5\%$$

(4) 精神损害抚慰金责任险。

$$保险费 = 每次事故责任限额 \times 费率$$

其中，每人每次事故的最高责任限额为 50 000 元。

(5) 指定修理厂险。选择该特约条款，按照国产/进口车，对机动车损失险保险费进行相应的调整。

表 2-15 其他险种费率表

险别	保险费计算
修理期间费用补偿险	约定的最高赔偿天数×约定的最高日赔偿限额×10%
新增加设备损失险	本附加险保险金额×机动车损失保险标准保费/机动车损失保险保险金额
发动机特别损失险	保险费＝×机动车损失保险标准保费×15%
精神损害抚慰金责任险	每次事故责任限额×8%
指定修理厂险	机动车损失保险保险费上浮，国产车10%～30%；进口车15%～60%

四、机动车费率调整系数

机动车保险费率调整系数如表 2-16 所示。

表 2-16 机动车保险费率调整系数表

项目	内容	系数
无赔款优待及上年赔款记录	连续3年没有发生赔款	0.6
	连续2年没有发生赔款	0.7
	上年没有发生赔款	0.85
	新保或上年赔款次数在1次	1.0
	上年发生2次赔款	1.25
	上年发生3次赔款	1.5
	上年发生4次赔款	1.75
	上年发生5次及以上赔款	2.0
多险种同时投保	同时投保机动车损失保险、第三者责任保险	0.95～1.00
客户忠诚度	首年投保	1.00
	续保	0.90
平均年行驶里程	平均年行驶里程＜30 000公里	0.90
	平均年行驶里程≥50 000公里	1.1～1.3
安全驾驶	上一保险年度无交通违法记录	0.90
约定行驶区域	省内	0.95
指定驾驶人	指定驾驶人员	0.90
性别	男	1.00
	女	0.95
驾龄	驾龄＜1年	1.05
	1年≤驾龄＜3年	1.02
	驾龄≥3年	1.00

(续表)

项目	内容	系数
年龄	年龄<25 岁	1.05
	25 岁≤年龄<30 岁	1.00
	30 岁≤年龄<40 岁	0.95
	40 岁≤年龄<60 岁	1.00
	年龄≥60 岁	1.05
机动车损失保险车型(客车)	一汽大众、上海大众、北京现代、上海通用、长安福特、东风日产、东风雪铁龙、丰田、本田、马自达	0.90
	红旗、金杯、金龙	1.05
	吉利、奇瑞、神龙、长安微客、依维柯、切诺基、奥拓、起亚、中华、夏利、菲亚特、松花江、英格尔、宝马、奔驰、沃尔沃、法拉利、宾利、劳斯莱斯、迈巴赫、凯迪拉克、保时捷、路虎	1.10
	特异车型、稀有车型、古老车型	1.3~2.0
	其他车型	1.00
机动车全车盗抢保险车型	桑塔纳、本田雅阁、金杯	1.10
	宝马、奔驰、沃尔沃、法拉利、宾利、劳斯莱斯、迈巴赫、凯迪拉克、保时捷、路虎	1.05
	其他车型	1.00

五、批改保险费计算

投保人申请办理保险单批改时,如保险车改装车型、变更使用性质及申请增加、降低保险额或赔偿限额时,以未了责任天数、按日费率计算批改保险费,计算公式为:

批改保险费=(批改后年保险费-批改前年保险费)×未了责任天数/365

如果因批改造成浮动比例的变动,则应按新的浮动比例计算批改后年保险费。如果基本险的变动同时引起相关附加险保险费的变化,也应计算在批改后年保险费中。

当计算结果为正时,代表批增保险费,需向投保人加收一定金额的保险费;当计算结果为负时,其绝对值代表批减保险费,需向投保人退还一定金额的保险费。

六、退保保险费计算

1. 个单业务退保

退保时对每个险种单独计算退保金额。

(1) 对于机动车损失保险及其附加险和特约条款,除保险费率另有规定或合同另有特别约定外,有下列几种情况。

① 保险单有效期内已发生赔款的险种,被保险人获取部分保险赔款后一个月内提出解除合同的,计算与保险金额扣除赔款和免赔金额后的未了责任部分相对应的剩余保险费,按日费率予以退还:

$$退保金额 = [基本保险费 + (原保额 - 赔款 - 免赔金额) \times 原保险费率] \times$$
$$(1 + 原保险费浮动比例) \times 未了责任天数/365$$

若出险险种是按固定保险费收费,则:

$$退保金额 = 该险种保险单保险费 \times 未了责任天数/365$$

② 因保险赔偿致使保险合同终止时,保险人不退还出险险种的保险费。

③ 如未发生赔款,则保险人按年费率的 1/365 计算日费率。

$$退保金额 = 该险种保险单保险费 \times 未了责任天数/365$$

（2）对于机动车第三者责任保险及其附加险险种和特约条款,不论是否发生赔款,保险人按年费率的 1/365 计算日费率,并退还未了保险责任部分的保险费。

$$退保金额 = 该险种保险单保险费 \times 未了责任天数/365$$

（3）分别计算各险种或特约条款的退保金额,加总得到总退保金额。如果退保时投保人尚未交足保险单保险费,则应从总退保金额中扣除欠交的保险费。

2. 团单业务退保

团单业务退保依照个单退保方法执行,但是如果退保造成一次投保车辆数浮动比例或大额保险费一次全额付款金额浮动比例的变动,应将这部分浮动差额扣除。如果退保金额不足以弥补这部分浮动差额,则仍可办理退保手续,但保险人不支付任何退保保险费。

团单退保金额 = 退保车辆个单退保金额之和 - 投保时总保险单保险费 × （未了责任天数/365）× |退保前后投保车辆数浮动比例差额 + 退保前后大额保费一次全额付款金额浮动比例差额|

这里"| |"表示绝对值符号。

七、最低保险费

每份保险单设最低保险费 100 元,保险单保险费不足 100 元时按 100 元计收,合同生效后退保时实收保险费不足 100 元时按 100 元计收。

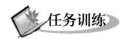

任务训练一　强制保险与机动车第三者责任保险的比较

结合所学内容,对强制保险与机动车第三者责任保险进行比较,填写下面的表格。

项目	强制保险条款	机动车第三者责任保险条款
投保方式		
条款费率		
定价原则		
赔偿限额		

(续表)

项目	强制保险条款	机动车第三者责任保险条款
经营资格		
责任免除		
赔偿顺序		
理赔		

任务训练二　保险产品介绍

客户王先生在奥迪 4S 店购买了一辆奥迪 A6L2.5T 轿车,作为家庭自用车使用,现要在 4S 店为这辆新车购买汽车保险,请你以汽车保险销售人员的身份,为王先生提供咨询服务,回答王先生咨询的几个问题。

(1) 王先生询问:机动车第三者责任保险的"第三者"是指除了我以外的任何人吗?如果不是,"第三者"不包括哪些人?

(2) 王先生询问:我如果投保了机动车损失险,在发生哪些保险事故时保险公司给我赔偿,也就是机动车损失保险的保险责任有哪些?

(3) 王先生于 2015 年 12 月 6 日支付保费,保险公司同时出具保险单,王先生询问:该车的保险从什么时间开始生效,到什么时间终止,即该车保险期限是什么?我的新车机动车全车盗抢保险从什么时间开始生效?

任务训练三　汽车保险产品保险费计算

李先生有一辆 5 座家庭自用车,车龄刚好两年,投保计划为:交强险;机动车第三者责任保险,赔偿限额 20 万元;机动车损失保险,新车购置价 10 万元,保额 10 万元;机动车全车盗抢险,保额为按月折旧后的实际价值;机动车车上人员责任保险,驾驶员赔偿限额 5 万元,乘客赔偿限额每座 1 万;车身划痕险,赔偿限额 5000 元;不计免赔率特约险,对应机动车损失保险、机动车第三者责任保险、机动车车上人员责任保险;涉及的保费调整系数有:优惠系数(行驶里程系数为 0.9;安全驾驶系数为 0.9;客户忠诚度系数为 0.9;无赔款优待系数为 0.9;多险种投保系数为 0.95),交强险向下浮动 20%。试通过查找保险费率表,在给定的条件下计算李先生应交纳的保险费。

任务训练四　汽车保险赔偿计算

甲、乙两车在行驶中不慎发生严重碰撞事故。经查证,两车均投保了机动车损失保险和机动车第三者责任保险,其中甲车机动车损失保险的金额为 80 000 元,新车购置价为 100 000 元,机动车第三者责任保险的限额为 50 000 元;乙车机动车损失保险的金额为

120 000 元,保险价值为 120 000 元,机动车第三者责任保险的限额为 100 000 元。经交通事故处理机关现场查勘分析,认定甲车严重违章行驶是造成本次事故的主要原因,应承担本次碰撞事故的主要责任,负担本次事故损失费用的 70%;乙车措施不当,负本次事故的次要责任,负担本次事故损失费用的 30%。经甲、乙双方保险公司现场查勘定损核定损失如下。

甲车:车损为 50 000 元,驾驶员住院医疗费 10 000 元,按规定核定其他费用(护理费、误工费、营养费等)2000 元。

乙车:车损为 45 000 元,驾驶员死亡,按规定核定费用为 50 000 元(含死亡补偿费、被抚养人生活费),一乘车人受重伤致残,其住院医疗费为 20 000 元,按规定核定其他费用为 25 000 元(护理费、误工费、营养费、伤残补助费及被抚养人生活费)。

试计算双方保险公司按保险责任应支付的保险金额。

案例分析

案 例 一

2015 年 6 月 15 日,个体运输户王某为自己载重量为 5 吨的东风牌汽车投保机动车损失保险和机动车第三者责任保险,保险期限为 1 年。当年 7 月 20 日,王某运货时在高速公路上被一辆强行超车的大卡车撞击后车受损,王某受伤且货物被浸损。卡车司机开车逃逸。交通部门认定,此起事故由卡车司机负全责。事后王某向保险公司报案并请求赔偿。经鉴定,车损为 15 万元,保险公司依损失额 80% 赔付 12 万元,同时还给付王某机动车第三者责任保险的保险金 2400 元及施救费 1500 元,扣除损余 200 元,实际赔付 12.37 万元。后肇事司机被抓获,王某与肇事司机会面达成协议,规定对方只需支付王某货物损失费 7000 元及施救费 1500 元即可。保险公司得知后,要求王某退回重赔保险金,王某拒绝,双方遂引起争议。试分析一下,保险公司要求王某退回的重赔保险金指的是什么?保险公司的要求是否合理?请说明原因。

案 例 二

2015 年 1 月 12 日,李某报案称自己驾驶标的汽车在一个院子内下坡时,因制动操作失误,撞在自己父亲的房子上,造成车辆前部受损,房子倒塌。查勘员到达现场后,仔细核对碰撞痕迹和调查,确定房子倒塌事故由标的车辆碰撞造成。根据查勘结果,保险公司对车损给予了正常赔付,但对房子的损失拒绝赔偿。李某却称父子已分家,房子完全是自己父亲的,要求对房子的损失进行赔偿。请分析保险公司到底应该如何赔付?

思考题

1. 什么是机动车交通事故强制责任保险?
2. 交强险的费率浮动依据是什么?如何浮动?
3. 从影响交强险费率浮动的项目看,驾驶人员在车辆的使用过程中应注意什么事项?
4. 列举常见的几种机动车第三者责任保险的责任免除条款。
5. 汽车出险后,常见的合理施救费用包括哪些?
6. 汽车保险费率确定的原则是什么?
7. 从车费率模式和从人费率模式有什么区别?
8. 个单保险业务退保险费如何计算?

任务三
汽车保险投保方案设计

任务目标

1. 了解保险营销的特点,并可灵活运用进行保险推销。
2. 掌握保险营销的流程中各环节的主要内容。
3. 根据保险促成时机,掌握保险促成方法,完成签单。
4. 掌握制订汽车保险方案的原则和保险方案的基本内容。
5. 能够根据客户车辆风险特征和保险消费需求,设计最佳的投保方案。

任务资讯

资讯一 汽车保险的购买途径

一、购买汽车保险的途径

汽车保险投保的渠道主要有以下几种。

1. 通过专业代理机构投保

专业代理机构是指主营业务为代卖保险公司保险产品的保险代理公司。

2. 通过兼业代理投保

兼业代理是指受保险人的委托,在从事自身业务的同时,指定专人为保险人代办保险业务的单位。

3. 通过经纪人投保

经纪人是指基于投保人的利益,为投保人和保险人订立保险合同提供中介服务并依法收取佣金的保险经纪公司。

4. 柜台(上门)投保

柜台(上门)投保是指投保人亲自到保险公司的对外营业窗口投保。

5. 电话投保

电话投保是指投保人通过拨打保险公司的服务电话投保。

6. 网上投保

网上投保是指客户在保险公司设立的专用网站(电子商务平台)上发送投保申请,保险

公司在收到申请后电话联系客户进行确认的一种投保方式。

二、汽车保险投保渠道比较

1. 专业代理投保

专业代理投保的特点是自己公司无产品,主要渠道是代理各个保险公司的产品,帮助保险公司销售产品。

专业代理投保的优点是:由于目前各保险中介竞争比较激烈,为争抢客户,他们给予的保险折扣也比较大,相对而言价格会比较低廉。同时,专业代理投保可以上门服务或代客户办理各种投保、理赔所需的各种手续,对于客户而言会比较便捷。

专业代理投保的缺点是:投保成本相对较高。保险代理人为促成车主购买保险,对车主进行很多口头承诺,但之后在出险理赔时却无法兑现。一些非法保险代理人会私自拖欠和挪用客户的保险费,使保险费无法及时、顺畅、安全地到达保险公司,使得客户在后期难以正常享受保险公司的理赔。此外,保险中介的"低价"背后会隐藏很多的不规范操作。

2. 兼业代理投保(以4S店为例)

4S店是新车主投保之前的第一个联系人,为了提高自身盈利和竞争力,4S店与各大保险公司合作,增加了保险代理业务,其性质与保险代理公司相同。

4S店投保的优点是:通过4S店购买车辆商业保险,日后如果出现意外需要保险公司出险、赔偿时,不仅可以通过拨打保险公司的出险电话,还可以通过4S店的保险顾问进行报险,享受"一对一"的直线服务。同时,维修质量、配件质量都能得到保障。

4S店投保的缺点是:由于兼业代理机构代卖保险属于副业,所以专业性相对不够。需要客户讨价还价,保费也不一定便宜。同时,选择不当也会有风险。

3. 经纪人投保

经纪人投保的特点是自己公司无产品,主要渠道是代理各个保险公司的产品,向投保人提供保险方案,帮助投保人选择产品。

经纪人投保的优点是:保险代理公司的代理人受雇于保险公司,为保险公司推销保险产品,而保险经纪人和保险经纪公司受雇于投保人,不仅可以横向比较各家保险公司条款优劣,还可以根据投保人情况,为其量身定做。

经纪人投保的缺点是:保险经纪人是为客户采购保险产品的,最终还要保险公司进行承保。保险经纪人或经纪公司业务的增加会使保险公司保费收入大幅增加,国内保险行业规范仍有欠缺,无法避免一些不法商家与保险公司串通起来欺骗消费者。

4. 柜台(上门)投保

柜台(上门)投保的特点是有自己公司的产品,并出售保险产品。

柜台(上门)投保的优点是:投保人亲自到保险公司投保,保险公司的业务人员对每个保险险种、保险条款进行详细的介绍和讲解,并根据投保人的实际情况提出保险建议供参考,能选择到更适合自己的保险产品,使自己的利益得到更充分的保障。投保人直接到保险公司投保,由于降低了营业成本,商业车险费率折扣上会高一些。最重要的一点就是可以避免被一些非法中介误导和欺骗。

柜台(上门)投保的缺点是:客户必须事事自己动手操办,尤其是出险后索赔时,对于很多不了解理赔程序的客户来说,在办理手续时会觉得既费时又麻烦。

5. 电话投保

电话投保是近年来比较流行的投保渠道,免去了保险代理的参与,在保险费方面的优势很强。投保人直接与保险公司沟通,但是在出险后的一切流程需要投保人自主执行。

电话投保的优点是:随着近年来电话车险模式的成熟和火热,直接通过电话到保险公司投保已经成为一种新兴的投保方式。首先,电话营销因为免去了保险代理的参与,能拿到低于其他任何渠道折扣。其次,直接面对保险公司,避免被不良保险代理误导和欺骗。由专人接听电话,解答各种问题并协助办理投保手续,且可送保险单上门,省时、省力。

电话投保的缺点是:不太容易和保险公司谈判。在车辆出险后没有保险代理人帮助投保人对车辆进行定损、维修和理赔,整个过程需要投保人自己解决,对于不了解理赔流程的投保人来说,这是一件非常头疼的事情。因为不是当面直接沟通,所以有被误导的可能。

6. 网上投保

网上投保是目前最快捷、最方便的投保方式。

网上投保的优点是:方便快捷,一般需要几分钟就可完成投保,是继电话投保之后的进一步发展,没有中间环节费用,投保方式更优惠。保险单可由专人送上门。

网上投保的缺点是:需要懂一些电脑网络知识,同时对保险较熟悉,对险种需求有明确要求才可直接下单。如果不是很明确,仍需要电话联系。

三、选择保险公司

(一)选择保险公司应考虑的因素

1. 有合法资质且经营车险业务

通过保险中介购买汽车保险时,尤其要注意其是否具有合法的保险兼业代理资格,是否可能出现保险单造假现象。

2. 信誉及口碑良好

值得注意的是,市场知名度高的保险公司其信誉度不一定就高。

3. 服务网络是否全国化

汽车是流动性风险,当在异地出险时,只有在全国各地建立服务网络的保险公司才能实现全国通赔(就地理赔),这样可为客户省去不少麻烦。

4. 车险产品的"性价比"

投保人应比较保险公司产品之间的差异,找出能针对自身风险的保险产品,从而达到在最省钱的状态下获得最有用、最安全的保障。

5. 费率优惠和无赔款优待的规定

尽管保监会有最高限价7折的规定,但实际的保险费率和无赔款优待方面的规定在各保险公司之间仍存在差异。

6. 增值和个性化服务

例如,人保财险的电子查勘、拖车救援服务、汽车抛锚代送燃油服务、汽车代驾服务等。有的保险公司还建立了汽车保险会员俱乐部,为车主提供全方位的服务。北京一些地区性保险公司就推出了全天候出单服务,投保车险的客户在全年365天都可以拿到正式保险单。对于拿到保险单但没上牌照的新车,一旦出险将严格按照保险单中的条款承担保险责任,大多数保险公司规定无牌照车辆的新车被盗抢一律不赔。

(二)选择保险公司的常见误区

1. 选择保费便宜的

汽车是无形的,需要通过服务才能感觉到它的存在。对车主来讲,购买汽车不能只看重价格,服务才是最重要的。汽车服务主要体现在出险后的理赔服务和一些特色服务上。

2007年4月1日后各中资保险公司都统一使用了由行业协会统一公布的A、B、C三套行业条款,各家保险公司基本上是从A、B、C三套条款中选择其中的一套经营。由于三套行业条款基本同质化,且保监会有最高限价7折的规定,所以在价格上相差并不大。

另外,保险费低廉的保险公司往往保障也低,理赔等服务也会相对较慢,某些保险条款甚至存在漏洞,真正出了险,很有可能遭到拒赔。

2. 专挑规模大、知名度高的保险公司投保

(1) 大型保险公司的优缺点。大型保险公司的优点如下。

① 已经建立了比较完善的理赔网络,也拥有了一支较为成熟的理赔队伍,一旦出险能够保证在较短的时间内赶到现场查勘,协助处理事故。

② 服务网点多,即使在异地出险,也可以及时查勘,甚至实现就地理赔(全国通赔)。

大型保险公司的缺点如下。

① 保险费一般较高。

② 由于大公司的客户较多,所以有时候也会出现理赔效率低的情况。

(2) 小型保险公司的优缺点。小型保险公司的优点如下。

① 保险费一般相对较低。

② 某些小型保险公司虽然在全国市场份额内比重不大,但是在某些城市却是当地的领先者,如果车辆只在一定区域内行驶,则可以着重对比考虑本地保险公司的服务和信誉。

③ 由于客户较少,某些小型保险公司的服务理赔效率反而比大型保险公司更高。

④ 有些小型保险公司的服务也很有特色。

小型保险公司的缺点如下。

① 理赔网络不健全。

② 知名度差,服务水平也参差不齐。

(三)如何选择保险公司

衡量一个保险公司的好坏牵涉到很多因素,不仅要看其资本实力是否雄厚,看其服务水平的高低,而且还要看其是否适合自己的评判标准。可以说,很难找到最好的,但能找到最适合自己的保险公司。同时,保险公司的信誉和服务质量也是首要考虑的因素。具体选择保险公司方法如下。

(1) 根据自身的风险特点,车主自行选择投保项目。

(2) 查阅各保险公司的险种,仔细阅读条款,分清其保障范围。

(3) 根据实际保障范围,将备选保险公司的价格进行对比,并结合所提供的服务质量初步选定保险公司。

(4) 根据自身的特点,结合保险公司推出的个性化服务,最终确定适合自身要求的保险公司。

资讯二 保险营销

一、保险营销的概念及特点

（一）保险营销的概念

保险营销是以保险这一特殊商品为客体，以客户对这一特殊商品的需求为导向，以满足客户转嫁风险的需求为中心，运用整体营销或协同营销的手段，将保险商品转移给客户，以实现保险公司长远经营目标的一系列活动。

（二）保险营销的特点

同其他商品的营销相比，保险商品的营销更注意主动性、人性化和关系营销。离开了主动性，保险营销就会陷于盲目和停滞；脱离了人性化，保险营销就会变得缺乏活力和吸引力；忽视了关系营销，保险营销就会成为无源之水，无本之木。保险商品的营销特点概括为以下几点。

1. 主动性营销

保险商品营销的最大特点之一就是主动性营销。因为，如果没有主动出击和主动性的营销活动的开展，许多营销活动就会难以顺利进行。保险营销的主动性表现为以下三方面。

（1）变潜在需求为现实需求。多数人对保险的需求是潜在的。尽管保险商品能够转移风险，提供一种保障和补偿，但由于它是一种无形的，是一种看不见、摸不着的抽象商品，因此，对大多数人来说，人们似乎对它没有迫切性，尤其是寿险产品更是如此。因此，保险营销人员必须通过主动性的营销将投保人的潜在需求变成现实需求。比如，通过主动地接近客户、主动向客户宣传、主动解答客户的疑难问题、主动提供客户所需要的一切服务等，实现投保人需求的转变。当然，这种转变是艰难的，但却是能够做到的。

（2）变负需求为正需求。由于保险商品涉及的大多数是与人们的生死存亡相关的事件，因此对很多人来说，他们对保险商品的需求是一种负需求。也就是说，人们因不喜欢或不了解保险商品，而对其采取消极回避的态度和行为。因此，保险营销人员必须通过积极、主动的营销活动，扭转人们对保险商品的消极态度和行为。

（3）变单向沟通为双向沟通，是人们交流思想，获取相互理解、支持的重要手段之一。有许多企业在与人们沟通和交流时，注重的是一种单向沟通，也就是只单纯地将企业想要传达的信息，通过一定的媒介传递出去而已，至于这种信息如何为客户所接受，客户对该信息的反应如何等考虑得很少，结果导致所提供的产品和服务在很大程度上难以满足客户的需求。作为保险商品的营销人员，必须将单向沟通变为双向沟通，也就是要通过主动性营销，将企业将要传达的信息，按客户能理解和接受的方式，通过信息传播媒介传递给客户，并跟踪和注意客户对信息的反馈，集中客户对所提供的保险商品的意见和反映，及时调整和改进服务策略，以实现客户满意。

2. 以人为本的营销

保险商品营销是以人为出发点并以人为中心的营销活动。保险商品的经营者需要时刻面对自己、面对员工、面对客户，并实现三者利益统一。

(1) 面对自己。它是指保险营销者必须正确地了解自己的所需所求,并使其经营活动令自身满意。因为只有使其自身获得满意,才有可能实现令他人满意。只有使其明确自身的需求,才可能要求其将自身的需求与员工的需求、客户的需求、社会的需求统一起来。因此,保险商品的营销首先是围绕经营者自身的营销,是最大限度地发挥营销者自身积极性和创造力的活动。

(2) 面对员工。从一定意义上讲,员工也是客户,令客户满意,必须首先令员工满意。因为,保险商品营销活动在很大程度上要通过员工们的共同努力来实现,如果员工不满意,怎么能指望保险商品令最终消费者满意呢?因此,关心员工的成长、注重员工道德的培养,使每个员工都树立起敬业精神和主动精神,是保证营销成功的关键。

(3) 面对客户。保险商品营销的最终目的是实现客户满意。保险商品经营者必须要认识到,客户是企业的衣食父母,客户是企业生存和发展的保证。因此,保险商品经营者要面对客户,要能够从客户的需求出发,不断开发和提供满足客户需求的产品和服务;要能够针对客户对外界事物认知的特点,有的放矢地开展营销活动;要能够维护客户的根本利益,向客户提供满意的服务。

3. 注重关系营销

现代企业的营销是将企业的营销看作是一个与客户、竞争者、供应商、分销商、政府机构和社会组织发生互动作用的过程。在这一过程中,建立与发展同相关个人及组织的关系是其营销的关键。保险商品的营销作为一个蓬勃发展的事业,更要注意关系营销。具体来说,保险营销中的关系营销应体现在以下三个方面。

(1) 建立并维持与客户的良好关系。客户是企业生存和发展的基础,市场竞争的实质是争夺客户。因此,建立并维持与客户的良好关系、强调以客户为中心,强调客户的高度参与性与联系性,以及高度的、长期的客户服务,与客户的密切感情,是保险营销制胜的法宝。

(2) 促进与竞争者合作关系的形成。在当今市场竞争日趋激烈的形势下,视竞争者为仇敌,与竞争者视不两立的竞争原则已非上策,相反,促进与竞争者合作关系的形成,减少无益竞争,达到共存共荣的目的,是现代市场竞争对企业提出的新要求。

(3) 协调与政府间的关系。政府对经济生活进行干预是当今世界各国通行的做法。政府出于维护社会整体利益和实现整个社会稳定、协调发展的目标,必然会制定各种政策、法规和法令,对宏观经济进行管理和调节,这些宏观调控的手段和措施必然对企业经营发生影响。因此,作为保险经营者要能够采取积极的态度,协调与政府的关系,积极与政府合作,努力争取政府的理解和支持,为企业营销活动创造良好的环境。

二、保险营销流程

保险营销流程如图 3-1 所示。

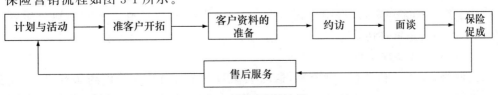

图 3-1 保险营销流程

三、保险营销流程各个环节的主要内容

（一）计划与活动

计划与活动是制订详细的工作计划及各项销售活动的目标，是整个销售过程的灵魂。它可以清晰地让保险销售人员知道，什么时候该做什么事情，把有限的力量用在销售的关键点上。

（二）准客户开拓

1. 准客户的概念

准客户是指有保险需求，但是尚未购买保险的客户群体。有保险需求、有交费能力、符合核保标准、容易接近是准客户应具备的条件。

2. 准客户的开拓方法

保险客户开拓就是识别、接触并选择准客户的过程。准客户开拓是保险营销环节中最重要的一个步骤，可以说，保险销售人员最主要的工作是做好准客户的开拓。

（1）准客户开拓的步骤。准客户开拓工作可以分五步进行：第一，获取尽可能多的人的姓名；第二，根据这些姓名，了解情况，即确认他们是否有可能成为保险的购买者；第三，建立准客户信息库，将准保户的资料存储起来；第四，经人引见，拜访准客户；第五，淘汰不合格的准客户。

（2）准客户开拓的途径。保险销售人员一般依据自己的个性和销售风格进行准客户开拓。常被用来供选择的准客户开拓途径，有陌生拜访、缘故开拓、连锁介绍、直接邮件和电话营销、网络营销等。陌生拜访是一种无预约性的拜访；缘故开拓是利用已有的关系，如亲朋关系、工作关系、商务关系等从熟人那里开始推销，这是准客户开拓的一条捷径；连锁介绍是让每一个保险销售人员认识的人把他们带到他们不相识的人群中去，这是一种无休止的连锁式准客户开拓方法；直接邮件的方法是指利用事前拜访信与事后反馈信引导准客户，并与之接近；电话营销是指通过打电话给事先选定的准客户，推广并了解他们感兴趣的产品，以发现他们的真正需求，从而决定是否需要面谈或约定面谈的具体时间；网络营销是指借助网络的便利，保险公司做网站或在网络上做广告推广产品，通过电子邮件、QQ等方式和客户直接接触，实现准客户开拓的目的。

（三）客户资料的准备

1. 收集客户资料

拜访准客户的目的主要是收集客户的相关资料，然后根据准客户的具体情况，分析客户的保险需求。

客户的一些诸如年龄、性别、家庭住址、工作单位等信息比较好收集，当保险营销人员问到客户时，客户会给保险营销人员一个明确的答案，但是，提问起来也是需要技巧的；否则，也会遭到客户的反感。

对于了解到的客户资料，保险营销人员最好整理出来，这样有助于详细地分析客户情况，更确切地制定销售拜访策略。

2. 客户资料的整理分析

通过调查，得到了客户的各种资料，这时候保险营销人员认为可以约访客户了，其实这还远远不够。接下来，还需要把所取得的客户资料，及时地进行整理分析，并针对准客户的

特点,在和客户面谈前,预先草拟出适合客户的保险方案或保险计划书。

保险计划书是指保险营销人员根据客户自身财务状况和理财要求,为客户推荐合适的保险产品,设计最佳的投保方案,为客户谋求最大保险利益,同时又有助于客户理解和接受保险产品的一种文字材料。

一份完整的计划书看似简单,但实际上需要细心了解和周密地分析。设计保险计划书要遵循保额最大、保障最全、保费适合客户能力三个原则。

(四) 约访

约访的方法主要有以下几种。

1. 电话约访

在打电话之前,保险营销人员要把签字笔、记录卡、笔记本、准客户的资料、保险条款的有关内容、费率表等相关资料和物品放在电话机旁,以做到有备无患,需要时可以随时取用。打电话时,保险营销人员应全身放松,让自己处于微笑状态。微笑说话,声音也会传递出愉快的感觉,客户听起来就会感觉亲切自然。保险营销人员说话要言辞简洁,突出主题,通话时间不宜超过两分钟。

保险营销人员进行电话约访的步骤一般如下。

(1) 向客户问好及寒暄致意。

(2) 介绍自己,争取谈话时间。

(3) 介绍公司服务。

(4) 道明来意。记住打电话的目的就是要求见面,不要在电话中谈保险。

(5) 通过"二择一法"或"封闭式提问法"确定面谈的时间,减少反对意见出现的可能性。

(6) 重申面谈时间。

(7) 礼貌性地挂断电话。一定要让对方先挂电话,自己后挂电话,而且挂电话时要轻。

电话约访具有方便快捷、经济和见效快的优点。

2. 电子邮件约访

有的客户喜欢电话约访,有的客户喜欢电子邮件约访。如果保险营销人员能够用客户喜欢的方式与其联系,沟通起来就会方便得多。而且,很多时候,发一封电子邮件比打一个电话更为便捷。

保险营销人员在进行电子邮件约访要注意以下事项。

(1) 获取客户的电子邮件地址。只有知道客户的邮件地址,保险营销人员才能给客户发邮件。所以,在收集客户的资料时应尽可能地收集到客户的所有可能的联系方法。

(2) 电子邮件的主题为文件标题。收件人看到的首先是电子邮件的主题,邮件主题要有吸引力,但同时也不能使收件人把邮件误认为是垃圾邮件。邮件的内容要简单明了,越短越好,这一点非常重要。

(3) 经常打开电脑,检查是否接收到新的邮件。如果不知道客户是否有习惯经常查收电子邮件,那么最好还是打个电话确认一下,以防万一。通过电子邮件约访具有方便快捷的好处,但是保险营销人员不知对方是否收到,和客户的联络相对被动,而且很难只靠电子邮件和客户建立良好关系。

3. 当面约访

在所有的约访方法中,当面约访是最直接、见效最快的一种方法。和其他约访方法一样,保险营销人员在进行当面约访时也要注意以下事项。

（1）仪容仪表。良好的仪容仪表能够给客户留下良好的第一印象,良好的第一印象可以增加客户的信赖,增加见面的机会。仪容是一个人精神面貌的体现,与一个人的修养、文化程度、审美水平有很大的关系。仪表是指服饰、容貌、姿态等,保险营销人员的仪表最基本的是要做到衣服干净整洁、大方自然。

（2）行为态度。抬头挺胸、不卑不亢、满怀信心,和别人谈话时仔细聆听,注视对方。

（3）谈吐。说话语速适中,轻松自然,避免滔滔不绝、满口脏话。

（4）名片接受。事先把名片准备好,放在容易拿出的地方,如上衣口袋里或专用名片夹里。单方递名片时,要用双手的大拇指和食指握住名片恭敬地递给对方。双方递名片时,要用右手来递。递名片时,要面向接受名片的人,并微微鞠躬。接受名片时,必须点头表示感谢,同时要以同样的方式递出名片,接着要花一些时间仔细阅读名片上的内容,有意识地重复名片上所列对方的职务、学位以及尊贵的头衔,以示尊敬。收到名片后应妥善保管。

（5）笑容。保险营销人员应保持愉快的心情,笑容才会真诚。笑容是最好的行为表达方式,也是世人都能够听懂和接受的语言。

（6）态度诚恳。客户要查询的问题、交代的事情,最好马上做好记录并尽快完成,给客户回复,千万不要只说不做,失去客户的信任。

（五）面谈

保险营销人员与客户初次面谈时,一定要格外谨慎,要善于倾听、用心去听、用心去讲,千万不能在陌生的客户面前毫无顾忌地口若悬河。在与客户面谈时,要注意以下几个方面的事项。

1. 不谈对方敏感的事

首先,保险营销人员要学会尊重对方,在面谈时,尊重对方的职业、性别、政治、宗教信仰以及生活习俗和个人爱好,不谈对方敏感的事,更不要冒昧询问客户不愿谈及或涉及的人和事,要理解与体谅对方,否则会引起对方的反感和厌恶。

2. 不谈对方的出身

与客户面谈时,保险营销人员不能提及对方现在的经济状况。

3. 不和对方开过分的玩笑

保险营销人员与客户面谈时,如果彼此不是十分熟悉,千万别开过分的玩笑,适当的幽默是需要的,但一定要高雅、温和,切忌庸俗、低级,更不能在彼此相互不了解的情况下,无所顾忌地去和对方开过分的玩笑,要把握开玩笑的尺度。

4. 不要作讲演

保险营销人员与客户的面谈是双向沟通,而不是营销人员一个人在说,记住"推销不是演讲"。

5. 不要与对方争论

保险营销人员推销保险,是为了给客户送去保障与平安,是为了推销自己的人品和产品,而不是来参加论文答辩会。因此,在与客户面谈时,保险营销人员切不可与客户发生争论和争辩,记住保险营销人员是与客户进行有效沟通的,而不是来争辩的。

6. 不要试图改变对方

保险营销人员与客户面谈,是为了取得信任和理解,增进彼此的了解,而不是试图改变对方,迫使对方改变思想,接受自己的主张,要理解、宽容、求同存异。

7. 不谈对方的隐私

保险营销人员与客户进行面谈,不要谈对方的隐私。隐私的具体内容大致包括个人的家庭琐事,如婚姻、恋爱、工薪、福利待遇、地位职务、住房等。不能有意或无意地提及对方的隐私。

8. 不要指责对方

保险营销人员与客户面谈,主要目的之一是增加彼此的信任与理解,加强双方的友谊与感情。要允许对方有不同的见解与主张,千万别把自己的主张强加给客户。

9. 不可忽视神态举止

保险营销人员与客户面谈时,千万要注意自己的神态举止。态度冷淡会令听者失去兴趣,举止随便会让听者对你不够重视,表情卑微会使听者产生怀疑,动作慌乱会动摇听者对你的信任,内容过于严肃会使听者感到压抑和拘谨。

10. 不要讲大话,"吹牛皮"

保险营销人员与客户面谈,万万不可讲大话,自我介绍、适当的赞美是需要的,自吹自擂、自我标榜则不必要,要自信不要自负,要自尊不要自傲。

(六)保险促成

保险促成是保险营销中的最关键环节。保险促成就是保险营销人员帮助和鼓励客户做出购买的决定,并协助其完成购买手续的行为和过程。

保险营销促成,是每一位保险营销人员衷心企求的。但是,很多保险营销人员在面临保险促成时,都有压力,怕这个环节做不好。这就要求保险营销人员熟练掌握促成的方法,根据不同的客户类型,选择合适的时机和合适的方法。有关保险促成的相关内容将在后面重点详细介绍。

(七)售后服务

售后服务是在保险商品销售后,保险公司为客户提供的一系列服务。售后服务在保险营销中的作用举足轻重。主要有以下几个方面内容:协助客户降低风险的服务、保险理赔服务和处理投诉问题。售后服务的目的在于提高客户信心,为保险营销人员进行转介绍,发展顾客源,塑造保险企业形象。良好的售后服务,有利于增加保源,提高续保率。衡量保险公司的售后服务质量要从多个方面来考虑:其一,非出险状态(通常是指售后服务)包括是否对客户家中发生的重大事件给予关心和关注,是否定期访问或不定期联系,是否履约守信,是否能够随时为客户提供答疑咨询等;其二,出险状态服务衡量,包括报案受理、客户咨询、投诉处理、查勘定损、理算核赔、支付赔款等6个方面提出时效及态度等基本要求。

优质的售后服务能帮助保险企业树立良好的社会形象,良好的售后服务是企业体现诚信、反映实力、展示魅力和培养客户"忠诚度"的最为重要的环节,是衡量企业能否长远发展的重要标志。

资讯三 保险促成

保险促成就好像是足球场上的临门一脚,踢好这一脚,射门就成功了。一旦保险促成,客户就会签单付款。

一、保险促成原则

保险营销中的促成是指保险营销人员帮助及鼓励客户做出购买决定,并协助客户完成投保手续的过程。众所周知,保险推销的目的就是能够成功售卖保险产品,因此促成签单在整个保险销售流程中十分重要。事实上,很多保险营销人员的推销是成功的,但往往在临近成功的一刹那,很多保险营销人员却步了,害怕促成环节做不好将前功尽弃。其实,在促成前,掌握好原则和把握好时机,就可以轻松促成。

保险促成的原则就是:掌握促成时机和运用适当的促成方法。促成的机会是处处存在的,关键在于能否确实抓住。有了促成的机会后,运用适当的促成方法,即可成功签单。

二、保险促成准备

当发现客户发出购买信号时,保险营销人员应该考虑是否可以建议成交。但在向客户提出签单的要求前,应该做好以下准备。

(1) 坚定客户购买的信心。有的客户在签单时会有犹豫和担心,这个时候就一定要先了解客户的犹豫和担心的原因,消除他们的后顾之忧,坚定客户购买的信心。

(2) 事先准备好投保险单、收据、笔等签单工具。

(3) 承诺保险公司的售后服务,让客户买得放心,买得安心。

保险签单是保险服务的开始,因此,客户买了保险之后,更希望得到的是售后服务,比如节日问候等。客户要求或交办的事情,要及时完成。

三、保险促成时机

保险交易的促成不是随时随地发生的,它需要保险营销人员的努力和判断。时机往往稍纵即逝,保险营销人员要把握住促成的时机。保险促成时机可以通过表情信号、动作信号和语言信号来发现。

1. 表情信号

(1) 当客户不再提问、进行思考时,表明客户有购买意向。

(2) 当客户靠在椅子上,左右环顾突然双眼直视你,那表明一直犹豫不决的客户下了决心。

(3) 当客户表情变得开朗,态度更加友好时,将有购买意向。

2. 动作信号

(1) 当客户不断点头对保险营销人员的话表示同意时。

(2) 当客户细看保险条款并向保险营销人员方向前倾时。

3. 语言信号

(1) 当一位专心聆听、寡言少语的客户询问有关细节问题,表明该客户有购买意向。

(2) 当客户把话题集中在某一险种并再三关心某一险种的优点或缺点时,表明该客户有购买意向。

(3) 当客户对保险保障的细节表现出强烈的兴趣,并开始关心售后服务时。

(4) 当客户最大的疑虑得到彻底解决,并为保险营销人员的专业程度所折服时。

四、保险促成方法

1. 风险分析法

风险分析法旨在通过举例或提示,运用一个可能发生的改变作为手段,让准客户感受到购买保险的必要性和急迫性。

2. 激将法

俗话说:"请将不如激将",运用适当的激励,可以引起准客户购买的决心。但是激将法要看清楚对象,言辞要讲究。例如,保险营销人员可以这么说:"田先生,您的朋友王先生已经投保了,我相信,以您目前的能力应该不会有问题吧?更何况您也是家庭责任感很强的人!"

3. 推定承诺法

推定承诺法假定准客户已经同意购买,主动帮助准客户完成购买的动作。但这种动作通常会让准客户做一些次要重点的选择,而不是要求他马上签字或拿出现金。例如,保险营销人员可以这么说:"您的身份证号码是……""您的家庭地址是……"只要会谈氛围较好,随时都可应用这种方法,"二择一"的技巧通常是此种方法的常用提问方式。

4. 以退为进法

以退为进法非常适合那些不断争辩且又迟迟不签保险单的准客户。当面对准客户使尽浑身解数还不能奏效时,可以转而求教:"先生,虽然我知道我们的产品绝对适合您,但我的能力有限,说服不了您。不过,在我告辞之前,请您指出我的不足,给我一个改进的机会好吗?"谦卑的话语往往能够缓和气氛,也可能带来意外的保险单。

5. 利益驱动法

利益驱动法以准客户利益为说明点,打破当前准客户心理的平衡,让准客户产生购买的意识和行为。这种利益可以是金钱上的节约或者回报,也可以是购买保险产品之后所获得的无形的利益。对于前者,例如,节约保费、资产保全;对于后者,例如,购买产品后如何有助于达成个人、家庭或事业的目标等。例如,保险营销人员可以这么说:"李先生,您的这份保险单既保障了车辆在遭受意外事故后的损失费用,也保障了您的新车被他人剐划需要修复的费用。"

6. 行动法

所谓行动法,就是通过采取具体推动客户购买的行为,引导准客户购买的过程。例如,保险营销人员可以拿出投保险单说:"您看这是投保险单,填写后交给保险公司承保就立即生效了。"

五、保险促成禁忌

1. 急躁盲目

在保险促成的过程中,最忌讳的是盲目躁进。有些保险营销人员是急性子,面对客户时没有耐心,在时机未成熟时,催促客户签单,给客户留下不好的印象。当然,时机的掌握相当重要,虽无须依循旧制,一成不变,但必须提醒大家,促成绝对是水到渠成的,而不能有一丝一毫勉强的意味。否则,保险单签发后会产生更难收拾的后果。

2. 准备不周

在保险促成前,保险营销人员不论是在心理准备上还是在物资准备上,都必须十分周到,方能促成保险成功。

在出门前,要仔细检查自己的配备是否齐全,纸、笔、名片夹、投保险单、详细的资料,甚至再多准备一份建议书。

3. 争执

在做好促成准备时,或许客户还没有做好心理准备,也许他还有些许的疑问在心头。这个时候一定要注意。在促成的关口上,绝不能和客户起争执,否则将前功尽弃,前面一切的努力可能化成泡影。

4. 制造问题

有时候,保险营销人员一句无心的话会令事情变得复杂。比如,有些保险营销人员在客户准备签单时喜欢习惯性地冒出一句:"您还有问题吗?"这个问题反倒令准客户感到讶异,有时还会使问题复杂化,令行销过程再添变数。

5. 耻笑

修养到家,炉火纯青的营销高手,在促成的节骨眼,面对准客户提出的质疑绝不能面露不悦,更不能动怒或耻笑对方;否则,这笔交易可能无法成交。

6. 施加压力

在买卖的过程中,客户最不愿面对强迫推销的情况,强迫推销很容易令人产生反感而断然拒绝。因此,不要给客户太大的压力;否则,易招致反效果。

有时候,与其施加压力给即将成交的客户,招致其不满,还不如少给其压力,即使多跑一趟,也是值得的。

7. 贪念

保险促成并非一朝一夕的事情,在多次的往来沟通中,保险营销人员已经和准客户建立起一定的共识与默契。这时,即使是保险营销的高手,也必须一步步踏实地经营。

8. 轻易许下承诺

在促成的前夕,准客户最关切的是理赔的种种权利问题。作为保险营销人员,切莫为了争业绩而对客户轻易许诺,夸大理赔的额度,避重就轻。一旦日后发生理赔纠纷,将会导致客户的不满甚至退保,吃亏最大的恐怕不是客户而是保险公司。

资讯四　汽车保险的选择

一、机动车损失保险投保方式的选择

(一)保险价值、保险金额与实际价值

1. 保险价值

保险价值是指出险时新车的购置价,包括车辆单价和附加购置费。

2. 保险金额

保险金额是指保险人赔付的最高限额,也是计算保险费的依据。

3. 实际价值

实际价值是指出险时车辆的价值。

（二）机动车损失保险的投保方式

1. 足额投保

足额投保是指保险金额等于保险价值的投保。当标的全部损失时按实际价值赔偿，而标的部分损失时，则按实际损失补偿（实际赔偿时需扣除免赔额，所以用补偿而不是赔偿）。

2. 不足额投保

不足额投保是指保险金额低于保险价值的投保。当标的全部损失时，则按保险金额补偿；而当标的部分损失时，则按比例责任方式赔偿。

3. 超额投保

超额投保是指保险金额高于保险价值的投保。无论标的是全部损失还是部分损失，超额部分无效，均以实际损失补偿。

（三）机动车损失保险选择

1. 机动车损失保险的保险金额确定方式

在投保机动车损失保险时，保险车辆的保险金额可以按以下方式确定。

（1）按投保时的新车购置价确定。新车购置价是指合同签订的同类型新车的市场销售价（含车辆购置税），它属于足额投保。

（2）按投保时的实际价值确定。

$$实际价值 = 新车购置价 - 折旧金额$$

$$折旧金额 = 新车购置价 \times 车辆已使用月数 \times 月折旧率$$

其中，折旧金额属于不足额投保。

（3）在新车购置价内协商确定。这种方式属于不足额保险。

2. 机动车损失保险投保方式比较

（1）足额投保。虽然发生部分损失时是按实际损失补偿而不是比例赔付，但当发生全损时是按实际价值补偿的，这样对旧车而言，一旦发生全损事故实际得到的赔偿会较小但保费却不便宜。

（2）不足额投保。不足额投保虽节省了一部分保费，但由于大多数的车损事故中只是部分损失，保险公司按保险金额与新车购置价的比例来承担赔偿责任的，也就是比例赔付，车主将得不到足够的保障。

（3）超额投保。如果保险金额超过新车购置价投保时，当车辆发生全损时被保险人可能额外获利，这违背了财产保险中的损失赔偿原则。所以，在投保财险时千万不要超额投保或重复投保。

二、损失补偿原则

损失补偿原则既是保险的四大基本原则之一，又是财产保险的特有选择。

1. 损失赔偿原则的定义

损失赔偿原则是指保险合同生效后，如果发生保险合同责任范围内的损失，被保险人有权按照合同的约定，获得全面、充分的赔偿；保险赔偿是弥补被保险人由于保险标的遭受损失而失去的经济利益，被保险人不能因保险赔偿而获得额外的利益。

2. 损失赔偿的项目

（1）保险标的的实际损失。保险标的的实际损失是指保险标的在受损前和受损后的实际价值。

(2) 施救费。施救费应是直接的、必要的,并符合国家有关政策规定的。它不仅包括对保险车辆本身进行抢救和保护时发生的费用,还包括向第三者进行追偿所发生的协商与诉讼费用。

3. 损失赔偿的责任限额

损失赔偿的责任限额有以实际损失为限、以保险金额为限和以保险利益为限三种。

4. 损失赔偿原则的派生原则

(1) 代位追偿原则。

① 代位求偿权(权力代位)。代位求偿权(权力代位)是指当保险标的遭受保险事故造成的损失,依法应由第三者承担赔偿责任时,保险公司自支付保险赔偿金之日起,在赔偿金额的限度内,相应地取得向第三者请求赔偿的权利。但在事故发生后,保险人未赔偿保险金之前,被保险人放弃对第三者赔偿请求权的,保险人不承担赔偿责任。

② 物上代位权(物上代位)。物上代位权(物上代位)是指保险人全额赔偿后,若保额等于保险价值的,受损的标的全归保险人;若保额低于保险价值的,受损的标的按保额与保险价值的比例归保险人。实际操作中一般采用在赔款中扣除残值部分。

(2) 重复保险的损失分摊原则。重复保险的损失分摊条件是构成重复保险金额的总和已超过保险标的的实际价值。分摊方法有以下三种。

① 比例责任分摊。即按照各家保险公司的保险金额,比例分担损失赔偿责任,其公式为:

某保险公司应分摊损失额=(某保险公司的保险金额/所有保险公司的保险金额总额)×损失总额

② 限额责任分摊。即各家保险公司对于损失的分担并不以其保险金额作为分摊基础,而是按照他们在如无他保的情况下所负责的限度比例分担,其公式为:

某保险公司责任限额=(某保险公司的赔偿限额/所有保险公司的赔偿限额总和)×损失总额

③ 顺序责任分摊。即同一保险标的由两家以上保险公司承保时,最早出单的保险人首先负责赔偿,第二个保险人只负责超出第一个保险人保险金额部分,依此类推。由于这种分摊方式不符合公平原则,目前已不采用。

三、如何选择合适的险种

车险选择的基本原则

险种的搭配是多种多样的,关键是投保人要了解自身的风险特征,并结合自身的风险承受能力及经济承受能力来选择适合自己需求的险种。

1. 交强险必须投保

交强险属于强制保险,车辆上路不投保交强险属于违法行为。按照相关规定,对未按规定投保交强险的机动车,机动车管理部门不得予以登记;机动车安全技术检验机构不得予以检验;公安交通管理部门将扣车并处以2倍保费的罚款。

2. 千万不要重复投保

《保险法》第56条第二、三款规定:"重复保险的各保险人的赔偿保险金的总和不得超过保险价值。除合同另有约定外,各保险人按照其保险金额与保险金额总和的比例承担赔偿保险金的责任。"因此,即使投保人重复投保也不会得到超额赔偿。无论是交强险还是商业险都适用该原则。

3. 机动车损失保险不要超额投保

《保险法》第55条第三款规定:"保险金额不得超过保险价值。超过保险价值的,超过部分无效。"因此,即使投保人超额投保也不会得到额外利益。

4. 无论是新车还是旧车,机动车损失保险最好采用足额投保方式

对新车而言若采用不足额投保,车辆无论是发生全损还是部分损失均得不到足够保障。对于旧车而言,大多数的车损事故中汽车只是部分损失,保险公司是按照保险金额与新车购置价的比例来承担赔偿责任的,所以即使发生部分损失也得不到足够赔偿。

5. 主险最好能保全

机动车损失保险和机动车第三者责任保险一定要投保,这样车辆出险后,人和车的损失能够得到基本赔偿。至于机动车全车盗抢保险和机动车车上人员责任险,要根据车主是否有这方面风险及经济承受能力来决定。

6. 附加险要按需购买,但最好能投保不计免赔率险

主险和附加险大多数都有免赔率,免赔率的比例大多在5%～20%,如果车主投保了不计免赔率险,相当于把自己应该承担的赔偿部分又转嫁给了保险公司。所以,不计免赔率险是附加险中最有用、最必要的险种。

四、常见险种组合方案

1. 最低保障型

(1) 方案一:只投保交强险。

① 保障范围。只能在交强险的责任范围内对第三者的损失负责赔偿责任。

② 适用对象。适用于那些怀有侥幸心理认为上保险没有什么用的客户;急于上牌照或通过年检的客户。

③ 优点。保险费最便宜。因为只有交强险属于强制保险,而且交强险和车辆的价格没有关系,仅与使用性质和座位数相关。如果是6座以下的私家车,则其基本保费每年只需950元。

④ 缺点。一旦与他人或其他车辆发生碰撞,对方的损失主要由车主自己承担而保险公司只承担少量损失;自己车辆的损失只能自行承担。

(2) 方案二:交强险＋5万元的机动车第三者责任保险。

① 保障范围。基本能够满足一般事故对第三者的损失负赔偿责任。

② 适用对象。保险意识不是很强,但又担心自己不小心对他人造成损失的客户。

③ 优点。可以用来上牌照或年检且第三者的保障基本能满足。

④ 缺点。一旦与他人或其他车辆发生碰撞,对方的损失能得到保险公司的少量赔偿;另外,自己车辆的损失也只能自己负担。

2. 基本保障型

(1) 方案。交强险＋机动车损失保险＋机动车第三者责任保险(10万元～20万元)。

(2) 保障范围。费用适中,能为自己的车和他人的损失提供最基本的保障。

(3) 适用对象。经济实力不太强或短期资金不充裕的车主。这部分车主一般认识到事故后修车费用较高,愿意为自己的车和第三者责任寻求基本保障,但又不愿意多花钱寻求更全面的保障。

(4) 优点。必要性最高。

(5) 缺点。不是最佳组合,最好加上不计免赔率险。

3. 经济保障型

(1) 方案。交强险+机动车损失保险+机动车第三者责任保险(20万元)+机动车全车盗抢保险+不计免赔率险。

(2) 保障范围。投保最必要、最有价值的险种。

(3) 适用对象。适用于车辆使用三四年,有一定驾龄,是投保人的最佳选择。

(4) 优点。投保最有价值的险种,保险性价比最高,人们最关心的丢失和100%赔付等大风险都有保障,保险费不高但包含了比较实用的不计免赔率险。当然,这仍不是最完善的保障方案。

(5) 缺点。不完善,最好加上玻璃单独破碎险和机动车车上人员责任保险。

4. 最佳保障型

(1) 方案。交强险+机动车损失保险+机动车第三者责任保险(30万元)+机动车全车盗抢保险+机动车车上人员责任保险(5座/每座5万)+玻璃单独破碎险+不计免赔率险。

(2) 保障范围。在经济投保方案的基础上,将机动车第三者责任保险增加到30万元,并加入了机动车车上人员责任保险和玻璃单独破碎险,使乘客及车辆易损部分得到安全保障。

(3) 适用对象。经济较宽余、保障需要比较全面而乘客不固定的私家车或一般单位用车。

(4) 优点。投保价值大的险种,价格略高,但不花冤枉钱,物有所值。

(5) 缺点。虽然有很好的保障,但不够全面,缺少车身划痕险等。

5. 全面保障型

(1) 方案。交强险+机动车损失保险+机动车第三者责任保险(50万元)+机动车全车盗抢保险+机动车车上人员责任保险(5座/每座10万)+玻璃单独破碎险+车身划痕损失险+发动机涉水损失险+车轮单独损坏险+不计免赔率险。

(2) 保障范围。保险险种对于私家车或一般公司而言,已基本做到非常全面。

(3) 适用对象。经济充裕的客户或企事业单位用车。

(4) 优点。几乎与汽车有关的常见的事故损失都能得到赔偿,不用承担投保决策失误的损失。

(5) 缺点。险种多但保险费高。

五、七种汽车的投保选择

(一) 家庭自用汽车的投保

1. 险种选择

对于家庭自用的新车来说,出险率相对较高,容易刮擦,且新车丢失的概率较高,因此在投保交强险的基础上,最好再投保机动车损失保险、机动车第三者责任保险、车身划痕损失险、机动车全车盗抢保险和不计免赔率险。

2. 责任限额

如果车辆出险率较高,建议机动车第三者责任保险的责任限额最好选择20万元,以作为对交强险的补充。

3. 保险公司选择

如果车辆经常跑长途,建议选择服务周到、信誉良好的保险公司投保。因为这样的保险公司往往营业网点多,且在全国推行"异地出险、就地理赔"服务网络,投保、理赔都很方便。

(二)非营业用汽车的投保

1. 险种选择

作为单位用车,在投保交强险的基础上,最好再投保机动车损失保险、机动车第三者责任保险、机动车全车盗抢保险、机动车车上人员责任保险和不计免赔率险。

2. 责任限额

作为单位用车,建议机动车第三者责任保险的责任限额最好选择50万元,以获得更多的保障。

3. 保险公司选择机动车

作为单位用车投保,除保险费价格、险种条款外,保险保障与服务也是非常重要的。

(三)营业用汽车的投保

1. 险种选择

作为营业用汽车,使用频率较高,且会经常跑长途,出险率较高,为更好地转嫁事故风险,在投保交强险的基础上,最好再投保机动车损失保险,机动车第三者责任保险,火灾、爆炸、自燃损失险,机动车车上人员责任保险,车上货物责任险,修理期间费用补偿险和不计免赔率险等。

2. 责任限额

一般情况下,36座以下的客车或10吨以下的货车,建议机动车第三者责任保险的责任限额最好选择20万元或50万元。而36座以上的客车或10吨以上的货车,建议机动车第三者责任保险的责任限额最好选择50万元或100万元。

3. 保险公司选择

各保险公司对营业用汽车保险的保费做了调整,适当提高了保险费。建议选择营业网点较多的保险公司,这样就可满足跑长途的客车或货车的特殊要求。

(四)特种车辆的投保

1. 险种选择

作为特种车辆,使用频率不高,且行驶区域比较固定,一般用于工程施工,出险率不高,但车内有特殊仪器,且价值都较高,一旦发生事故,损失较大。因此,在投保交强险的基础上,建议再投保机动车损失保险,机动车第三者责任保险,附加特种车辆固定设备、仪器损坏扩展条款和起重、装卸、挖掘车辆损失扩展条款和不计免赔率险。

2. 责任限额

一般情况下建议机动车第三者责任保险的责任限额最好选择50万元或50万元以上。

3. 保险公司选择

对于特种车说,最大的风险就是操作过程中造成的损失和车内仪器的损失,因此建议选择的保险公司有特种车辆保险条款和扩展条款,且涵盖了所能发生的各种风险。

（五）新车投保

1. 险种选择

新车在投保交强险的基础上，最好再投保机动车损失保险、机动车第三者责任保险、车身划痕损失险、机动车全车盗抢保险和不计免赔率险。

2. 责任限额

建议机动车第三者责任保险的责任限额最好选择 10 万元，条件允许可选择 20 万元作为交强险的补充。

3. 保险公司选择

建议选择服务周到、信誉良好的保险公司投保，因为这样的保险公司往往营业网点多，投保、理赔都很方便。

（六）二手车的投保

二手车要注意办理车险过户。如果车辆是在旧车交易市场上购买的，则此车上一年已购买保险，并且保险随车转让给新车主，一定要求卖方提供保险单正本、保险证转交，同时要到保险公司进行保险人变更。

（七）旧车的投保

因为这类车的实际价值很低，投保金额不需要过多，可在交强险的基础之上，额外投保机动车损失保险和自燃损失险。

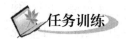任务训练

任务训练一　电话约访情景模拟

假设你是一名汽车保险营销人员，有一次在火车上遇到一位李女士，彼此聊得很愉快，而且互相交换了名片。通过谈话你了解到李女士已婚，有一个 8 岁的小孩，是一家公司的高级管理人员，自己有车作为代步工具并经常接送孩子上下学。李女士知道你的职业，但你们并没有谈过保险。现在，你打算向她介绍你们公司的汽车保险产品，并打电话进行约访。

根据以上学习情境，分角色扮演保险营销人员和李女士，从打电话前的准备到挂电话的全过程进行电话约访模拟练习，并记录模拟过程中的优点和不足。

任务训练二　汽车保险销售情景模拟

客户王先生在奥迪 4S 店购买了一辆奥迪 A6L 2.5T 轿车，作为家庭自用车使用，现要在保险公司为这辆新车购买汽车保险，请你以汽车保险营销人员的身份，为王先生进行汽车保险产品的销售。

根据以上学习情景，分角色扮演保险营销人员和王先生，进行汽车保险产品销售的情景模拟，并记录模拟过程中的优点和不足。

任务训练三 汽车投保方案设计

1. 2015年6月,李先生买了一辆尼桑骐达轿车,价格为12.6万元。李先生为一高校教师,买车的主要用途是自用。但是李先生没有车库,只能把车停在小区之内(封闭式小区),请你为李先生设计一份适合的投保方案,并选择适合的保险途径。

2. 2015年6月,某市出租车公司购买了50辆捷达轿车,每辆价格为7.8万元,用于营业。每辆车都要雇用2名司机,分别在白天开车和晚间开车。出租车公司打算为这50辆车投保,请你为该出租车公司设计一份适合的投保方案。

张先生于2015年1月给自己的汽车先后从甲、乙、丙三家保险公司购买了机动车损失保险,保险金额分别为10万元、8万元和7万元,已构成重复保险。但张先生在购买机动车损失保险时,在保险合同中没有约定重复保险的分摊方式。2015年10月5日,汽车出险车辆全损。经相关部门鉴定,车辆发生保险事故时的实际价值为9万元。请分析,根据《保险法》的规定,甲、乙、丙三家保险公司应分别怎样对张先生进行赔付?

1. 购买汽车保险的途径有哪些?
2. 选择保险公司应考虑的因素有哪些?
3. 简述汽车保险营销的特点。
4. 简述汽车保险营销流程各环节的主要内容。
5. 汽车保险促成原则有哪些?
6. 简述汽车车保险选择的基本原则。

任务四
汽车保险合同的签订

任务目标

1. 掌握汽车保险合同相关知识。
2. 能够向投保人解释投保险单的内容并指导投保人正确填写投保险单。
3. 能够根据相关规定,完成汽车保险合同的变更和解除。
4. 可运用所学保险合同条款相关内容处理有关保险合同的理赔纠纷。

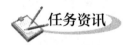任务资讯

资讯一 汽车保险合同概述

一、汽车保险合同的概念

汽车保险合同是指投保人以汽车为保险标的,保险人按照约定,对被保险人因自然灾害、意外事故而遭受的经济损失或者依法应承担的民事责任负赔偿责任,而由投保人缴付保费的合同。

二、汽车保险合同的特征

汽车保险合同除了具有一般合同的上述特征之外,还有其自身的特征。

1. 汽车保险合同的可保利益较大

对于汽车保险,不仅被保险人使用被保险汽车时拥有保险利益,对于被保险人允许的驾驶员使用被保险汽车时,也应有保险利益。

2. 汽车保险合同是包含财产保险和责任保险的综合保险合同

汽车保险标的既可以是汽车本身,还可以是当保险汽车发生保险事故后,被保险人依法应承担的民事赔偿责任,除了涉及投保人、被保险人之外,还有第三者受害人。

3. 汽车保险合同属于不定值保险合同,其保险金额的确定方法不同

在汽车保险合同中,车辆损失的保险金额可以按照投保时保险标的的实际价值确定,也可以由投保人或被保险人与保险人协商确定,并将投保金额作为保险补偿的最高限额,属于

补偿性合同。机动车第三者责任保险将投保人选择的投保限额作为保险责任的最高赔偿限额。而人身保险合同的投保金额,是投保人根据被保险人的身体条件、经济状况等与保险人协商确定的,并以此作为给付的最高限额。因此,汽车保险合同是给付性的保险合同,其保险金额的确定具有不定值的特点。在我国现行的汽车保险条款中,明确规定了汽车保险合同是不定值保险合同。

4．汽车保险合同确保保险人具有对第三者责任的追偿权

当被保险汽车发生保险责任事故时,尽管被保险汽车的损失是由第三者责任引起的,被保险人还是可以从保险人处取得赔款,但应该将向第三者的追偿权让与保险人,以防被保险人获得双重的经济补偿。而人身保险方面,当由于第三者的原因导致保险责任事故时,被保险人在获得保险人的赔偿以后,还可以向第三者请求赔偿。基于人的生命的无价性,被保险人允许获得双重的经济补偿,保险人不存在代位追偿的问题。

三、汽车保险合同的凭证

汽车保险合同采用书面文件的形式,这些文件统称为保险凭证,汽车保险合同中规定了合同双方的权利和义务。汽车保险的凭证除了保险单外,还有保险合同订立前的投保险单、暂保险单等。

（一）投保险单

投保险单是投保人向保险人购买保险的书面要约。投保险单上载明了保险合同所涉及的主要内容,其中,保险条款是投保险单的主要内容,投保险单经过保险人的核保后就成为保险合同的一个重要组成部分。表 4-1 所示为某保险公司机动车辆保险投保险单。

表 4-1　某保险公司机动车辆保险投保险单

（正面）

投保人	投保人名称/姓名				投保机动车数		辆
	联系人姓名		固定电话		移动电话		
	投保人住所				邮政编码		
被保险人	□自然人姓名			身份证号码			
	□法人或其他组织名称						
	组织机构代码				职业		
	被保险人单位性质	□党政机关、团体　□事业单位　□军队（武警）　□使（领）馆　□个体、私营企业　□其他					
	联系人姓名		固定电话		移动电话		
	被保险人住所				邮政编码		

(续表)

	被保险人与机动车的关系		□所有 □使用 □管理		行驶证车主	
投保机动车情况	号牌号码			号牌底色	□蓝色 □黑色 □黄色 □白蓝 □白蓝色 □其他颜色	
	厂牌型号			发动机号		
	VIN码			车架号		
	核定载客	人	核定载质量	千克	排量/功率	L/kW	整备质量	千克
	初次登记日期	年 月 日		已使用年限	年	年平均行驶里程	公里
	车身颜色	□黑色 □白色 □红色 □灰色 □蓝色 □黄色 □绿色 □紫色 □粉色 □棕色 □其他颜色				
	机动车种类	□客车 □货车 □客货两用车 □挂车 □低速货车和三轮汽车 □特种车(请填用途：_____) □摩托车(不含侧三轮) □侧三轮 □兼用型拖拉机 □运输型拖拉机。				
	机动车使用性质	□家庭自用 □非营业用(不含家庭自用) □出租/租赁 □城市公交 □公路客运 □营业性货运				
	上年是否在本公司投保商业机动车保险		□是 □否			
	行使区域	□中国境内 □省内行驶 □场内行驶 □固定路线 具体路线：_____。				
	是否为未还清贷款的车辆	□是 □否		上一年度交通违法行为	□有 □无	
	上次赔款次数	□交强险赔款次数_____次 □商业机动车保险赔_____次				
	投保主险条款名称					
	指定驾驶员	姓名	驾驶证号码		初次领证日期	
	驾驶人员1		□□□□□□□□□□□□□□□□□□		年 月 日	
	驾驶人员2		□□□□□□□□□□□□□□□□□□		年 月 日	
	保险期间	年 月 日零时起至 年 月 日二十四时止				

(反面)

投保险种		保险金额/责任限额（元）	保险费（元）	备注
□机动车损失保险,新车购置价_____元				
□机动车第三者责任保险				
□机动车车上人员责任保险	驾驶_____人			
	乘客人数_____人			
	乘客人数_____人			
□机动车全车盗抢保险				
□附加玻璃单独破碎险	□国产玻璃			
	□进口玻璃			

(续表)

☐ 附加车身划痕险				
☐ 附加不计免赔率险	适用险种	☐ 机动车损失保险		
		☐ 机动车第三者责任保险		
		☐ 机动车车上人员责任保险		
		☐ 机动车全车盗抢保险		
		☐ 车身划痕损失险		
☐ 附加可选免赔额特约		免赔金额		
保险费合计(人民币大写)			(¥ 元)	
特别约定				
保险合同争议解决方式选择	☐ 诉讼　☐ 提交_____仲裁委员会仲裁			

投保人声明：保险人已将投保险种对应的保险条款（包括责任免除部分）向本人做了明确说明，本人已充分理解；

上述所填写的内容均属实，同意以此投保险单作为订立保险合同的依据。

投保人签名/签章：

____年____月____日

验车验证情况	☐ 已验车　☐ 已验证　查验人员签名：____年____月____日____时____分	
初审情况	业务来源：☐ 直接业务　☐ 个人代理　☐ 专业代理 ☐ 兼业代理　☐ 经纪人　☐ 网上业务 ☐ 电话业务 代理（经纪）人名称： 上年度是否在本公司承保：☐ 是　☐ 否 业务员签字：　　　　　　年　月　日	复核意见 复核人签字：　　　　年　月　日

注：表中有灰底部分内容由保险公司业务人员填写。

（二）暂保险单

暂保险单是保险人出立正式保险单以前签发的临时保险合同，用以证明保险人同意承保。暂保险单的内容较为简单，仅包括保险标的、保险责任、保险金额以及保险关系当事人的权利和义务等。

暂保险单具有与正式保险单同等的法律效力。同正式保险单相比，暂保险单的内容相对简单、保险期限短，通常不超过 30 天，可由保险人或兼业保险代理机构签发；而正式保险单尽管法律效力与暂保险单相同，但其内容较为复杂，保险期限通常为一年，保险单只能由保险人签发。

暂保险单既不是保险合同的凭证，也不是保险合同订立的必经程序，仅仅是保险人签发正式保险单之前的权宜之计,一般在以下几种情形中使用。

(1) 保险代理人获得保险业务而保险人未正式签发保险单之前,向投保人所签发的凭证。

(2) 保险公司的分支机构在接受需要总公司批准保险业务后,在未获得批准之前所签发的书面凭证。

(3) 投保人与保险人就保险合同的主要条款达成协议,但一些具体内容仍需进一步的协商,保险人签发的书面凭证。

(4) 在办理出口贸易结汇时,签发保险单之前,保险人所出具的保险证明文件作为结汇的文件之一,以证明出口货物已经办理保险。

(三) 保险单

保险单是保险人和投保人之间订立的保险合同的正式书面凭证。它根据机动车辆投保人的申请,在保险合同成立之后,由保险人向投保人签发。保险单上列明了保险合同的所有内容,它是保险双方当事人确定权利、义务和在发生保险事故遭受经济损失后,被保险人向保险人索赔的重要依据。

(四) 保险凭证

保险凭证是保险人发给被保险人证明保险合同已经订立的一种凭证,它也是保险合同的一种存在形式。凡凭证没有记载的内容,均以同类险种的保险单为准,是一种简化的保险单。

在汽车保险业务中,保险人除签发保险单外,还须出立保险凭证,用以证明被保险人已经投保机动车损失保险及机动车第三者责任保险,便于交通事故的处理。

(五) 批单

批单是更改保险合同某些内容的更改说明书。在汽车保险业务的过程中,往往涉及车辆过户、转让、出售等变更车辆所有权的行为,因而也带来汽车保险单中的某些要素,如被保险人、保险金额、保险期限等内容的变更。这些变更内容需要用某种形式将其记载下来或者重新出具保险单。但是在实际业务中,这样的变更行为是非常频繁的,因而重新出具保险单往往成了一种烦琐的工作,批单的出现及广泛使用便成为顺理成章的事情。投保人或被保险人在保险有效期内如果需要对保险单内容做部分更改,需向保险人提出申请,保险人如同意更改,则批改的内容在保险单或保险凭证上批注或附贴便条。凡经批改过的内容均以批单为准,批单是保险单中的一个重要组成部分。

(六) 书面协议

保险人经与投保人协商同意,可将双方约定的承保内容及彼此的权利义务关系以书面协议形式明确下来。这种书面协议也是保险合同的一种形式。同正式保险单相比,书面协议的内容不事先拟就,而是根据保险关系双方当事人协商一致的结果来签订,具有较大的灵活性和针对性,是一种不固定格式的保险单,因而它与保险单具有同等法律效力。

资讯二　汽车保险合同的订立

一、汽车保险合同订立的当事人

(一) 投保人

1. 投保人的资格条件

投保人是指与保险人(即保险公司)订立保险合同,并按照保险合同负有支付保险费义务的人。作为汽车保险合同当事人之一的保险人有权决定是否承保,有权要求投保人履行如实告知义务,有权代位追偿、处理赔偿后损余物资,同时也有按规定及时赔偿的义务。

汽车保险投保人应具备以下基本条件。

(1) 具有缴费能力,愿意承担并能够支付保险费。

(2) 投保人是具有权利能力和行为能力的自然人或法人;反之,不能作为投保人。

(3) 投保人对机动车辆具有利害关系,存在可保利益。

2. 保险利益

保险利益是指投保人对保险标的具有的法律上承认的与投保人或被保险人具有利害关系的经济利益。财产保险的投保人在投保和索赔时都要有保险利益。汽车保险合同的有效成立必须建立在投保人或被保险人对保险车辆具有保险利益的基础上。

汽车保险的保险利益来源于以下几个方面。

(1) 所有关系。汽车的所有人对该车具有保险利益,汽车的所有人可以作为投保人或被保险人。

(2) 租赁关系。汽车的承租人对所租赁的车辆在租赁期内具有保险利益,在租赁期内可以作为投保人或被保险人。

(3) 雇佣关系。受雇佣的人对其使用的车辆具有保险利益,可以作为投保人或被保险人。

(4) 委托关系。汽车运输人对所承运的车辆具有保险利益,可以作为投保人或被保险人。

(5) 借贷关系。如果汽车作为抵押物或担保物,则债权人对该车具有保险利益,可以作为投保人或被保险人。

3. 投保人投保时需要携带的证件

投保人购买汽车保险时,需要携带的证件有以下几个。

(1) 驾驶证,且驾驶证必须在有效期内。

(2) 车辆行驶证,且车辆行驶证必须在有效期内。

(3) 续保车辆需带上年度保险单正本。

(4) 新保车辆需带齐车辆合格证及购车发票。

(5) 本人的身份证复印件(户口本)。

(6) 如果是单位法人,还需要营业执照复印件。

(二) 保险人

保险人又称承保人,是指与投保人订立汽车保险合同,对于合同约定的可能发生的事故因其发生造成机动车辆本身损失及其他损失承担赔偿责任的财产保险公司。

在我国,保险公司采取股份有限公司和国有独资公司的组织形式。设立保险公司的最低注册资本金为人民币2亿元。我国保险公司的业务范围如下。

(1) 财产保险业务。包括财产损失保险、责任保险、信用保险等保险业务。

(2) 人身保险业务。包括人寿保险、健康保险、意外伤害保险等保险业务。

我国《保险法》规定,同一保险人不得同时经营财产保险业务和人身保险业务。但是经营财产保险业务的保险公司经保险监督管理机构核定,可以经营短期健康保险业务和意外伤害保险业务。

二、汽车保险合同的订立

汽车保险合同是投保人与保险人约定保险权利与义务关系的协议。汽车保险合同的订立应当遵循公平互利、双方自愿、协商一致的原则,不得损害社会公共利益。除法律、行政法规规定必须保险的以外,保险公司和其他单位不得强制他人订立保险合同。

商业保险合同的订立和其他商业合同一样,采取要约与承诺的方式订立。在初次订立保险合同的过程中,通常由投保人提出要约申请,投保人的要约必须采取书面形式即填写保险投保险单,投保人填写投保险单是汽车保险合同订立的一个必经程序。保险人在接到投保人的要约申请后,如果赞同,则签发正式的保险合同。如果不完全赞同,而是有修改、部分或者有条件地接受,则不能认为是承诺,而是拒绝原要约,提出新的要约。这时候的要约人是保险人,承诺人则是投保人。由此可见,汽车保险合同的订立有时候要经历一个甚至几个要约和承诺的循环才能够完成。

三、最大诚信原准则

投保人填写投保险单是汽车保险合同订立的一个必经程序。投保险单也是保险单的一个重要组成部分。我国商业汽车保险合同订立的基础是诚信。由于保险的特殊性,法律对保险合同诚信的要求超过其他民事活动。投保人在投保时如果隐瞒一些对保险人来说重要的有关保险标的,则保险人会判断失误甚至上当受骗。因此,保险合同也被称为"最大诚信合同"。

最大诚信原则是指保险合同双方在订立或履行保险合同时,对于与保险标的有关的重要事实,应本着最大的诚信的态度如实告知,不得有任何隐瞒、虚报、漏报或欺诈,同时恪守合同的认定与承诺,否则保险合同无效。

最大诚信原则中所指的重要事实是指那些足以影响保险人判别风险大小、确定保险费率或影响其决定承保与否及承保条件的每一项事实。

最大诚信既是对投保人或被保险人的要求,也是对保险人的要求。最大诚信原则要求投保人在投保时做到告知和保证两个方面。

(一) 告知

告知分为狭义的告知和广义的告知。狭义的告知是指合同当事人在订立合同前和订立合同时,互相据实申报与陈述。广义的告知是指合同订立前、订立时和合同有效期内,投保人或被保险人应对已知的或应知的和保险标的有关的重要事实,向保险人作口头的说明或书面的申报。保险实务中所称的告知,一般是指狭义告知。关于保险合同订立后保险标的的危险变更、增加或保险事故发生时的告知,一般称为通知。

告知的形式有询问告知和无限告知,我国采取询问告知的形式。询问告知要求投保人对于保险人询问的问题必须如实告知,对询问以外的问题,投保人没有义务告知。一般操作方法是保险人将需投保人告知的内容列在投保险单上,要求投保人如实填写。

1. 投保人告知的内容

(1) 保险合同订立时,根据保险人的询问,投保人或被保险人对于已知的与保险标的及其危险有关的重要事实作如实回答。

(2) 保险合同订立时与保险标的有联系的道德风险。

(3) 涉及投保人或被保险人的一些事实。例如,将汽车保险中汽车的价值、品质、风险状况等如实告知保险人;将投保人或被保险人的年龄、性别、健康状况、既往病史、家族遗传史、职业、居住环境、嗜好等如实告知保险人。

(4) 保险合同履行过程中,被保险人要将保险标的危险增加、标的转让或与保险合同有关的事项变动等情况告知保险人。

(5) 被保险人索赔时将保险标的受损情况、重复保险情况等告知保险人。

2. 投保人未履行或者违反告知义务的法律后果

我国《保险法》规定,投保人未履行或者违反告知义务应承担相应的法律责任。

投保人未履行或者违反告知义务的法律后果见表4-2。

表4-2 投保人未履行或者违反告知义务的法律后果

投保人未履行或违反告知义务	合同	保险费	保险责任
故意未告知	解除	不退	不承担
过失未告知	解除	可以退	不承担
谎称保险事故	解除	不退	不承担
故意制造保险事故	解除	一般不退	不承担
虚报保险事故	不解除	不退	虚报部分不承担

3. 保险人告知的内容

(1) 保险合同订立时,保险人要主动向投保人说明保险合同条款内容以及费率和其他可能会影响投保人做出投保决定的事实。保险人还要明确说明保险条款中的责任免除条款。

(2) 保险合同约定的条件满足后或保险事故发生后,保险人应按合同约定如实履行给付或赔偿义务。

保险人的告知一般采取明确说明的形式。

(二) 保证

保证是最大诚信原则中的一项重要内容。所谓保证,是指保险人要求投保人或被保险人做或不做某事,或者使某种事态存在或不存在做出承诺。保证是保险人签发保险单或承担保险责任时要求投保人或被保险人履行某种义务的条件,其目的在于控制风险,确保保险标的及其周围环境处于良好的状态中。由此可见,最大诚信原则中的保证是对投保人或被保险人的要求。

1. 保证的形式及内容

保证的形式可分为明示保证和默示保证。默示保证的内容不载明于保险合同之上,一般是国际惯例所通行的准则,是习惯上或社会公认的被保险人应在保险实践中遵守的规则。明示保证是指以文字、语言或其他书面的形式载明于保险合同中,成为保险合同的条款。例如,我国的汽车保险条款规定,被保险人必须对保险车辆妥善保管、使用、维护,使之处于正常的技术状态。我国的汽车保险合同中对被保险人义务的要求条款就属于明示保证。

默示保证与明示保证具有同等的法律效力,投保人或被保险人必须严格遵守。

2. 投保人违反保证的法律后果

投保人违反保证的后果一般有两种,一是保险人不承担或部分承担赔偿或给付保险金的责任,二是保险人解除保险合同。与告知不同,保证是投保人对某个特定事项的作为与不作为的保证,不是对整个保险合同的保证。因此,违反保证条件只是部分地损害了保险人的利益,保险人只应就投保人违反保证部分解除保险责任,拒绝承担保险责任,但不能就此解除保险合同。

(三) 弃权与禁止反言

弃权是指保险人放弃其在保险合同中可以主张的某种权利。禁止反言是指保险人已放弃某种权利,日后不得再向被保险人主张这种权利。在实践中,弃权与禁止反言一般用于约束保险人。弃权与禁止反言在约束保险人的同时也维护了被保险人的利益,有利于保险双方权利义务关系的平衡。

四、汽车保险投保险单的填写

(一) 汽车保险投保险单填写的一般规则

投保险单的内容是保险合同的重要组成部分。如果投保人填写的投保险单不符合要求,保险公司将该投保险单作退单处理。因此,投保人在填写投保险单之前必须要知道保险公司投保险单的一些填写规则。

(1) 投保险单须使用黑色钢笔或黑色签字笔填写。

(2) 投保险单填写一律用简体字,不得使用繁体字和变体字。

(3) 投保险单要求保持整洁,不得随意折叠、涂改和使用修改液,否则视为无效,需要更换投保险单。

(4) 投保险单填写时应字迹清晰、字体工整、字与字之间保持一定间距。内容要求填写完整、不能有空项,不可遗漏、不能涂改。如有更改,则应让投保人或被保险人在更改处签字盖章。

投保人认真填写好投保险单并确认无误后,在投保人签章处签章。

(二) 汽车保险投保险单填写的具体规则

1. 初次登记年月

用车辆的初次登记年月来确定车龄。初次登记年月是理赔时确定保险车辆实际价值的重要依据。初次登记年月应按照车辆行驶证上的"登记日期"填写。

2. 车辆购置价

车辆购置价是确定车辆保险金额的重要依据。汽车保险是足额保险,车辆的购置价包括裸车价格和购买车辆所缴纳的车辆购置税。

车辆的使用性质与保险费挂钩,所以投保人要仔细填写。如果投保人的车辆使用性质发生改变,则被保险人要通知保险公司,办理保险合同内容的变更;否则,在发生保险事故时,容易遭到保险公司的拒赔。

3. 座位/吨位

机动车辆投保险单上的座位/吨位根据行驶证注明的座位和吨位填写。客车填座位,货车填吨位。客货两用车填写座位/吨位。如 BJ630 客车填"16/",解放 CA141 货车填"/5",丰田 DYNA 客货两用车填写"5/1.75"。

4. 保险费

(1) 交强险的保险费。

交强险即机动车交通事故责任强制保险,是强制性险种,是有车一族必须购买的险种。交强险实行全国统一的保险费率。

(2) 机动车损失保险保险费的计算。

机动车损失保险的保险费=基本保费(固定保费)+保险金额×保险费率

(3) 机动车第三者责任保险保险费。

我国的机动车第三者责任保险的保险金额有 5 万元、10 万元、15 万元、20 万元、30 万元、50 万元和 100 万元。机动车第三者责任保险具有给付性质,其赔偿限额不同,投保人所缴纳的保险费也不同,而且地区不同所缴的保险费也不同。

5. 特别约定条款

特别约定条款往往是保险合同成立、生效或者保险公司承担赔偿责任的前提条件。但是,通常被保险人在拿到保险单之后,不大会留意保险单中的特别约定条款。因此,由特别约定条款引起的保险纠纷也很多。

五、投保人在保险公司承保前变更投保险单的处理

投保人在保险公司同意承保前要求变更投保要约的(不得变更投保人、被保险人。如变更投保人、被保险人的作撤单处理,退单退费,重新进单),根据情况分别作如下处理。

(1) 如变更投保险种、保险金额,需重填投保险单,同时在新填投保险单上注明原投保险单号。

(2) 其他情况,投保人填写《保险要约内容补充更正申请书》,并签名确认,涉及被保险人权益的(受益人的指定)需要被保险人签名确认。

资讯三 汽车保险合同的生效、变更、解除及争议处理

一、汽车保险合同的生效

(一) 汽车保险合同生效条件

保险合同是否生效,取决于合同是否符合法律规定的签订合同的要件,具体包括保险合同的主体资格、合同内容的合法性、当事人意思表示真实以及合同双方约定的其他生效条件等。

1. 主体资格

汽车保险合同的主体主要是保险合同的当事人即投保人、被保险人或保险人。

2. 合同内容合法

保险合同条款必须符合法律规定,这是保险合同生效的基本条件。首先,作为保险标的的汽车必须是合法的,不能是非法所得。其次,保险金额必须合法。汽车保险的保险金额不能超过汽车本身价值,超过部分无效。

3. 保险人与投保人的意思表示一致

汽车保险合同的订立必须建立在当事人自愿的基础之上,且双方如实履行了告知义务。

4. 汽车保险合同生效的其他条件

如果汽车保险合同是附条件生效,则汽车保险合同只有在该条件满足后才生效。

(二) 汽车保险合同生效的时间

汽车保险合同生效时间是保险人开始履行保险责任的时间。我国的汽车保险合同期限为1年。我国《保险法》规定:"保险合同成立后,投保人按约定交付保险费,保险人按照约定的时间开始承担保险责任。"缴纳保险费是投保人的义务。虽然投保人办理了保险手续,但是我国投保人没有按照约定如数缴纳保险费,汽车保险合同也没有法律效力,即使被保险人发生了事故,保险人也有理由拒绝承担赔偿责任。

我国汽车保险合同的具体生效时间是一般从××××年××月××日零时起至次年××月××日的24时止。如保险单有效期限从2013年5月2日零时起至2014年5月1日24时止。

二、汽车保险合同的变更

(一) 汽车保险合同变更的概念

汽车保险合同的变更是指在保险合同期满之前,当事人根据情况的变化,依照法律规定的条件和程序,对保险合同的某些条款内容进行修改或补充。

汽车保险合同一般是一年期的合同,在保险合同的有效期限内,投保人、被保险人或车辆的情况难免发生一些变化,因而投保人或被保险人有变更保险合同的要求。我国《保险法》规定:"投保人和保险人可以协商变更合同内容。变更保险合同的,应由保险人在保险单或者其他保险凭证上批注或附贴批单,或者投保人与保险人订立变更的书面协议。"

(二) 汽车保险合同变更的形式

汽车保险合同的变更必须采用书面的形式,由合同双方协商一致。

保险合同经过变更后,变更部分的内容取代了原合同中被变更的内容,变更内容与原合同中未变更的内容构成了一个新的完整合同,合同双方当事人以变更后的合同履行各自的权利和义务。

(三) 汽车保险合同的变更情况

1. 汽车保险合同主体的变更

汽车保险合同主体的变更包括保险人的变更和被保险人的变更。当保险人发生破产倒闭、分立或合并时,被保险人可以要求变更保险人。在合同有效期内,被保险汽车发生转卖或赠送时,原汽车保险合同是否有效取决于被保险人申请批改的情况,如果被保险人提出申请批改,保险人经过审核,签发批单同意,则原汽车保险合同继续有效;如果被保险人没有申请批改,则原汽车保险合同失效。

2. 汽车保险合同内容的变更

汽车保险合同的变更除了主体的变更情况外,更多的情况下是汽车保险合同内容的变更,主要包括以下事项。

(1) 保险金额的变更,如保险金额的增加或减少。

(2) 险种的变更,如增加投保某种附加险等。

(3) 被保险车辆使用性质的变更,被保险车辆增加或被保险车辆危险程度的增加或减少。

(4) 保险期限的变更。

(5) 车辆种类或厂牌型号变更。

3. 汽车保险合同变更的流程

汽车保险合同上面载明:"在保险期限内,如果被保险人要变更汽车保险合同的相关内容,则被保险人应当事先书面通知保险人并办理申请批改手续;否则,本保险合同无效。"汽车保险合同变更采取书面的形式。

三、汽车保险合同的解除与终止

(一)汽车保险合同的解除

汽车保险合同的解除是指保险合同生效后、有效期满之前,合同一方当事人根据法律规定或当事人双方的约定行使解除权,从而提前结束合同效力的法律行为。

1. 交强险合同解除的情况

交强险是我国强制性险种,一般情况下,投保人不得解除机动车交通事故责任强制保险合同,但有下列情形之一的除外。

(1) 被保险机动车被依法注销登记的。

(2) 被保险机动车办理停驶的。

(3) 被保险机动车经公安机关证实丢失的。

交强险合同解除时,保险公司可以收取自保险责任开始之日起至合同解除之日止的保险费,剩余部分的保险费退还投保人。

2. 商业汽车保险合同解除的情况

投保人或被保险人可以在保险责任开始前和保险责任开始后提出提前解除合同。被保险人在保险责任开始后要求解除保险合同的,如果已经发生了保险事故,应该在保险人赔偿之日起 30 天内提出。

(1) 投保人解除保险合同的条件。在保险实务中,投保人可就以下原因提出解除保险合同。

① 保险标的灭失。

② 保险合同中约定的保险事故肯定不会发生。

③ 保险标的的价值减少。

④ 保险标的危险程度明显减少甚至消失。

我国《保险法》规定,投保人解除保险合同的,合同效力自解除之日起失效。

保险责任开始前,投保人要求解除合同的,应当向保险人支付手续费,保险人应当退还投保人所缴纳的保险费。保险责任开始后,投保人要求解除合同的,保险人可以收取自保险责任开始之日起至合同解除之日期间的保险费;剩余部分保险费,保险人应该退还给投保人。

(2)保险人解除保险合同的条件。我国《保险法》规定:"除本法另有规定或者保险合同另有约定外,保险合同成立后,投保人可以解除合同,保险人不得解除保险合同。"由此可见,与投保人相比,法律对保险人行使合同解除的限制相对多一些,并对保险人解除保险合同应具备的法定条件做出了规定。我国商业险保险合同除了合同中另有约定外,保险人可以依据以下法定条件行使合同的解除权。

① 在保险合同的有效期内,投保人、被保险人以欺诈等非法手段故意制造保险事故骗取保险赔款时,保险人可以解除合同。

② 投保人故意隐瞒事实,不履行如实告知义务的,保险人对于保险合同解除前发生的保险事故,不承担赔偿责任,但要退还被保险人所缴纳的保险费。

(二)汽车保险合同的终止

汽车保险合同的终止,即汽车保险合同双方权利义务的灭失。汽车保险合同的终止有以下几种情况。

1. 自然终止

自然终止即汽车保险合同的期限届满,保险人承担的责任终止。自然终止是保险合同终止最普遍、最基本的原因。

2. 解除终止

因解除而终止的合同,从解除合同的书面通知送达对方当事人时开始无效。

3. 义务履行终止

当保险人的赔偿金额达到保险金额时,保险人的保险责任终止,保险合同终止。

4. 协议终止

汽车保险合同有效期内,合同双方当事人协商一致后提前终止合同。车辆所有权发生改变后,被保险人可以提出中途终止保险合同。

四、保险合同的争议处理

(1)因履行保险合同发生争议的,由当事人协商解决。协商不成的,提交保险单载明的仲裁委员会仲裁。保险单未载明仲裁机构或者争议发生后未达成仲裁协议的,可向中华人民共和国人民法院起诉。

(2)保险合同争议处理适用中华人民共和国法律。

机动车辆保险投保险单填写

在本校寻找一位有私家车的教师,根据他的车辆信息,填写一份机动车辆保险投保险单。

根据寻找的教师个人情况,为他设计一份适合的保险方案,并根据方案内容,计算保险费,以投保人和保险业务员的身份完整填写投保险单如表4-1所示。

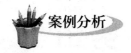 案例分析

案 例 一

李先生在某4S店购买了一辆尼桑骐达轿车,4S店为其代办了包括保险在内的各种手续。李先生把保费交给了4S店。因为4S店是保险公司的代理机构,有保险公司设立的出单点,所以当天保险单就交给了李先生。当天,李先生开车回家,由于驾驶技术不过硬,还没有到家就撞在路边的石头上。李先生想到自己已投保,就打电话报案并要求索赔,但保险公司却拒绝赔付。请对此案例进行分析。

案 例 二

某企业一辆货车因年久且设备老化,经批准予以报废,但该企业并未将车辆报废处理,而是以数千元的价格卖给李某。李某将该车加以拼装整修,并通过关系办理了车辆年审合格的假证后,向保险公司投保了机动车损失保险,保险金额为6万元。几个月后,该车发生侧翻事故,损毁较重。查勘员仔细检查车辆相关证件时,发觉证件有问题,因此拒绝赔偿。但李某不同意,双方发生纠纷。请对此案例进行分析。

 思考题

1. 简述汽车保险合同的特征。
2. 汽车保险合同的凭证有哪些?
3. 汽车保险投保人的资格条件有哪些?
4. 汽车保险投保人应向保险公司告知的内容有哪些?
5. 汽车保险合同的生效条件是什么?
6. 简述订立汽车保险合同的程序。

任务五
汽车保险承保

任务目标

1. 熟悉展业人员应具备的基本知识和技能。
2. 掌握核保的内容和方法。
3. 熟悉核保管理工作的内容和核保政策。
4. 掌握批改和退保的相关知识。
5. 能够完成验证和验车工作。
6. 能够完成续保、批改和退保的工作。

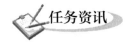
任务资讯

资讯一 车辆保险的承保

投保人或被保险人向保险人表达缔结保险合同的意愿,即为投保。投保与承保是保险双方签订保险合同的过程,是保险业务得以进行的基础。由于汽车保险合同的特殊性,各保险公司都将保险合同简化为保险单的形式,并根据不同保险项目设置了较多种类的保险单供投保人选择。

一、汽车保险的承保流程

汽车保险承保是保险人与投保人签订保险合同的过程,包括投保、核保、保险单签发、续保与批改等手续。首先个人或单位根据自身保险利益的风险情况向保险人提出保险要求,填写投保险单,协商确定保险费交付办法。然后,保险人审查投保险单,向投保人询问有关保险标的和被保险人的各种情况,从而决定是否接受投保。如果保险人接收投保,则在保险单上签字并收取投保人交纳的保险费,保险人向投保人出具保险单或保险凭证,保险合同即成立。保险期满后,根据投保人意愿可以重新办理续保。

在保险合同生效期间,如果保险标的的所有权改变或者投保人因某种原因要求更改或取消保险合同,都需要进行批改。

保险合同接近期满时,保险人会征询投保人的意愿,是否继续办理保险事宜,即续保。

一个完整的承保流程如图 5-1 所示,其核心环节为投保→核保→保险单签发。

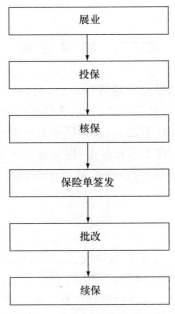

图 5-1　汽车保险的承保流程

二、保险展业

保险展业是保险人向客户宣传保险、介绍保险产品的过程,是保险经营的第一步。展业工作做得如何,直接影响保险产品的销售量,直接影响用于事故补偿的保险基金积累的多少,因此,保险公司都非常重视展业工作,不断提高展业人员的业务素质,利用代理人、经纪人拓宽服务网络,同时注重加强保险的宣传。

展业人员应具备的业务能力包括以下几方面。

(1) 掌握保险基本原理、运行原则、保险合同等基础知识。

(2) 掌握条款、费率规章、承保规定、理赔流程等。

(3) 掌握本地区车险市场动态和竞争对手的业务重点、展业手段。

(4) 熟悉车辆使用的常见风险及管理方法。

(5) 熟悉本地区汽车保有量、增长量、各类车型所占比例、以往保险情况、事故次数、出险赔付等。

(6) 熟悉客户需求,尤其是大客户,以便做好公关工作。

(7) 了解交通管理、交通事故处理的相关法律法规。

(8) 了解汽车保险的相关法律法规。

(9) 了解车辆管理的相关法律法规,如《机动车强制报废标准规定》等。

汽车保险在我国处于起步阶段,许多客户对汽车保险了解不多,有的还存在一些认识误区,加大保险宣传对保险业务的开展、避免保险纠纷出现具有重要作用。

保险宣传可从多种角度展开,比如可通过电视、电影、广播、报纸、网络、杂志、电话等多种媒体,可利用广告、新闻、保险知识讲座、大型事件理赔处理、发放宣传资料等多种方式,还可采用召开座谈会、开展公益活动、开展保险咨询活动等多个场合展开宣传。宣传内容主要是本公司机构网络、偿付能力、服务优势、保险产品的保险责任、责任免除、投保人义务、保险人义务及承保和理赔手续等。

资讯二 核保业务

核保是指保险人对投保人的保险申请进行审核,就保险标的的各种风险情况进行审核和评估,以确定是否接受投保人的投保申请,与之签订保险合同的过程。

核保是汽车保险承保的重要环节之一,其本质是对可保风险的判断与选择,是承保条件与风险状况适应或匹配的过程。在本项任务中,保险业务人员通过对核保相关知识的学习,学会对已经掌握的资料进行整理和分析,判断是否承保、使用的承保条件及保险费率等,同时学会简单的核保工作。

一、核保管理工作的要求

核保是保险人对将要承保的新业务加以全面评价、估计和选择,以决定是否承保的过程。核保有利于合理分散风险,是达成公正费率的有效手段;核保还有利于促进被保险人防灾防损,减少实质性损失,因此要加强核保管理工作。核保管理工作有以下几个方面。

(1) 严格执行车险条款和费率。
(2) 严格管控手续费。
(3) 严格应收保费管理。
(4) 规范代码协议和单证管理。
(5) 核保业务技能训练。
(6) 明确核保权限。

二、核保的基本政策

保险公司根据本公司的业务经营管理情况、费用率指标、利润率指标制定具体的核保政策。保险公司根据客户群的特点将其业务分为提倡承保业务、控制承保业务、高风险承保业务和禁止承保业务四种类型,针对每一类业务采取不同的政策。

1. 提倡承保业务

提倡承保业务是保险公司效益险种和优质客户群的业务。

对此类业务所采取的政策如下。

(1) 鼓励承保党政机关、事业单位、大中型企业非营业车辆。
(2) 鼓励承保新车购置价在40万元以上、6座以下常见客车。
(3) 鼓励承保除不计免赔率险和车上货物责任险之外的效益性附加险。
(4) 鼓励发展非营业性质摩托车业务以及承保达一定规模的单程提车险业务。
(5) 鼓励对高风险车种和低品质业务推行机动车损失保险绝对免赔额或绝对免赔率的承保方式。

2. 控制承保业务

控制承保业务主要是灰名单业务,原则上这些业务的赔付率达到了保险公司规定的警戒水平,故将此类业务列入高赔付险种和高赔付率的客户群的业务。

对此类业务所采取的政策如下。

（1）控制不计免赔率险。引导或鼓励本类客户投保不计免赔率险，不得承保不计免赔率险。

（2）鼓励对机动车损失保险按比例承保，老旧车辆不得承保机动车全车盗抢保险、自燃损失险。

（3）控制新车和营业性质车辆承保规模。新车承保的比重控制在25％以内，营业性质车辆承保的比重在20％以内。

3．高风险承保业务

高风险承保业务是指投保车辆的风险比较集中、保险金额较大，出险后可能造成重大损失的业务。

对此类业务所采取的政策如下。

（1）认真分析此类业务较集中的风险点，制订相应的承保方案。推荐使用机动车损失保险绝对免赔额、事故责任免赔率以及针对风险点制定专门的免责特别约定。

（2）对于确实无法化解的风险，可以考虑有选择地承保其可控风险。

4．禁止承保业务

禁止承保业务主要是针对列入保险公司黑名单和近年严重亏损客户群体的业务。某些管理不善的客户群（如某些合资的巴士公司、出租车公司、企业等）被列入保险黑名单，严重亏损客户是某些连续两年或3年已决与未决赔付率之和大于85％的客户。

保险公司对此类业务所采取的政策不予承保。

三、核保机构设置模式

1．分级设置模式

根据内部机构设置情况、人员配置情况、开展业务需要和业务技术要求等设立数级核保组织。例如，人保公司在各省分公司内设立三级核保组织，即省分公司、地市分公司（营业部）、县支公司（营业部）。分级设置模式是我国普遍采用的一种模式。

2．核保中心模式

在一定的区域范围内设立一个核保中心，通过网络技术，对所辖的业务实行远程核保。这种模式使所有经营机构均可得到核保中心的技术支持，最大限度地实现技术和优势共享，同时，核保中心也可以对各机构的经营行为进行有效控制和管理。核保中心模式是今后保险公司核保的一个重要模式。

四、核保人员的等级和权限

目前，核保人员一般分三个等级：一级核保人员、二级核保人员和三级核保人员。核保人员根据不同等级，授予不同的权限。

1．一级核保人员的权限

一级核保人员主要负责审核特殊风险业务，包括高价值车辆的核保、特殊车型业务的核保、车队业务的核保，以及下级核保人员无力核保的业务。同时，还应及时解决其管辖范围内出现的有关核保技术方面的问题。

2．二级核保人员的权限

二级核保人员主要负责审核非标准业务，即在核保手册中没有明确指示核保条件的业务,如保险金额、赔偿限额及免赔额等有特殊要求的业务。

3. 三级核保人员的权限

三级核保人员主要负责对常规业务的核保,即按照核保手册的有关规定对投保险单的各个要素进行形式上的审核,也称投保险单核保。

五、核保的内容

核保工作原则上采取两级核保体制,先由展业人员、保险代理人等一线业务人员对投保险单进行初步核保,然后再由保险公司专业核保人员复核决定是否承保、承保条件及保险费率的适用等。核保工作主要包括以下内容。

1. 审核投保险单

(1) 投保人资格。对于投保人资格审核的核心是认定投保人对保险标的是否拥有保险利益,汽车保险业务中主要是通过核对行驶证来完成的。

(2) 投保人或被保险人的基本情况。对于车队业务,保险公司要通过了解企业的性质、是否设有安保部门、经营方式、运行主要线路等,分析投保人或被保险人对车辆的管理情况,及时发现可能存在的经营风险,采取必要的措施降低和控制风险。

(3) 投保人或被保险人的信誉。对投保人和被保险人的信誉进行调查和评估,是核保工作的重点之一。

(4) 保险标的。对保险车辆应尽可能采用"验车承保"的方式,即对车辆进行实际的检验。包括了解车辆的使用和管理情况,复印行驶证、购置车辆的完税费凭证,拓印发动机与车号码,对于一些高档车辆还应当建立车辆档案等。

(5) 保险金额。根据保险公司制定的汽车市场指导价格确定保险金额,避免出现超额保险和不足额保险。

(6) 保险费审核。保险费的审核主要为费率适用的审核和计算的审核。

(7) 附加条款。主险和标准条款提供的是适应汽车风险共性的保障,附加条款适用于汽车风险的个性保障。因此,在对附加条款的适用问题上要注意对风险的特别评估和分析,谨慎接受和制定条件。

2. 查验有关证件

验证的具体内容如下。

(1) 查验机动车行驶证、车辆登记书、有效移动证(临时号牌)是否真实、有效,是否经公安交通车辆管理机关办理年检。

(2) 核实投保车辆的合法性,各种证件是否与投保标的和投保险单内容相符,投保人对投保车辆是否具有可保利益,确定其使用性质和初次登记日期、已使用年限。

(3) 如约定驾驶人员的,应检验约定驾驶人员的"机动车驾驶证",并对照投保险单核实驾驶人员信息。

3. 查验车辆

根据投保险单、投保险单附表和车辆行驶证,对投保车辆进行实际的查验。

(1) 检查车辆有无受损,是否有消防设备等。

(2) 车辆本身的实际牌照号码、车型及发动机号、车身颜色、VIN码等是否与"机动车行驶证"记录一致。

(3) 检查发动机、车身、底盘、电气等部分的技术情况是否符合《机动车运行安全技术条件》的要求。

(4) 投保机动车全车盗抢保险的机动车辆必须拓印车架和发动机号码,并拍照留底,拓印的号码附贴在投保险单正面,照片冲洗后则贴在投保险单背面,并查验是否装备防盗设备。

符合下列条件的车辆可以免检。

(1) 仅投保交强险的机动车。

(2) 购置时间为一个月以内的新车投保。

(3) 按期续保并且续保时未加保机动车损失保险及其附加险的车辆。

(4) 新保机动车第三者责任保险及其附加险的车辆。

(5) 同一投保人投保多辆车。

多车免检的具体标准由各分公司根据该公司的人员数量、人员素质、风险管理等情况自行确定。确定标准时,党政机关、企事业单位车队投保车辆数应大于 10 辆,营运车队投保车辆数应大于 20 辆。

符合下列条件的车辆必须重点查验。

(1) 第一次投保机动车损失保险及其附加险的车辆。

(2) 未按期续保的车辆。

(3) 续保时增加投保机动车损失保险及其附加险的车辆。

(4) 中途申请增加投保机动车损失保险及其附加险的车辆。

(5) 特种车或发生重大车损事故后修复的车辆。

(6) 出险事故率较高的车辆。

(7) 新车购置价较高的车辆(各分公司可以根据该公司的风险管理等情况自行确定标准,原则上新车购置价超过 100 万元的重点检验)。

4. 核定保险费率

根据投保险单上所列的车辆情况和保险公司的机动车辆保险费率表,逐项确定投保车辆的保险费率(汽车保险费率的相关知识详见本书任务二)。

5. 计算保险费用

在确定车辆保险费率的基础上,保险公司业务人员根据投保人所选择的保险金额和赔款限额计算保险费。

6. 分级核保

(1) 一级核保的内容。

① 根据掌握的情况,考虑能否承保。

② 已接受的投保险单中涉及的险种、保险金额、赔偿限额是否需要限制和调整。

③ 已接受的投保是否需要增加特别的约定。

④ 已接受的投保险单是否符合保险监管部门的有关规定。

⑤ 对于上报核保的车辆是否单独做出业务经营分析。

(2) 二级核保的内容。

① 审核保险单是否按照规定内容与要求填写,有无疏漏。

② 审核保险价值与保险金额是否合理、适用的费率标准和计收保险费是否正确。

③ 审核业务人员或代理人是否对投保车辆进行了验车、验证,是否按照《保险法》的要

求向投保人履行告知义务，对特别约定的事项是否在特约栏内注明。

④ 对于较高保额投机动车全车盗抢保险的车辆，审核投保险单填写内容与事实是否一致，是否按照规定拓印拍照存档。

⑤ 对高发事故和风险集中的投保险单位，是否提出限制性的承保条件。

⑥ 费率表中没有列明的车辆，是否提出了费率厘定的意见。

⑦ 审核其他相关情况。

六、核保方式

根据不同的分类标准，通常将核保方式分为标准业务核保和非标准业务核保、事先核保和事后核保以及集中核保和远程核保等。保险公司可根据自身的组织结构和经营情况选择和确定核保方式，在确定核保方式时并不是拘泥于一种方式，而是结合投保业务的特点将多种核保方式交叉使用。

1. 标准业务核保和非标准业务核保

标准业务是指常规风险的汽车保险业务，这类风险基本符合汽车常规风险情况，可以按照核保手册有关规定对其进行核保。通常是由二级核保人完成标准业务的核保工作。

非标准业务是指风险具有较大特殊性的业务，这种特殊性主要指高风险、风险情况比较复杂、保险金额巨大。非标准业务主要有：保险价值浮动超过核保手册规定范围的业务；特殊车型业务；军牌和外地牌业务；高档车辆的盗抢业务；统保协议和代理协议等业务。这类业务的风险需要进行有效控制，但是核保手册对这类业务没有明确的规定，因此无法完全依据核保手册进行核保，应由二级或者一级核保人进行核保，必要时核保人应当向上级核保部门进行请示。

2. 事先核保和事后核保

事先核保是指投保人提出申请后，核保人首先对标的风险进行评估和分析，决定是否接受承保。在决定接受承保的基础上，根据投保人的具体要求及保险标的的特点确定保险方案，包括确定适用的条款、附加条款、保险费率、保险金额、免赔额等承保条件。这种核保方式主要是针对标的金额较大、风险较高、承保业务技术比较复杂的业务。

事后核保主要是针对标的金额较小、风险较低、承保业务技术比较简单的业务。保险公司从人力和经济的角度难以做到事先核保的，可以采用事后核保的方式。所以，事后核保是对于事先核保的一种补救措施。

3. 集中核保和远程核保

从核保制度发展的过程分析，集中核保的模式代表了核保技术发展的趋势。集中核保可以有效地解决统一标准和规范业务的问题，实现技术和经验最大限度地利用。集中核保在实际工作中遇到的困难是经营网点分散，缺乏便捷和高效的沟通渠道。

远程核保就是建立区域性的核保中心，利用互联网等现代通信技术，对辖区内的所有业务进行集中核保。这种核保的方式不仅可以利用核保中心的人员技术的优势，而且还可以利用中心庞大的数据库，实现资源的共享，利于对经营过程中的管理疏忽，甚至对道德风险实行有效的防范。

七、核保依据

核保手册是核保工作的主要依据。核保手册，即核保指南，是将保险公司对于汽车保险核保工作的原则、方针和政策,汽车保险业务中可能涉及的条款、保险费率及相关规定,核保工作中的程序和权限规定,可能遇到的各种问题及处理方法,用书面文件的形式予以明确。

通过核保手册,核保人员能够按照统一标准和程序进行核保,可以实现核保工作的标准化、规范化和程序化。

资讯三 缮制和签发保险单证

保险单或保险凭证是订立保险合同、载明保险合同双方当事人权利和义务的书面凭证,是被保险人向保险人索赔的主要依据。因此,缮制保险单证工作质量的优劣,往往直接影响汽车保险合同的顺利履行。保险营销人员应能够准确地缮制保险单证,按照规范的操作程序完成签发保险单证的工作。

一、交强险单证

交强险单证是投保人与保险人签订的,证明强制保险合同关系存在的法定证明文件,由保监会监制,全国统一式样。交强险单证分为交强险保险单、定额保险单和批单三种。除摩托车和农用拖拉机使用定额保险单外,其他投保车辆必须使用交强险保险单。交强险保险单、定额保险单均由正本和副本组成。正本由投保人或被保险人留存,副本包括业务留存联、财务留存联和公安交管部门留存联。

交强险标志是根据法律、法规规定,由保险公司向投保人核发、证明其已经投保的标志,由保监会监制,全国统一式样。

交强险标志分内置型和便携型两种。具有前挡风玻璃的投保车辆应使用内置型;不具有前挡风玻璃的投保车辆应使用便携型。

交强险单证及使用范围如表 5-1 所示。

表 5-1 交强险单证及使用范围

单证名称	单证分类	适用范围
保险单	机动车交强险保险单	机动车
定额保险单	摩托车定额保险单	摩托车(兼有投保险单性质)
	拖拉机定额保险单	拖拉机(兼有投保险单性质)
保险标志	内置型	具有前挡风玻璃的车辆
	便携型	不具有前挡风玻璃的车辆
批改申请书	批改申请书	已签发的各类交强险保险单进行批改时使用
批单	交强险批单	

二、商业保险单证

保险单是被保险人向保险人索赔保险事故损失的法律凭证,被保险人应妥善保存。商业险保险单由正本和副本组成。正本由投保人或被保险人留存;副本应包括业务留存联、财务留存联。所以,商业险保险单与交强险保险单相比,缺少公安交管部门留存联,其余相同。

定额保险单是指事先确定保额的一种保险单。定额保险单使用方便,尤其是通过代理渠道承保的业务,定额保险单的优势更明显。

保险证(卡)通常是车主购买商业保险单后,由保险人签发给被保险人的简单凭证。保险证(卡)内容简单,便于随身携带。商业保险单证及使用范围如表5-2所示。

表5-2　商业险单证及使用范围

单证名称	单证分类	适用范围
保险单	机动车商业保险保险单	机动车
定额保险单	摩托车商业保险定额保险单	摩托车(兼有投保险单性质)
	拖拉机商业保险定额保险单	拖拉机(兼有投保险单性质)
保险证(卡)	机动车保险证	机动车
批改申请书	批改申请书	已签发的各类交强险保险单进行批改时使用
批单	机动车辆保险批单	

资讯四　续保、批改和退保业务

一、续保

1. 续保的概念

汽车保险的期限一般为一年,续保是一个保险合同即将期满时,投保人向保险人提出申请,要求延长该保险合同的期限,保险人根据投保人当时的实际情况,对原合同条件稍加修改而继续对投保人签约承保的行为。

续保是一项保险合同双方双赢的活动。对投保人来说,通过及时续保,可以从保险人得到连续不断的保险保障与服务,得到保险公司的续保优惠。对保险人而言,可以稳定业务量,减少展业工作量和费用。保险公司一般都将续保率与业绩考核挂钩。

2. 保户需要提供的单据

在办理续保时,保户应提供下列单据。

(1) 提供上一年度的车辆保险单。

(2) 保险车辆的交通管理部门核发并检验合格的行驶证和车牌号。

(3) 所需的保险费,保险金额和保险费须重新确定。

3. 无赔偿优待规定

(1) 关于无赔偿优待的规定有以下几点。

① 在上一保险期内未发生过任何一个险别的赔款,并按期续保的可以享受无赔款优待。

② 被保险人只能享受所续险种的无赔款优待,并以投保金(限)额对应的应交保费为基础计算无赔款优待。

③ 无赔款优待车辆计算:在同一保险单内未出险的车辆续保时均可享受。

④ 无论车辆连续几年无事故,无赔款优待标准一律按10%计算。

注意:对提前续保或已续保后,被保险人又要求增加续保险别但未发生过任何赔款的,仍可按条款规定给予无赔款优待。

(2) 下列情况不能享受无赔款优待。

① 上一保险期限不足年。

② 在上一年保险期内,发生过赔案(包括未决的赔案),除非被保险人申明放弃赔款请求。

③ 在上一年保险期内保险车辆发生所有权转移却未办理批改的。

④ 保险单期满后已脱保的。

(3) 如果被保险人存续保时享受了无赔款优待,但事后发现在上一保险期内发生过赔案或期满后补报赔案,保险人应出具批单追回,或再次支付赔款时扣除其已享受的无赔款优待金额。

(4) 从其他保险公司(含小系统其他分支公司)转来续保的车辆,应根据投保人提供的转保车辆上年度的无赔款有效证明来享受无赔款优待。

二、批改

1. 批改的概念

批改是指在保险单签发以后,在保险合同有效期限内,如保险事项发生变更,经保险双方当事人同意办理变更合同内容的手续。

2. 批改的内容

我国《机动车辆保险条款》规定:"在保险合同有效期内,保险车辆转卖、转让、赠送他人、变更用途或增加危险程度,被保险人应当事先书面通知保险人并申请办理批改。"同时,一般汽车保险单上也应注明"本保险中所载事项如有变更,被保险人应立即向该公司办理批改手续,否则,如有任何意外事故发生,该公司不负赔偿责任。"的字样,以提醒被保险人注意。

车辆保险批改的内容主要有以下几项。

(1) 保险人变更。

(2) 被保险人变更。

(3) 保险车辆变更使用性质,增、减危险程度。

(4) 增、减投保车辆。

(5) 增、减或变更约定驾驶人员。

(6) 调整保险金额或责任限额。

(7) 保险责任变更。

(8) 保险期限变更。

(9) 变更其他事项。

3. 批改的方式

根据《保险法》的规定,保险单的批改有两种方式。一种是在原保险合同上进行批改,另一种是另外出具批单附贴在原保险单正本、副本并加盖骑缝章,使其成为保险合同的一部分。在实际工作中,大都采用出具统一标准的批单方式。

(1) 批单的概念。在保险单证签发后,对保险合同内容进行修改、补充或增删所进行的一系列作业称为批改,经批改所签发的一种书面证明称为批单。

(2) 批单填写的要求。

① 保险单号码。登录原保险单号码。

② 批单号码。以年度按顺序连贯编号,系统自动生成。
③ 被保险人。填写被保险人的称谓,应与原保险单相符。
④ 批文。批文按规定的格式填写,批改险种、保费计算公式等按照公司规定执行。

4. 批改的有关规定

(1) 业务人员接到投保人提出的书面变更申请后,对原保险单和有关情况进行核对并提出处理意见。

(2) 批改生效日期不得提前于批改录入的同期。

(3) 更换车辆不得进行批改,必须采取退保原车辆、重新承保的方式。

(4) 保险车辆要求全部险种或部分险种更换条款时,必须将原保险单按照短期月费率计算退保,再按照新条款、新费率以短期月费率计算保费,重新出具短期保险单,或以新条款、新费率计算保费并出具一年期保险单。

(5) 进行部分险种或全部险种的退保时,必须查询退保险种是否有未决报案信息;对于明确属于保险责任的,在被保险人领取赔款后方可退保。

(6) 凡机动车损失保险或机动车全车盗抢保险或自燃损失险或火灾、爆炸、自燃损失险(含加保及增加保额),必须按照规定验车。加保其他险种,必要时进行验车。

(7) 交强险除下列情况外,不得接受投保人解除合同的申请。
① 被保险机动车被依法注销登记的。
② 被保险机动车办理停驶的。
③ 被保险机动车经公安机关证实丢失的。
④ 投保人重复投保交强险的。

三、退保

1. 退保的概念

退保是指在保险合同没有完全履行时,经投保人向被保险人申请,保险人同意,解除双方由合同确定的法律关系,保险人按照《保险法》对合同的约定,退还保险单的现金价值。

投保人于保险合同成立后,可以书面通知要求解除保险合同。保险人在接到解除合同申请书之日起,接受退保申请,保险责任终止。

2. 退保人的资格

办理退保申请的资格人是投保人。如果被保险人申请办理退保,须取得投保人书面同意,并由投保人明确表示退保金由谁领取。

3. 退保人办理退保需要提供的文件

退保人办理退保需要提供以下文件。

(1) 投保人申请书,如被保险人要求退保,应提供投保人书面同意的退保申请书。

(2) 有效力的保险合同及最后一次缴费凭证。

(3) 投保人的身份证明。

(4) 委托他人办理的,应当提供投保人的委托书、委托人的身份证。

(5) 在保险单有效期内,该车辆没有向保险公司报案或索赔过可退保,从保险公司得到过赔偿的车辆不能退保,仅向保险公司撤案而未得到赔偿的车辆也不能退保。

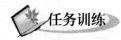

保险车辆承保

李先生在本市购买了一辆奥迪 A4L 轿车,主要用于上下班代步,接送上小学的儿子上学、放学。在节假日的时候还经常全家出去自驾游。但李先生家里并没有私人车库。请完成对李先生奥迪 A4L 轿车的承保业务。

请根据以上学习情景,扮演保险业务人员,借助汽车保险教学软件,录入投保信息,完成对李先生的承保业务。

李某于三年前购买了一辆捷达车从事出租车营运,并一直在当地保险公司投保。后感觉出租车营运工作太辛苦,便停止了营运工作。换工作后,捷达车只是作为李某上下班私用。请对此案例进行分析,李某应怎样处理原来的汽车保险?

1. 汽车保险的承保流程有哪些?
2. 汽车保险展业人员应具备的业务能力主要有哪些?
3. 汽车保险核保的主要内容有哪些?核保的主要方式有哪些?
4. 简述交强险各单证及使用范围。
5. 汽车保险批改的主要内容有哪些?

任务六 报案调度

任务目标

1. 学会利用沟通技巧与客户交流。
2. 掌握接听报案流程,对报案进行询问。
3. 能够操作客户报案管理软件并及时录入客户报案信息。
4. 能够准确地对案件类别进行快速识别,准确对查勘人员进行派工。

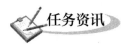

任务资讯

资讯一 受理报案

一、电话礼仪

(一)接听电话礼仪

1. 接听准备

电话被现代人公认为便利的通信工具,在日常工作中,使用电话的语言很关键,它直接影响着一个企业的声誉。保险公司接听报案人员必须保证 24 小时在岗,电话铃响 3 声以内接听。查勘人员接到查勘调度后,应在 5 分钟内主动与客户取得联系,确认并及时赶赴事故地点。在接听电话前,接听报案人员首先要做好接听电话的准备工作。

(1)准备报案记录表。如果接听报案人员没有准备好记录工具,那么当报案人打电话报案时,接听报案人员就不得不要求对方稍等一下,让报案车主在事故现场等待,这是很不礼貌的,同时也增加了客户的焦躁感。所以,接听报案人员在接听电话前,要准备好记录工具,例如,笔和报案记录表、电脑等。

(2)停止一切不必要的动作。不要让对方感觉到你在处理一些与电话无关的事情,对方会感到你在分心,这也是不礼貌的表现。

(3)使用正确的姿势。如果你的姿势不正确,不小心电话从你的手中滑下来,或掉在地上,发出刺耳的声音,也会令对方感到不满意。

（4）快速记录报案信息。报案时，车主会焦躁不安，作为接听报案人员要随着客户的叙述进行快速而准确的记录，根据不同保险公司的要求，有的要求记录在报案表，而有的则需要录入在电脑系统中。迅速准确的记录，可以让报案车主得到安慰，从而有效地缓解车主的紧张情绪。

2. 语调语气

（1）语音语调应尽量保持平稳、柔和，不可太高或太低，遇到客户投诉或客户情绪激动时更应注意语调的平稳。

（2）语调应亲切、热情，显示服务的积极性，避免声音平淡或有气无力。

（3）专业但不生硬，友善但不虚伪，礼貌但不卑微。

3. 礼貌用语

（1）"您好，×××保险公司！×××为您服务。"

（2）"请问您需要什么帮助？"

（3）"请问您的车辆是什么时间发生的事故？"

（4）"具体在什么地方？"

（5）"您现在在事故现场吗？"

（6）"请问您的保险单号是多少？"

（7）"请问被保险人名称是什么？请问您的车牌号是多少？车型是什么？"

（二）拨打电话礼仪

（1）称呼对方并问候，再陈述保险公司名称及接听报案人员的姓名。

（2）询问对方是否有时间与接听报案人员交谈。

（3）微笑并用礼貌用语。

（4）简洁、清晰地说明打电话目的。

（5）感谢客户接听电话，并等客户先挂断电话再挂机。

（6）在回访系统中记录或更新该客户的相关信息。

二、接听报案人员的工作内容

1. 出险报案

出险报案是指保险标的发生保险事故时，拨打全国统一的客服电话，向保险公司报案。具体询问内容如下。

（1）保险车辆的有关信息。保险单号码、被保险人名称、车牌号码、牌照底色和型号等。

（2）车险信息。车险时间、车险地点、出险原因、驾驶人姓名、事故经过和事故涉及的损失等。

（3）报案人信息。姓名、联系电话等。

（4）第三者车辆信息。

（5）查询、核对承保信息。

（6）查询历史出险、理赔信息。

（7）生成报案记录。

（8）填写有关单证，说明后续理赔安排。

2. 投诉建议

投诉建议是指客户对保险公司某方面服务不满,向客服反映。

3. 电话投保

电话投保是指客户可直接拨打客服电话进行投保,通常称"电销"。

4. 保险单查询

保险单查询是指客户拨打客服电话,对自己的保险信息进行查询。

5. 咨询

咨询是指客户拨打客服电话,了解关于保险、理赔、各种服务的信息等。

三、接听报案的一般流程

(一)接听报案的形式

1. 上门报案

上门报案是指客户亲自到保险公司来报案,由于电话报案的普及,此种情况目前一般不会出现。

2. 电话报案

电话报案是指客户直接拨打投保公司的客服电话进行报案,这是目前最普遍的报案方式。目前,保险公司大都设立了全国统一的客户电话。

(二)电话接听报案流程

1. 受理报案,查抄底单,核保客户身份

接听报案人员接到被保险人的报案后应在理赔系统"报案平台"立即查抄底单,与报案人核对被保险人名称、车牌号码、型号等信息,核实出险客户身份及承保信息(保险期限、承保险别、保费到账等情况),如果属于非保险标的、出险时间不在保险期限内、非保险险别等不承担责任的,则应耐心向客户解释。

2. 录入报案信息

如果属于本保险公司客户,出险时间、出险险别在保险范围内的有效保险单,详细询问、记录并在理赔系统"报案平台"中输入以下信息。

(1) 报案人姓名及与被保险人的关系、被保险人的有效联系方式等。

(2) 出险车辆的车牌号、车型(如报案所述与承保车型不一致在备注栏中标明)。

(3) 出险时间、出险地点、出险原因。

(4) 驾驶员姓名、联系方式等。

(5) 车辆损失及施救情况,车辆停放地点。

(6) 人员伤亡情况。包括伤者总人数、伤者姓名、送医时间、医院名称及地址;特别注意伤者身份(是第三者还是司机或乘客),伤情(住院、死亡、门诊治疗)。

(7) 受损财物种类、所有人名称及施救情况。

3. 与报案人重述相关重要信息

当案件相关信息询问结束后,接听报案人员应向报案人复述相关重要信息,比如,驾驶人员电话、报案地点等。

4. 选择案件类型、受理意见、自动生成报案号

根据报案损失情况,正确选择案件类型、受理意见,审核所输入的信息,例如,如果保险公司同意要受理案件,则保险公司相应人员要进行信息的确认并生成的报案编号等。

5. 告知注意事项及索赔流程,结束受理报案

生成报案号后应告知客户报案号的后面几位,以便进行后续处理;告知查勘人员要尽快与客户取得联系;同时,告知客户注意事项及索赔流程,比如现场等待查勘、报告交警处理等。

6. 非保险责任案件的处理

对于不属于保险责任的报案,接听报案人员也应积极收集客户信息,以便今后续保及客户服务用。对于有道德风险可能的案件,应尽可能询问更多的信息,掌握对本公司有利的证据,接听报案人员一般不可轻易拒赔。

四、接听报案的话术

接听报案人员在接听电话过程中,应对不同案件类型有不同的询问话术。下面列举部分常见案件的话术,在学习此部分内容的过程中应结合实际工作的视频等同步进行分析。

(一) 单方事故

1. 异常出险时间

(1) 出险时间距保险单起保日期7天之内。

① 操作要求。仔细聆听报案人的表述及吐字是否清晰。

② 话术要求。询问客户上一年度在哪家公司投保以及投保险种。

③ 话术示例。请问您的车险去年在哪一家公司投保的?投保了哪些险种?

④ 备注记录。上年在××公司投保,保险单号××××,投保险种为××××。

(2) 出险时间为夜间,需关注时间(21:00—3:00)。

① 操作要求。仔细聆听报案人表述及吐字是否清晰。

② 话术要求。询问报案人是否在现场,提示报案人公司理赔人员需查勘或复勘现场;须提供交警事故证明。

③ 话术示例。请问您现在是否在现场;请您根据查勘人员需要,配合查勘或复勘现场;请您向交警报案,并提供交警事故证明,这将对于您的案件处理有所帮助。

④ 备注记录。现场报案,报案人在现场等待;已要求提供交警事故证明;报案人表述清晰(或不清晰)。

2. 异常出险地点

在郊外、山区、农村等较为偏僻地点出险。

① 操作要求。仔细聆听报案人表述及吐字是否清晰。

② 话术要求。确认出险地点;请客户在现场等待,公司理赔人员将尽快与之联系。

③ 话术示例。请问您现在的出险地点是在什么地方,是否属于郊区(或山区或农村)?

④ 备注记录。客户出险地点为郊区或山区农村等,提示现场待查勘联系。

3. 异常报案人

(1) 报案人是非驾驶员以及报案人对驾驶员及出险情况不清楚的。

① 操作要求。如果为非案件当事人报案,需获取联系方式后再联系驾驶员了解出险经过。

② 话术要求。询问报案人与被保险人的关系;询问驾驶员,向驾驶员或其他知情人了解事故经过。

③ 话术示例。请问您和被保险人是什么关系;请问驾驶员现在在哪;请详细说明一下出险经过(如果对方不清楚,为更清楚地了解出险经过,可以请他接一下电话或请提供一下他的联系方式)。

④ 备注记录。报案人与被保险人的关系。

(2) 报案电话在系统内不同保险单项下出现次数累计3次及以上的案件。

① 操作要求。核对报案电话,在系统中查询是否为需关注电话,如果"是"记录,则提示调度通知查勘。

② 话术要求。询问报案人与被保险人的关系。

③ 话术示例。请问您和被保险人是什么关系;请问驾驶员是谁,与被保险人是什么关系?

④ 备注记录。报案号码累计出现过×次;报案人、驾驶员和被保险人的关系。

4. 异常出险频率

① 操作要求。仔细聆听报案人表述及吐字是否清晰。

② 话术要求。提示并与客户确认已多次出险,请被保险人亲自索赔并记录。

③ 话术示例。您好,由于您此次是第×次出险,为维护您的权益,请您之后亲自来我保险公司办理索赔手续。

④ 备注记录。此为客户第×次出险,已提醒申请办理索赔;记录报案人是否了解出险次数。

5. 高空坠物

① 操作要求。仔细聆听报案人表述及吐字是否清晰。

② 话术要求。询问坠落的具体物体;询问出险的具体地点,是否小区、停车场(是否收费,如是则保留相关凭据);提示报案人查找可能的责任方,并向责任方索赔;要求报警。

③ 话术示例。请问您的车是被什么物体砸到的;请问您的车是停放在什么地方的,是否收费(如果收费,则请保留好相关凭据);请尽快报警,并尽快查找相关责任方进行赔偿;请保护好现场,如果查勘员看过车后需要您补相关证明,则请配合。

④ 备注记录。坠落物体为何物;有(或没有)人看管(如有人看管已提示保留相关凭据);已提示报警查找责任方;已提示保护现场。

(二) 多方事故

① 操作要求。仔细聆听报案人的表述及吐字是否清晰。

② 话术要求。询问客户驾驶过程中是否有车距较近、逆行、变道超车、未按规定让行、开关车门、操作不慎等原因引起事故;询问事故中受损车辆数量,标的车在事故中的具体位置;询问其他事故车辆的号牌、车辆型号;提示客户如果没有其他事故车辆的信息,可能会影响到被保险人今后的索赔,所以建议尽快落实其他事故方。

③ 话术示例。请您简单描述一下事故经过;请问事故中有几辆车受损,您的车在事故中处在什么位置;请问此次事故是什么原因造成的;请问是否报交警处理还是使用快速撤离方式解决;请问其他车的号牌、车辆型号;请问双方车上是否有人受伤,几个人受伤,伤在什么部位,住院还是门诊;请问车辆目前所在位置。

④ 备注记录。记录出险描述,出险原因;报交警处理或快速撤离现场;车辆所在位置;车辆在事故中的位置,记录规则为:最后一辆(车型或者号牌)、中间一辆(车型或者号牌)、第一辆(车型或者号牌),例如,丰田—奥迪—本车—宝马。

(三) 倾覆

倾覆是指意外事故导致保险车辆翻倒(两轮以上离地、车体触地),处于失去正常状态和行驶能力、不经施救不能恢复行驶的状态。

① 操作要求。仔细聆听报案人的表述及吐字是否清晰。

② 话术要求。询问路况,如道路是否弯道、下坡等;天气(是否雨后湿滑等);倾覆的地点,如沟渠、农田、路边洼地等;提示客户保留现场,保险公司理赔人员会尽快联系客户;询问人员伤亡情况,如有则按人伤规则进行询问;涉及人伤,提示报交警处理。

③ 话术示例。请您详细描述一下当时发生事故的过程,地点;请问事发路段的路况怎么样;请问事发时的天气怎么样;请您在现场不要离开,保持好现场,立即报交警,我们的查勘人员会尽快与您取得联系;请问您的车辆哪个部位受损,情况如何;请问此次事故中有没有人员受伤,伤者现在情况如何,伤到哪里,几个人受伤,伤者姓名、性别、年龄,受伤是否严重,能否行走等。

④ 备注记录。出险过程中的特殊信息;特殊地点,如道路是否拐弯、下坡等;是否雨后湿滑等;已提醒保护现场,配合查勘,已提示建议报警;车辆现在所在位置;如果本车有人受伤,则应记录受伤相关信息。

(四) 盗抢

盗抢是指保险车辆全车被盗、被抢。

① 操作要求。需说明是被盗还是被抢。如被盗,需询问车辆停放地点是收费性质还是免费的。

② 话术要求。仔细聆听报案人叙述的事故经过并记录;如报案人述说与他人有债务纠纷,或者车辆曾经过户等情况,做记录,不要答复是否赔偿等敏感话题(对于本条情况,如报案人未提及,不可主动询问);询问行驶证等相关证件是否在标的车上;被盗时,询问车钥匙情况,客户手里有几把钥匙;被抢时,询问车上是否还有其他人员;提示客户尽快报警。

③ 话术示例。请问当时的事发经过是怎样的,是否为整车被盗;请问当时您的行驶证等证件是否在被盗车上;请问您现在手上还留有几把钥匙;被盗地点是否有人看管车辆;请问您车子是否有装载货物,是否有偿运输;请您尽快报告110或者公安刑侦部门;车主是否有债务情况或车辆有过户的情况(根据客户表达信息涉及谨慎询问)。

④ 备注记录。出险描述;证件丢失情况;留存钥匙数量;有(或没有)看管;有(或没有)装载货物,是(或不是)有偿运输;已提醒客户报警;车主是否有债务纠纷。

(五) 玻璃单独破碎

保险车辆发生车窗玻璃、天窗玻璃单独破碎的,保险公司按附加险条款规定负责赔偿。

① 操作要求。需要说明玻璃破碎的部位、原因,避免因碰撞造成的玻璃破碎混入其中。
② 话术要求。询问车辆的使用情况,玻璃爆破碎的原因,有无肇事方。
③ 话术示例。请问是什么原因造成玻璃受损,当时车辆状态;请问是否有肇事方;损坏玻璃部位是哪;请问车辆目前所在位置。
④ 备注记录。出险原因及当时车辆状态;有(或无)责任方;受损××部位;车辆现在所在位置。

(六) 划痕

无明显碰撞痕迹的车身表面单独损伤。
① 操作要求。询问车身划痕发现时间,被何物划伤;提示要对车辆进行估损,必要时必须查勘或复勘现场或提供相关证明。
② 话术要点。询问发现划痕的时间,被何种物体划伤。
③ 话术示例。请问您大概什么时间发现车子被划了;请问您的车辆受损部位是哪里;您知道是被什么物体划伤的吗?
④ 备注记录。发现车辆被划伤时间;受损部位是什么地方;客户推测是什么物体划伤的;已提示报警或告知客户,如查勘中要求报警则需客户配合。

(七) 火灾、自燃

火灾是指在时间或空间上失去控制的燃烧所造成的灾害;自燃是指符合条款规定由车辆本身起火的燃烧。
① 操作要求。询问起火时间,起火点在什么位置;如果是货车询问是否载货,具体载的是什么;提示客户提供消防证明。
② 话术示例。请问大概是因为什么原因起火的,起火点在什么位置;请问当时是否装载货物,装载的是什么货物(货车);此类事故索赔时要求提供起火原因证明,即消防证明,所以麻烦您报警后取得相关证明便于索赔。
③ 备注记录。出险描述,从何处烧起的,货车装载货物情况,已提醒客户开立相关证明。

(八) 自然灾害

自然灾害一般包括暴风、龙卷风、雷击、雹灾、暴雨、洪水、海啸、地陷、冰陷、崖崩、雪崩、泥石流、滑坡、载运车辆的渡船遭受自然灾害等危险。
① 话术要求。询问具体的灾害类型,车辆受损的具体情况。
② 话术示例。请您简单描述下事故经过;请问是由于什么原因造成此次事故的;如果查勘员看车后需要您提供相关部门的证明麻烦您配合(如报纸等媒体有相关报道的也可以);请问车辆目前所在位置。
③ 备注记录。出险描述,已告知客户如需出具相关证明需配合,车辆现在所在位置或者已经推荐到定损点的地址。

(九) 水淹、涉水

① 操作要求。告知客户不要起动车辆,等待救援。
② 话术要点。告知客户不要起动车辆,等待救援;询问目前水淹到车身的位置,涉水的具体情形。
③ 话术示例。请您不要起动车辆,把车辆推到地势较高地方,或等待施救车救援;请问

是什么原因造成车子被水淹到的(主要区分是否是由于洪水、暴雨等自然原因还是非自然因素的路面积水所造成的等);请问您的车目前被水淹到车身的什么位置。

④ 备注记录。出险描述,水深位置,已提醒客户相关施救要求。

(十) 第三者逃逸

① 操作要求。了解具体经过,记录客户能想起的相关信息;提示客户尽快报警,并提供相关证明。

② 话术示例。请问您的车是在什么地方发生的事故;请问您是什么时间发现车子受损的;当时有其他的目击证人吗?可否提供相关信息及联系方式;请您尽快报警,并提供事故证明。

③ 备注记录。出险描述,可提供目击证人的联系信息,已提醒客户开立相关证明。

(十一) 车上货物

① 话术要点。询问车上运载的具体货物,装货时间,运输路线;提示客户保留货物相关凭证,如装载清单、运单等。

② 话术示例。请问您车上运载的是什么货物,什么时候装载货物的,请问您是打算从哪里运输到哪里的;请问当时车上有几个人;请您保留好货物相关凭证,例如,装载清单等。

③ 备注记录。车上货物及运载时间、起止地点;车上人员情况;已经提示告知;客户保留相关凭证。

(十二) 第三者物损

① 话术要点。询问撞的具体物体,大概损坏情况;询问车辆的碰撞部位;提示客户尽快报警;提示客户配合查勘或复勘现场。

② 话术示例。请问您是撞到什么物体;物体有哪些损坏,估计损失金额大概多少;请问您的车辆哪些部位受损;请您立刻报警。

③ 备注记录。第三者物损情况,已提醒报警。

五、接听报案示例

情景导入——单方碰撞事故

2016年9月1日,王先生(小姐),驾驶标的车黑A×××××行驶在西大直街76号时,躲一行人,不慎撞到电线杆上。

客户报案

报案中心07号话务员(以下简称07):您好,××保险公司,07号为您服务。

客户:你好。我的车出险了。

07:您好,请告诉我您的保险单号或是车牌号码。

客户:我的保险单号是208210101130335002045。

07:稍等,我给您查询一下。

07:先生(小姐)你好,被保险人是××吗?

客户:是的。

07:好的,我记录一下您的出险信息。驾驶员姓名?

客户:我叫×××。

07:什么事故?

客户:撞电线杆上了。
07:有人员受伤吗?
客户:没有。
07:什么时间发生的事故?
客户:上午11点多。
07:在什么地方?
客户:西大直街76号。
07:请您叙述一下出险经过。
客户:我上午11点多,开车行驶在西大直街76号时,为躲避一行人,不慎撞到电线杆上。
07:您车都什么位置损坏了?
客户:我的车右前部受损,损失不重。
07:您现在还在现场吗?
客户:是的。
07:好的,您稍等,请保护好现场,稍后我公司查勘和定损人员会与您联系,请问您还有什么需要帮忙?
客户:没有了。
07:谢谢您的来电,再见!
客户:再见。
(对话完毕,点击报案中心,对报案信息进行录入。)

资讯二 调度派工

调度派工是受理报案结束后,保险公司安排查勘人员和定损人员对人伤情况及车辆、财产损失等进行查勘跟踪和定损的过程。调度对时效要求非常高,一般在几分钟内完成,以确保查勘人员能及时与客户联系,告知客户相关注意事项。

由于查勘人员在收到任务未查勘之前无法判断事故的情况及相关风险点,所以调度人员是受理报案与查勘员之间的桥梁,调度人员将报案提供的信息转告给查勘人员,并提示相关风险点,以便查勘人员能准确高效地处理案件。

一、调度派工的种类

(一)按调度级别分类

现在大部分车险公司都是由保险公司自己的查勘人员和定损人员查勘定损,调度人员只需直接调度查勘人员;部分公司将其查勘和定损工作委托公估公司,调度人员直接把任务派工给公估公司,由公估公司派给其查勘人员和定损人员。

1. 一级调度

一级调度是指调度人员将案件直接派工给本公司查勘人员和定损人员处理。

2. 二级调度

二级调度是指调度人员将案件派给委托的公估公司,由公估公司给保险公司调度查勘定损人员。

（二）按损失类型分类

对于不同类型的案件需要不同专业背景的查勘人员和定损人员处理，调度人员应根据案件损失情况派工。人伤查勘与车损、物损查勘区别较明显，车损与物损一般为同一人处理。

1. 车损调度

车损查勘员仅对车损进行查勘。

2. 物损调度

物损查勘员仅对事故相关财产损失进行查勘。

3. 人伤调度

人伤查勘员仅对事故造成的人员伤亡进行查勘跟踪。

（三）按查勘点分类

保险公司根据案件损失类型及损失程度情况建立不同受信级别查勘机构，比如玻璃店、合作修理厂等，通过合理理赔网点建设提高理赔服务水平。

1. 玻璃店

保险公司与部分信誉较好、规模较大的汽车玻璃厂商都建立了合作关系。当承保标的发生玻璃单独破碎事故后直接推荐至合作玻璃店，玻璃店按照保险公司的要求对车辆进行定损工作，并且办理委托理赔手续。被保险人可以不支付现金，大大方便了理赔。

2. 定点定损点

随着各地对交通事故快速处理的实施，各地建立不了较多快速处理服务中心，各保险公司都安排了驻点查勘人员。当保险事故符合快速处理要求，保险公司受理报案人员将推荐至离事故地点最近的快速处理中心查勘和定损，调度人员需将案件调度交给查勘点人员。

3. 合作修理厂

保险公司对于信誉较好的合作修理厂根据理赔网点的需要授信一定额度的查勘权限，保险公司将根据修理厂提供的损失照片等相关信息实行远程网上定损。

4. 物价鉴定机构

当保险公司对于部分损失无法或没有能力定损时，将委托给相关具有权威鉴定机构进行估价。

二、调度派工的流程

1. 查找待调度案件

调度人员应不停地刷新待调度案件，发现有待调度案件应及时调度。良好的服务水平要求高效的调度，以确保客户能第一时间与查勘员联系，正确处理好事故。

2. 了解案情

调度人员打开调度案件后，应快速了解案情。确定案件类型准确调度，并发觉案件风险点，以便转告现场查勘人员。

3. 联系查勘人员和定损人员，告知案情及风险点

当调度人员确定了派工方案后应及时联系查勘人员和定损人员，告知查勘人员和定损人员案件的基本情况，案件风险点。

(1) 告知查勘人员的重要事项。
① 事故描述。
② 标的车型及其他事故方信息。
③ 事故方损失情况。
④ 报案驾驶员姓名。
⑤ 事故处理人员联系电话。
⑥ 优先处理案件。
⑦ 查勘地点。
(2) 特别风险点提示列举。
① 起保近期出险。
② 多次出险(出险次数)。
③ 保险公司关注风险驾驶员。
④ 保险公司关注风险报案号码。
⑤ 超时报案。

4. 系统派工

调度人员联系查勘人员后应在系统内派工,把案件任务调到该查勘人员的查勘平台,以便查勘人员对案件进行后续处理,调度任务结束转给下一查勘环节。

5. 任务改派

当系统派工后对于部分案件由于客观原因该查勘人员无法查勘,调度人员应及时安排其他查勘人员完成该任务。同时,在系统内完成任务改派,以确保该案件在实际中有相应的人员进行处理。

三、调度示例

报案中心通知查勘人员

查勘人员:您好。

调度09:您好,这里有一起案件需要您处理一下。

查勘人员:请问报案号码是多少?

调度09:报案号是××××。

查勘人员:请问在什么位置?

调度09:在西大直街76号。

查勘人员:具体什么事故?

调度09:躲避行人时撞到电线杆了。

查勘人员:请问客户购买了哪些汽车保险的险种?电话号码是多少?什么车?

调度09:有机动车损失保险,电话号码是1384673××××,×××车。

查勘人员:好的,谢谢。

调度09:稍后短信发给您,再见。

(与查勘人员沟通后,确定无误,调度到查勘人员相应的查勘平台,点击调度平台界面,对案件进行调度。)

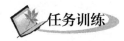

接听报案及调度模拟

1. 询问案情。
(1) 保险车辆的有关信息。保险单号码、被保险人名称、车牌号码、牌照底色和厂牌型号等。
(2) 车险信息。车险时间、车险地点、出险原因、驾驶人姓名、事故经过和事故涉及的损失等。
(3) 报案人信息。姓名、联系电话等。
(4) 第三者车辆信息。
2. 查询、核对承保信息。
3. 查询历史出险、理赔信息。
4. 填写并生成报案记录。
5. 接听报案人员打电话通知查勘人员和定损人员赶赴事故现场,完成查勘调度工作。
6. 在情景模拟过程中,各小组结合自己设计的案例进行报案记录表的填写。

机动车保险报案记录

保险单号: 报案编号:

被保险人:		号牌号码:		牌照底色:	
厂牌型号:		报案方式:□ 电话 □ 传真 □ 上门 □ 其他			
报案人:	报案时间:	联系人:		联系电话:	
出险时间:	出险原因:	是否第一现场报案:□ 是 □ 否			
出险地点:		驾驶人员姓名:		准驾车型:	
驾驶证初次领证日期:		驾驶证号码: □□□□□□□□□□□□□□□□□□			
处理部门: □ 交警 □ 保险公司	□ 其他事故处理部门 □ 自行处理	承保公司:		被保险人类别:	
事故经过					
涉及损失类别	□ 本车损失 □ 本车车上人员伤亡 □ 第三者车辆损失 □ 第三者车上财产损失			□ 本车车上财产损失 □ 第三者其他财产损失 □ 第三者人员伤亡 □ 其他	
联系人:		固定电话:		移动电话:	

1. 试描述接听报案人员的工作内容。
2. 总结多方事故的话术要点。
3. 车险调度按不同的分类标准可以分为哪几类?
4. 试分析接听报案的一般流程。
5. 制作盗抢险的话术模板。

任务七 车险查勘

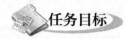

任务目标

1. 接到派工后能及时与报案人取得联系,能安抚事故人并交代安全注意事项,且能够在规定时间内安全到达现场。
2. 能够运用沟通技巧,获取保险标的发生事故的时间、经过,并记录查勘的过程。
3. 能够查明出险车辆的情况,验证相关证件,能够判断事故车辆与证件的真实。
4. 掌握现场拍照、绘图、录音等技能,能够真实地反映事故现场。
5. 能够规范缮制查勘记录。

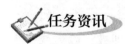

资讯一 现场查勘概述

一、交通事故现场分类

根据发生事故后现场的变化情况,交通事故现场可分为原始现场、变动现场和恢复现场。

1. 原始现场

原始现场也称第一现场,是指事故现场的车辆、物体以及痕迹等,仍保持着事故发生后的原始状态,没有任何改变和破坏。这种现场保留了事故的原貌,可为事故原因的分析与认定提供直接证据,是现场查勘最理想的出险现场。

2. 变动现场

变动现场是指由于某种原因,使事故的原始状态发生部分或大部分更改。更改事故原始状态的原因很多,通常有如下几种情形。

(1) 正常变动现场。

① 抢救受伤者。为了抢救事故受伤者而移动有关物体的位置或变更死者原来的倒卧位置。

② 保护不当。由于未及时封闭现场,有关痕迹被来往车辆和行人碾踏,使痕迹不清或消失。

③ 自然破坏。由于雨、下雪等自然因素,使事故痕迹不清或消失。

④ 允许变动。有特殊任务的车辆,如消防、警备、救险等在执行任务过程中出险后,需驶离现场,致使出险现场发生变化。

⑤ 在一些主要交通干道或城市繁华地段发生的交通事故,为疏导交通而导致出险现场变化。

⑥ 车辆驶离。发生事故后,驾驶员无意(未发觉)或有意(逃避责任)将车辆驶离现场。

从现场查勘要求上讲,由于原始现场保持了事故发生后的本来面貌,因此原始现场便于取得可靠资料。一般情况下,事故发生后应尽可能维持原始状态,即使是为了抢救受伤人员,也应注意尽量不触及与抢救无关的物体或痕迹。

(2) 伪造现场。伪造现场指事故当事人为逃避责任或嫁祸于人,有意改变现场遗留物原始状态的现场,或为骗取保险赔偿费而刻意制造(摆放)了一个现场。

(3) 逃逸现场。逃逸现场指事故当事人为逃避责任而驾车逃逸,导致事故现场原貌改变的现场。

3. 恢复现场

恢复现场是指事故现场撤离后,为分析事故或复查案件,需根据现场调查记录资料重新布置恢复的现场。在保险查勘中,时常碰到被保险人或保险事故当事人对保险人现场查勘要求不甚了解,以至于对一些单方的车损事故未保存原始现场。然而保险人为了规避风险,通常要求被保险人或当事人提供原始现场,这就出现了恢复原始现场。即被保险人或当事人为了证明保险事故的真实性,而将保险车辆恢复到保险事故发生时的"原始"状况,为与前述的原始现场相区别,这种现场一般称为恢复现场。

二、汽车保险事故的类型

了解常见的交通事故类型,对于查勘人员和定损人员来说,可以起到很大的作用。

1. 城市交通事故类

(1) 直行事故。在市区非主要路口及边远郊区,由于没有安装红绿灯,直行车辆发生事故的概率较大,约占事故总数的30%。

(2) 追尾事故。多发生在遇红灯急停车时由于前后车距过近而追尾,或在雨雾天气下追尾,约占事故总数的13%。

(3) 超车事故。开的较快一方在试图超越较慢一方时与对面来的车相撞,或与突然横穿的行人、骑车人相撞而导致;夜间超车时遇对向车炫目灯光,亦常造成事故,约占事故总数的15%。

(4) 左转弯事故。交叉路口左转弯时,交织点多,出现车与车、车与行人冲突的可能性增大,常引发事故,约占事故总数的25%。

(5) 右转弯事故。在巷道的进出口、单位大门的进出口和一些十字路口，是右转弯事故的多发之处，约占事故总数的20%。

2. 山区公路交通事故类

(1) 窄道事故。由于山区公路等级低，加之塌方、损坏失修，多显路径狭窄。行驶车辆不减速，会车不礼让、抢先行等情况，往往会导致事故。

(2) 弯道事故。行驶弯道，若车速过快、超载或操作失误，则易造成事故。

(3) 坡道事故。行驶坡道，常见车辆前溜或后溜，这往往是超载车辆或"病"车，一旦操作失误，则难免发生事故。

3. 干线公路交通事故类

我国干线公路密布山区和乡镇，但较少划中心线和快慢分道线，由此引发常见事故。

(1) 会车事故。由于一般车辆均居路中行驶，一旦车速快而会车不注意礼让，临近才避躲，则往往不及时，导致相撞。

(2) 超车事故。居路中行驶，前有一方超车，若措施不及或操作失误，则难免相撞。

(3) 停车事故。干线路窄而不随意停车多，尤其在夜间，一旦停车不开尾灯，或车周边未安置警醒物，过往车辆则易于停车相碰撞而导致事故。

三、现场查勘的目的

1. 查明事故的真实性

(1) 指导客户填写《机动车辆保险简易赔案处理单》，要求驾驶员填写详细的出险经过，了解事故发生的时间、地点、原因、经过及结果。

(2) 现场查勘。事故发生后，无论是汽车之间，还是汽车与固定的物体，或汽车与行人之间，甚至汽车自身的事故，都会或多或少地在车体上留下痕迹。

查勘人员到达现场后须对现场的肇事汽车、地面、伤亡人员以及碰撞物体，进行认真仔细地勘查，寻找和确定事故的接触部位，仔细观察事故痕迹和物证的形态和特征。根据当事人描述、现场的细节综合判断案件的真实性，排除非本次事故损失。对存在疑点或与报案不符的事项做重点调查，必要时对当事人或目击人做询问笔录。

2. 确认标的车辆

(1) 查验保险单或保险卡。包括确认出险车辆是否在保险公司承保；确认是否在保险期限内；确认是否投保符合该案件保险责任的险种。

(2) 查验当事驾驶员驾驶证和机动车行驶证。包括临时移动证、临时牌照；检查驾驶员是否有合格的驾驶证，查验驾驶证是否在有效期内，是否与准驾车种相符，核对驾驶证照片与驾驶员是否一致；是否是保险单约定的驾驶员驾驶车辆；特种车辆出险，检查驾驶员是否有相关部门核发的操作证；查验行驶证是否已年检合格。

(3) 查明出险车辆的情况和车辆使用性质。包括核对保险车辆和第三者车辆的车型、车牌、车架号、发动机号，并与保险单及行驶证一一核对。如果车牌号一致，车架号、VIN码、发动机号完全不同，立即向客户做笔录，查明实际情况，防止套牌骗取保险费，查验车辆是否运载危险品、是否超载;查验车辆结构有无改装或加装;对于挂车,应查验车头和挂车两个牌照是否都在保险公司投保。

(4) 如果客户没有携带保险单或保险卡,可与保险公司客服联系,核对车辆信息。

(5) 如果行驶证或驾驶证被交警扣留,应查验暂扣证。

3. 确定标的车在事故中的责任

道路交通事故认定应当做到程序合法、事实清楚、证据确实充分、适用法律正确、责任划分公正。公安机关交通管理部门应当根据当事人的行为对发生道路交通事故所起的作用以及过错的严重程度,确定当事人的责任。

(1) 因一方当事人的过错导致道路交通事故的,承担全部责任。

(2) 因两方或者两方以上当事人的过错发生道路交通事故的,根据其行为对事故发生的作用以及过错的严重程度,分别承担主要责任、同等责任和次要责任。

(3) 各方均无导致道路交通事故的过错,属于交通意外事故的,各方均无责任。

公安机关交通管理部门应当自现场调查之日起 10 日内制作《道路交通事故认定书》。对于交通肇事逃逸案件,在查获交通肇事车辆和驾驶人后 10 日内制作《道路交通事故认定书》。对需要进行检验、鉴定的,应当在检验、鉴定结论确定之日起 5 日内制作《道路交通事故认定书》。

发生死亡事故,公安机关交通管理部门应当在制作《道路交通事故认定书》前,召集各方当事人到场,公开调查取得证据。证人要求保密或者涉及国家秘密、商业秘密以及个人隐私的证据不得公开。当事人不到场的,公安机关交通管理部门应当予以记录。《道路交通事故认定书》应当由办案民警签名或者盖章,加盖公安机关交通管理部门道路交通事故处理专用章,分别送达当事人,并告知当事人向公安机关交通管理部门申请复核、调解和直接向人民法院提起民事诉讼的权利、期限。

4. 图解典型交通事故责任认定

(1) 如果驾驶员要掉头,记得一定要让直行车先行,如果发生剐蹭或碰撞,不让行的掉头车要负全责,如图 7-1 中的掉头车辆,就是典型的全责。

图 7-1 掉头车负全责

（2）转弯车辆要让直行车先行，无论是左转还是右转，都是同理。图7-2中的右转车不让直行车，就是负全责。

图7-2　右转车负全责

（3）此外，还有一种情况，在十字路口右转的车辆，要让对面左转的车辆先行。图7-3所示的就是这种情况，右转的车要让对面的白色车先行，否则出现剐蹭右边的车将负全责。

图7-3　右转车应让左转的车辆

（4）在没有信号灯的路口，要让右方通过的车先行通过，否则就是全责，如图7-4所示右边的车就是全责。

图7-4　没信号灯的路口应让右侧的车辆先行

（5）进入环岛，要让岛内的车先行，如图7-5所示。

图 7-5 进入环岛要让岛内的车辆先行

（6）两车同时向中间并线，左侧车要让右侧车先行。图 7-6 中的左侧车辆，未让行右侧的白车，因此是全责。

图 7-6 同时并线时左侧车应让右侧车辆

（7）在辅路行驶的车要让主路车辆先行驶出主路，责任要根据变线的情况来区分。变线时，切入的车辆要让行直行车，但是主路转到辅路的情况则是要优先主路车辆，如图 7-7 所示。

图 7-7 辅路的车应让行主路驶出的车辆

（8）停靠路边的车辆，开门时一定要注意后方来车，否则开门一旦剐蹭到其他正常行驶的车辆，将负全责，如图 7-8 所示。

图 7-8　停靠路边的车辆开车门应让行后边驶来的车辆

（9）超车一定要从左侧超，右侧超车如果发生事故，将负全责，如图 7-9 所示。

图 7-9　从右侧超车负全责

（10）不得超越正在超车的车辆，所以司机在看到右侧车前有障碍车时，一定要给它留出足够空间，不然发生剐蹭将要负全责，如图 7-10 所示。

图 7-10　不得超越正在超车的车辆

（11）在有障碍物的路段，无障碍的一方先行；如果有障碍的一方先驶入障碍路段，那么无障碍一方要让行。这种情况判定起来是比较微妙的，还是建议大家按照顺序礼让，如图 7-11 所示。

图 7-11　有障碍的车辆应让无障碍侧的车辆

（12）遇到狭隘的山路，靠山体一侧的车，要让不靠山体的一方（即悬崖一侧）先行。这是为了防止悬崖一侧的车因为让行而滑落山下。

5. 确定事故的保险责任

依据近因原则及案件调查后的结论，判定事故是否属保险责任，属何险种的赔偿范围。

6. 确认事故的损失

通过对受损车辆的现场查勘，分析损失形成的原因，确定该起事故中造成的标的车及第三者的损失范围。通过对第三者受损财物的清点统计，确定受损财物的型号、规格、数量以及受损程度，为核定损失提供基础资料，损失较小者可以现场确定事故损失。

四、现场查勘的方法

1. 沿着车辆行驶路线查勘法

沿车辆行驶路线查勘法要求事故发生地点的痕迹必须清楚，以便能顺利取证、摄影、丈量与绘制现场图，进而能准确确定事故原因。

2. 从内向外查勘法

范围较小的现场，肇事车辆和痕迹相对集中的现场，可以肇事车辆和痕迹集中的地点为中心，采取由内向外查勘的方法。此时，可由事故中心点开始，按由内向外顺序取证、摄影、丈量与绘制现场图，进而确定事故原因。

3. 从外向内查勘法

范围较大的现场，肇事车辆和痕迹物证相对分散，为防止远处的痕迹被破坏，可以从现场外围向中心，即由外向内查勘。此时，可按由外围向中心的顺序取证、摄影、丈量与绘制现场图，进而确定事故原因。

4. 分段查勘法

对车辆痕迹比较分散的重大事故现场，可以从事故发生的起点向终点分段推进勘查或从痕迹、物证容易受到破坏的路段开始勘查。现场查勘的重点是收集和提取能够判明事故发生原因和责任的痕迹、物证。

资讯二　现场查勘流程

现场查勘是指运用科学的方法和现代技术手段，对保险事故现场进行实地勘察和查询，将事故现场、事故原因等内容完整而准确地记录下来的工作过程。现场查勘是查明保险事故真相的重要手段,是分析事故原因和认定事故责任的基本依据,也为事故损害赔提供了证据。因此,各保险公司建立了系列科学合理的服务网络,配备了完善的查勘工具,有一定数量且经验丰富的查勘人员,予以保证现场查勘工作的快速、有效地进行。

查勘人员所采用的现场查勘技术是否科学、合理,是现场查勘工作成功与否的关键,直接关系到事故原因的分析与事故责任的认定,以及后续定损的依据。现场查勘工作是提高保险公司信誉,把好理赔出口关的重要环节。现场查勘工作质量的好坏,直接影响保险合同双方当事人的利益。在现场查勘过程中,查勘人员要尊重事实,严格按照国家有关法规及保险条款办事,掌握和熟悉现场查勘方法,妥善解决处理各类现场查勘中的实际问题。

一、查勘人员基本要求

现场查勘人员的工作是理赔流程中的现场查勘、填写查勘报告和初步确定保险责任,是整个理赔工作的中前期工作,它关系到本次事故是否是保险事故、保险人是否应该立案,从而关系到保险人的赔款准备金等。

查勘工作未做好,整个理赔工作就会很被动,后面的工作甚至无法进行,所以现场查勘工作是保险理赔工作的重中之重。由于现场查勘中包含众多保险知识和汽车知识,并且查勘人员又是外出独立工作,所以对现场查勘人员有下列要求。

1. 良好的职业道德

查勘工作的特点是与保险双方当事人的经济利益直接相关,而它又具有相对的独立性和技术性,从而使查勘人员具有较大的自主空间。目前,一些不良的修理厂、被保险人会对查勘人员实施各种方式的利诱,希望虚构、谎报或高报损失,以获得不正当利益。对查勘人员的职业道德要求就需要查勘人员做到以下几点。

(1) 查勘人员要加强自身修养,使自己树立起建立在人格尊严基础上的职业道德观念。

(2) 保险公司也要加强内部管理,建立和完善管理制度,形成相互监督和制约的机制(如双人查勘、实行查勘和定损分离等)。

(3) 采用定期和不定期审计和检查方式,对检验人员进行验证和评价,经常走访修理厂和被保险人,对被保险人进行问卷调查以了解其工作情况。

(4) 加强法制建设,维护法律的尊严,维护保险公司的合法利益,加大执法力度,对于违反法律的查勘应予以严厉的处分。

(5) 实施查勘人员和定损人员的准入制度,使查勘人员收入和劳动与技术输出相适应,实现绩效考核制度。

2. 娴熟的专业技术

车辆查勘人员需要具备的专业技术,主要包括汽车构造和修理工艺知识,与交通事故有关的法律法规以及处理办法,汽车保险的相关知识。这些都是作为一个查勘人员分析事故原因、分清事故责任、确定保险责任范围和确定损失所必需的知识。

3. 丰富的实践经验

一方面,丰富的实践经验能够有助于查勘人员准确地判断损失原因,科学而合理地确定修理方案;另一方面,在事故的处理过程中,丰富的实践经验对于施救方案的确定和残值的处理也会起到重要的作用。同时,具有丰富的实践经验对于识别和防止日益突出的道德风险和保险欺诈有着十分重要的作用。

4．灵活的处理能力

尽管查勘人员是以事实为依据，以保险合同及相关法律法规为准绳开展工作，但是，有时各个关系方由于利益和角度的不同，往往产生意见和分歧，甚至冲突。而焦点大都集中表现在查勘人员的工作上，所以，查勘人员应当在尊重事实、尊重保险合同的大前提下，灵活地处理保险纠纷，尽量使保险双方在"求大同，存小异"的基础上对保险事故形成统一的认识，使案件得到顺利的处理。

二、查勘现场的要求

1．及时迅速

现场查勘是一项时间性很强的工作，赶赴现场必须迅速、及时。现场查勘要力争在发案后短时间内遗留的痕迹、物证明显清晰的有利条件下抓紧进行，绝不能拖延时间。否则，可能会造成由于人为和自然的原因，使现场遭到破坏，失去查勘良机，贻误收集证据的时间，给事故的调查、处理工作带来困难。因此，事故发生后查勘人员要用最快的速度赶到现场。

2．细致完备

现场查勘是事故处理程序的基础工作。现场查勘一定要做到细致完备、有序，细致地查勘现场是获取现场证据的关键。查勘过程中，不仅要注意发现那些明显的痕迹证物，而且，特别要注意发现那些与案件有关的不明显的痕迹证物。切忌走马观花、粗枝大叶的工作作风，以免由于一些意想不到的过失使事故复杂化，使事故处理陷于困境。此外，还得特别注意当事人对事故叙述的关键对白是否符合常理（事故逻辑）。

3．客观全面

在现场查勘过程中，一定要坚持客观、科学的态度，要遵守职业道德。在实际中可能出现完全相反的查勘结论，要积极地加以论证，要尽力防止和避免出现错误的查勘结果。

4．文明服务

在现场查勘过程中，要爱护公私财物，尊重被讯问、访问人的权利，尊重当地群众的风俗习惯，注意社会影响，维护公司形象。

三、现场查勘的准备

1．查阅抄单

（1）保险期限。根据报案信息，查勘人员查验保险单，确认出险时间是否在保险期限之内。对于出险时间接近保险起止时间的案件，要做出标记，列为疑似案件，将重点进行核实。

（2）承保的险种。查勘人员在查验保险单记录时，重点注意以下问题。

① 车主是否只承保了机动车第三者责任保险。

② 对于报案称有人员伤亡的案件，注意车主是否承保了机动车车上人员责任保险，机动车车上人员责任保险是否为指定座位。

③ 对于火灾引发的车损案件，是否承保了自燃损失险。

④ 对于与非机动车的碰撞案件，是否承保了无过失责任险。

(3) 新车购置价、保险金额、责任限额。查勘人员记住抄单上的新车购置价,以便现场查勘时,对比保险单金额与实际新车购置价是否一致。从抄单的新车购置价和保险金额上可以确定投保比例,注意各险种的保险金额和责任限额,以便做到现场查勘时心中有数。

(4) 交费情况。查勘人员要注意保险费是否属于分期付款,是否依据约定缴足了保险费。

2. 阅读报案记录

查勘人员要重点注意以下信息,下述内容不应有缺失,如有缺失应向接听报案人员了解缺失原因及相应的情况。

① 被保险人名称,保险车辆车牌号、车型。
② 出险时间、地点、原因、处理机关、损失概要。
③ 被保险人、驾驶员及当事人联系电话。
④ 查勘时间、地点。

3. 携带查勘资料及工具

(1) 资料。资料部分主要包括:出险报案表、保险单抄件、索赔申请书、报案记录、现场查勘记录、索赔须知、询问笔录、事故车辆受损确认书。

其他参考资料有《机动车辆保险索赔须知》《零件目录》《维修手册》《碰撞估价指南》等。

(2) 工具。查勘用的工具主要包括数码相机、手电筒、卷尺、砂纸、医药箱、反光背心、三角警示牌、录音笔、签字笔、记录本及查勘车等。

4. 现场查勘(调查取证)的主要内容

(1) 核实出险时间。出险时间的确定非常重要,它关系到是否属于保险责任,查明出险时间的主要目的是判断事故是否发生在保险期限内。对接近保险期限起止时间的案件应特别注意,要做出标记,列为疑似案件,应认真取证,重点进行查实,排除道德风险。

为获得真实出险时间,应仔细核对公安部门的证明及向当地群众了解的事故情况与当事人的陈述时间是否一致,同时要详细了解车辆的启程时间、返回时间、行驶路线与目的、伤者住院治疗时间等,并核实是否符合客观实际。如果涉及装载货物出险的,则还要了解委托运输单位的装卸货物时间及货运单等。

对出险时间和报案时间进行比对,看是否在48小时之内。如果报案时间已远在出险时间之后(例如在出险后的第二天报的案),则还应重点查实报案延后的主客观原因,是否存在主观意识上的故意(包含:无证或酒后驾驶后驾驶员调包、伪造现场等本可以是被拒赔或减赔的客观事实)。

确定出险时间有时还可对事故原因的判断提供帮助。尤其是在一些特定时间(如每天,尤其是节假日的12点至15点、18点至22点、23点至次日凌晨2点),对一些特定的驾驶群体(如青壮年的男性驾驶员、营销人员等),出险后应考虑是否存在酒后驾车问题,设法与公安人员一起取证。

(2) 核实出险地点。出险地点分为高速公路、普通公路、城市道路、乡村便道和机耕道、场院及其他,查勘时要详细写明。查明以上出险地点,主要是判断事故是否在此处发生,如果不是,要查明变动的主、客观原因。尤其是对擅自移动出险地点或谎报出险地点的,必须排除道德风险。同时,确定出险地点还可确定车辆是否超出保险单所列明的行驶区域,是否属于在责任免除地发生的损失,例如,车辆在营业性修理场所、收费停车场出险等。

(3) 核实出险车辆。查明出险车辆的情况,首先是查明车型、牌照号码、发动机号码、VIN 码/车架号码、行驶证,详细记录事故车辆已行驶公里数、车身颜色,并与保险单或批单核对是否相符。同时,要查实车辆出险时的使用性质是否与保险单记载的一致,以及是否运载危险品,车辆结构有无改装或加装。如果是与第三方车辆发生事故,则还应查明第三方车辆的基本情况。

(4) 核实驾驶员情况。要求查勘时要查清驾驶员(包括多方肇事者)的姓名、驾驶证号码、准驾车型、初次领证时间、职业类型等,具体如下。

① 驾驶证的有效性及真伪。

② 是否为被保险人或其允许的驾驶员。

③ 是否为保险合同中约定的驾驶员。

④ 查验驾驶员的准驾车型与实际是否相符。

⑤ 查勘高速公路车险事故,务必注意查验驾驶员初次领证时间,确定是否在实习期内。

⑥ 特种车辆出险要查验驾驶员是否具备国家有关部门核发的有效证件。

⑦ 对驾驶营运性客车的驾驶员要查验是否具有国家有关行政管理部门核发的有效资格证。

(5) 出险原因与事故经过。出险原因必须是近因,近因原则是保险的基本原则,如果近因是保险责任,则是保险事故;反之,则不是保险事故。因此,查明事故原因是现场查勘的重点,要深入调查,利用现场查勘技术进行现场查勘,并采取多听、多问、多看、多想、多分析的办法,索取证明,收集证据,凡是与事故有关的重要情节,都要尽量收集以反映事故全貌,进而全面分析事故出险原因是否是保险条款列明责任。

对驾驶人员有饮酒、吸食或注射毒品、被药物麻醉后使用保险车辆或无照驾驶、驾驶车辆与准驾车型不符、超载等嫌疑时,应立即协同公安交管部门获取相应证人证言和检验证明。

对于所查明的事故原因,应说明是客观因素还是人为因素,是车辆自身因素还是车辆以外因素,是违章行驶还是故意违法行为。

对于复杂或有疑问的理赔案件,要走访有关现场见证人或知情人,了解事故真相,做出询问记录,载明询问日期和被询问人地址并由被询问人确认签字。

对于造成重大损失的保险事故,如果事故原因存在疑点难以断定的,则应要求被保险人、造成事故的驾驶员、受损方对现场查勘记录内容确认并签字。

事故发生的经过及原因,原则上要求当事驾驶员自己填写,如果驾驶员不能填写,则要求被保险人或相关当事人填写,将出险经过、原因与公安交通主管部门的事故证明(如责任认定书)做比对,内容表达的应基本一致,或与保险责任相关的主要关键内容一致;否则,应找当事人和公安交通主管部门重新核实不一致的原因。如果当事人所述的出险经过及原因不符合事实逻辑,原则上应以调查的事实为依据,以公安部门的证明为依据。

(6) 事故处理机关。为核对事故证明提供原始凭证,特别是非道路交通事故,一定要注明。

(7) 财产损失情况。查清受损车辆、承运货物和其他财产的损失情况及人员伤亡情况,查清事故各方所承担的事故责任比例,确定损失程度。

① 车损情况。查勘人员会同被保险人,详细记录、确认标的车损失情况;注意列明非标的车原车设备,如轮眉、附加音响、出租车计价器、防护网等外观装饰物;对于投保附加设备险的车辆将附加险设备损失单独列明。主要填写车辆损失部位、损失清单、修理方式附车辆损失情况核定表,并根据车损情况——加以分析、认证、核实。

要求车险查勘人员,都要懂得碰撞力学,学会对车险事故车受损进行碰撞力学分析,根据碰撞力学原理,从车损变形程度倒推分析,造成该种损失程度将是怎样的一种受力过程,与当事人叙述的是否吻合,来判断事故的真实性。

② 第三者车损情况。会同被保险人与第三者,详细记录、确认车辆损失情况,这里主要填写损失部位。损失清单、修理方式将在任务八中详细介绍。

③ 标的车车上货物损失。投保车上货物责任险的案件,记录受损物的品名、规格、型号数量、发运地点、发票、运单、货单、生产厂家、厂址,对于损失较小的案件,车险现场查勘人员可直接评定损失。对于损失较大的案件应报告给重案人员处理。

④ 第三者物损。第三者车辆和标的车上物损以及损失较小的如交通设施、行道树、各级当地政府和有关部门都有赔偿标准(应是物价部门核定的标准;否则,同样要进行核定),记录受损物品的规格、型号、数量,对于损失较大的案件应报告给重案人员处理。

(8) 人员伤亡情况。首先,明确伤亡人员的关系,哪些属于本车人员,他们的姓名、性别、年龄,他们与被保险人、驾驶员的关系以及受伤人员的受伤程度。其次,哪些人员属于对方人员,他们的姓名、性别、年龄以及受伤人的受伤程度,为医疗核损人员提供查勘核损的原始依据。

(9) 施救情况。施救受损财产是查勘人员的义务,所以查勘人员到达事故现场后,如果险情尚未得到控制或保险车辆及人员尚处在危险之中的,应采取积极的施救、确定合适的施救方案进行合理、保护措施,以防损失进一步扩大。

施救费用是指当保险标的遭遇保险责任范围内的灾害事故时,被保险人或其代理人、雇用人员等采取必要、合理的措施进行施救,以防止损失的进一步扩大而支出的费用。

施救费用的确定要严格按照条款规定事项,严格审核把关。施救费用的确定要注意以下几点。

① 被保险人使用他人(非专业消防单位)的消防设备,施救保险车辆所消耗的费用及设备损失可以赔偿。

② 保险车辆出险后,雇用吊车和其他车辆进行抢救的费用,以及将出险车辆拖运到修理厂的运输费用,按当地物价部门颁布的收费标准予以负责。

③ 在抢救过程中,因抢救而损坏他人的财产,如果应由被保险人承担赔偿责任的,则可酌情予以赔偿。但在抢救时,抢救人员个人物品的丢失,不予赔偿。

④ 保险车辆出险后,被保险人赶赴肇事现场处理事故所支出的费用,不予负责。

⑤ 保险公司只对保险车辆的救护费用负责。保险车辆发生保险事故后,涉及两车以上的,应按事故责任分摊施救费用。受损保险车辆与其所装货物(或其拖带其他保险公司承保的挂车)同时被施救,其救货(或救护其他保险公司承保的挂车)的费用应予剔除。如果它们之间的施救费用分不清楚,则应按保险车辆与货物(其他保险公司承保的挂车)的实际价值

进行比例分摊赔偿。

⑥ 保险车辆受损后,如果当地修理价格合理,则应安排就地修理,不得使车辆带"伤"行驶。若保险车辆为进口车或特种车,当地无法修复或修理费用过高需拖回本地修理的,则经公司同意去外地修理的移送费,可予负责,但护送车辆者的工资和差旅费,不予负责。运送过程中应采取防护措施,拖拽牢固,以防再次发生事故。如果无法修复或已无修复价值的,则应妥善处理汽车残值部分。

⑦ 施救、保护费用与修理费用应分别理算。当施救、保护费用与修理费用相加,估计已达到或超过保险车辆的实际价值时,则可推定全损予以赔偿。

⑧ 机动车损失保险的施救费是一个单独的保险金额,但机动车第三者责任保险的施救费用不是一个单独的责任限额。机动车第三者责任保险的施救费用与第三者损失金额相加不得超过机动车第三者责任保险的责任限额。

⑨ 施救费应根据事故责任、相对应险种的有关规定扣减相应的免赔率。

5. 事故现场笔录

(1) 询问和访问的准备工作。做好询问、访问前的准备工作是保证询问和访问工作顺利进行的前提,准备工作主要有以下几点。

① 查勘人员应首先熟悉现场的基本情况,并对询问和访问的内容做出全面的考虑,例如,在访问中可能遇到什么问题,应采取什么方法,注意哪些问题等。

② 对于比较复杂的重大事故,应首先研究制定访问提纲,明确访问的重点、步骤和方法,必要时应了解被询问人的社会经历、文化程度、性格等。

(2) 询问的方法和重点问题。发生重大肇事事故的当事人,一般在思想上顾虑重重,在介绍事故经过时,常常掩盖事实真相,不吐实情,在询问前,应告知被询问人要如实回答问题,不得隐瞒事实和编造假情况。询问人应根据需要审查的问题,逐一问清楚,尤其是关键性的问题不能一谈而过,一定要深追细问,直到把问题查清为止。询问时应重点询问以下问题。

① 事故发生的时间、地点、乘车人数及载物名称、数量。

② 发生事故时道路的交通状况。

③ 双方车辆(人)在道路上各自行驶(走)的方向、位置及速度。

④ 发生事故前当事各方发现自己与对方和关系方的距离,发现险情后采取了什么措施。

⑤ 当事人自述发生事故的经过。

⑥ 车、人的碰撞、碾压部位,车、人损失情况。

⑦ 在行车中是否发觉车辆机件有异常现象。

⑧ 当事人陈述发生事故的具体原因及其对事故的看法。

⑨ 走访证人时,应详细询问对发生事故前后看见的情况。

⑩ 查实是否有重复保险,是否存在道德风险。

对重大复杂的案件或有疑问的案件,尤其应注意通过对当事人双方的询问,来证实事情的真实情况。询问记录应注重证明询问日期和被询问人地址,并由被询问人过目签字(尽量要求当事人在询问笔录上签上:"以上笔录我已看过,与我所说的一样"姓名"×××")。

四、现场查勘工作

现场查勘工作主要包括收取物证、现场摄影、现场丈量以及绘制现场图等。

（一）收取物证

物证是分析事故原因最为客观的依据,收取物证是现场查勘的核心工作。事故现场物证的类型有散落物、附着物和痕迹。

1．散落物

散落物可分为车体散落物、人体散落物及他体散落物三类。车体散落物主要包括零件、部件、钢片、木片、漆片、玻璃、胶条等；人体散落物主要包括事故受伤人员的穿戴品、携带品、器官或组织的分离品；他体散落物主要包括事故现场人、车之外的物证,如树皮、断枝、水泥、石块等。

2．附着物

附着物可分为喷洒或黏附物、创痕物与搁置物三类。喷洒或黏附物主要包括血液、毛发、纤维、油脂等；创痕物主要包括油漆微粒、橡胶颗粒、热熔塑料涂膜、反光膜等；搁置物主要包括织物或粗糙面上的玻璃颗粒等。

3．痕迹

（1）痕迹的分类。不同的痕迹各有其形状、颜色和尺寸,其往往是事故过程某些直观的反映,因此是事故现场物证收集的重点。痕迹可分为以下几种。

① 地面轮胎痕迹。车辆轮胎相对于地面做滚动、滑移等运动时,留在地面上的印迹。行走痕迹主要包括轮胎滚印、压印、拖印和侧滑印等。

a．滚印。车辆轮胎相对于地面做纯滚动运动时,留在地面上的痕迹,可以显示出胎面花纹。

b．压印。车辆轮胎受制动力作用,沿行进方向相对于地面作滚动、滑移的复合运动时,留在地面上的痕迹。特征为胎面花纹痕迹在车辆行进方向有所延长。

c．拖印。车辆轮胎受制动力作用,沿行进方向相对于地面滑移运动时,留在地面上的痕迹。特征为带状,不显示胎面花纹。通过拖印与路面情况可推断出事故前的车速,可通过汽车制动距离与车速的关系推断出当时出险时的车速。

d．侧滑印。车辆轮胎受制动力作用,在车速、车辆装载、制动系、轮胎、道路及路面等因素的影响下,偏离原行进方向,相对于地面做斜向滑移运动时,留在地面上的痕迹。特征为印迹宽度一般大于轮胎胎向宽度,不显示胎面花纹。

② 车体痕迹。车辆在交通事故中与其他车辆、人体、物体相接触,留在车辆上的印迹,主要包括车与车之间的碰撞痕迹、车与地面之间的撞砸与擦刮痕迹、车与其他物体间碰撞与擦刮痕迹。车与车之间的碰撞痕迹包括车辆正面与正面、正面与侧面、追尾等的碰撞痕迹；车与其他物体间碰撞与擦刮痕迹主要由车与路旁建筑物、道路设施、电杆、树木等的接触产生。

③ 喷溅痕迹。人员在交通事故中与车辆、道路、物体接触,留在伤亡人员衣着和体表上的印迹。涂污与喷溅痕迹主要包括油污、泥浆、血液、汗液、组织液等的涂污与喷溅。

肇事车辆前部痕迹一般反映在前保险杠、前照灯、散热器、风窗玻璃和翼子板等处,侧面痕迹重点是在翼子板外侧、后视镜、车门、轮胎侧面、挡泥板等处,底盘痕迹重点是在转向横竖拉杆、前后轴、曲轴箱外壳、排气管等处。对肇事车辆进行查勘时,应重点查勘上述部位有无新鲜擦蹭痕迹,查勘中应进行细目拍照,并详细记录痕迹的部位、形态、面积、距离地面的高度。

对于条状痕迹应记录其长度和宽度、起始部位,以便认定肇事瞬间,双方接触位置、运动方向。对车辆驾驶室内的查勘,应重点记录车辆挡位,车钥匙位置、灯光开关挡位及是否有效、制动气压表的刻度,必要时应对肇事车进行全面的检测,检验其安全性能是否合格。

汽车保险事故种类繁多,形式各种各样,除汽车与汽车相撞最为常见以外,汽车因操作不当、路况不好、机件失灵引发的独立撞损事故或者线路故障引起的车辆自燃烧毁事故也经常可以遇到。查勘人员应该认真研究分析现场及车辆的有关痕迹、物证,同时注意听取、分析驾驶员、目击者的陈述和证言。通过认真地查勘、检验鉴定,查清事故真相。查勘此类事故现场,除应详细记录现场及车辆的有关痕迹、物证外,还要同时与现场环境、被撞击物上的痕迹相互对应,对车辆有关机件的安全性也应同时进行检查、记录。

查勘被烧毁的车辆时,应重点查勘车辆底盘油管、油箱有无被撞击痕迹,行车路线上有无石块等妨碍安全行车的凸起物和车辆上的起火点和火势蔓延方向;同时,注意检查记录事故车辆发动机号码、车架号码,以便确定是否属于保险责任车辆。

应尽可能在第一现场进行初次检验工作,如果第一现场已经清理,必须进行第二现场检验的,应注意调查了解车辆转移的有关情况,尽可能还原事故现场情况。对于第二现场情况存有疑问的,可以到交通事故处理部门调查和事故第一现场的情况进行核实。

(2) 各类痕迹、物证查勘的具体要求。

① 地面痕迹。

a. 查勘地面轮胎痕迹。查勘地面轮胎痕迹的种类、形状、方向、长度、宽度,痕迹中的附着情况,以及轮胎的规格、花纹等。逃逸事故现场应勘验肇事逃逸车辆两侧轮胎痕迹的间距和前后轮胎痕迹止点的间距,判明肇事逃逸车辆的类型和行进方向。查勘滚印、压印、拖印、侧滑印分段点外侧相对路面边缘的垂直距离,痕迹与道路中心线的夹角,痕迹的滑移、旋转方向、度数。滚印、压印、拖印、侧滑印迹及痕迹突变点应分别查勘,弧形痕迹应分段查勘,轮胎跳动引起的间断痕迹应作为连续痕迹查勘,根据需要记录间断痕迹之间的距离。

b. 查勘人体倒卧位置。

c. 查勘车辆、鞋底或其他物体留在地面上的挫伤和沟槽痕迹的长度、宽度、深度,痕迹中心或起止点距离,确定痕迹的造型客体。

d. 查勘与交通事故有关的地面散落物、血迹、类人体组织等的种类、形状、颜色及其分布位置,确定主要散落物第一次着地点和着地方向。

e. 水泥、沥青、块石路面上的痕迹被尘土、散落物覆盖时,在不妨碍其他项目查勘的前提下,可照相后清除覆盖物再查勘。

f. 根据需要制作痕迹模型,提取地面的橡胶粉末、轮胎的橡胶片、轮胎胎面上的附着物等,进行检验、鉴定。

② 车体痕迹。

a. 查勘车体上各种痕迹产生的原因。查勘车辆与其他车辆、人员、物体第一次接触的部位和受力方向,确定另一方相应的接触部位。

b. 查勘车体上各种痕迹的长度、宽度、凹陷程度,痕迹上、下边缘距离地面的高度,痕迹与车体相关一侧的距离。

c. 查勘车辆部件损坏、断裂、变形情况。车辆起火燃烧的,应确定火源起点。

d. 与车辆照明系统有关的交通事故,应提取车辆的破碎灯泡和灯丝。

e. 车辆与人员发生的交通事故,要特别注意查勘、提取车体上的纤维、毛发、血迹、人体组织、漆片等附着物。

f. 需要确定车辆驾驶人员的,应提取转向盘、变速杆、驾驶室门和脚踏板等处的手、足痕迹。

③ 人体痕迹。

a. 人体痕迹查勘应从外到里进行,先衣着后体表。

b. 查勘衣着痕迹。勘验衣着上有无勾挂、撕裂、开缝、脱扣等痕迹,有无油漆、油污等附着物,鞋底有无挫划痕迹。查勘衣着上痕迹、附着物的位置、形状、特征、造成痕迹的作用力方向,痕迹中心距足跟的距离。根据需要查勘衣着的名称、产地、颜色、新旧程度等特征及穿着顺序,提取必要的衣着物证。

c. 查勘体表痕迹。交通事故死者的体表痕迹由查勘人员或法医勘验,伤者的体表痕迹一般由医院诊断检查,必要时可由法医检查或由勘验人员在医务人员协助下检查。

d. 查勘交通事故死者体表的损伤和尸斑、尸僵形成情况,确定死亡原因和时间。检查性别、体长、体型等体表特征。查勘体表损伤的部位、类型、形状尺寸,造成损伤的作用力方向,损伤部位距足跟的距离,损伤部位的附着情况。

查勘各主要骨骼有无骨折,肢体有无断离现象,体内组织有无外溢。根据需要提取伤亡人员的衣着、血液、组织液、毛发、地表上的附着物等,进行检查、鉴定。

(3) 其他痕迹、物证。

① 查勘行道树、防护桩、防护栏、桥栏等固定物上痕迹的长度、宽度、深度及距离地面的高度。

② 根据需要提取有关部件碎片,拼复原形,留作物证。

③ 逃逸事故现场应提取现场遗留的所有与交通事故有关的痕迹物证。

现场物证是证明保险事故发生的最客观的依据,收取物证是查勘第一现场最核心的工作,多种查勘方法和手段均为收取物证服务,如散落车灯、玻璃碎片、保险杠碎片,各种油料痕迹,轮胎痕迹等,做好物证的收取是确定事故时的重要依据;同时,也是确定是否为保险责任的依据。

查勘结束后,检验人员按规定据实详细填写现场查勘记录,并将检验的情况与被保险人和修理人交流,必要时可以要求被保险人对于检验的初步结果进行认定,签字确认。

（二）现场摄影技术

现场摄影是真实记录现场和受损标的客观情况的重要手段之一，它比现场图和文字记录可以更直观地反映现场和事故车辆的情况，是处理事故的重要证据。因此，现场摄影已成为现场查勘中的一项重要工作。

1. 现场摄影的原则

对事故现场进行摄影时一般应遵循以下原则：应有反映事故现场全貌的全景照片，应有反映受损车辆号牌及受损财产部位和程度的近景照片，要有某些重要局部（比如保险标的发动机号码、车辆 VIN 码等）的特写照片。应坚持节省的原则，以最少的照片数量反映事故现场最佳的效果。

2. 现场摄影的方式

现场摄影时，应根据事故的实际情况和具体的拍摄目的，选择不同的拍摄方式，常见的现场摄影方式有以下几种。

（1）方位摄影。即以事故车辆为中心反映周围环境情况的拍摄。从远距离采用俯视角度拍摄交通事故发生地周围环境特征和现场所处位置的照相方式。视角应覆盖整个现场范围，一张照片是无法照全的，可以使用回转连续拍摄法或者平行连续拍摄法拍照。此拍摄方式重在突出事故现场的全貌，目的是反映出事故车辆与其他物体之间的相互关系。

（2）中心摄影。即以事故接触点为中心反映事故接触的各部位及其相关部位的拍摄。在较近距离拍摄交通事故现场中心、重要局部、痕迹的位置及有关物体之间联系的照相方式。此拍摄方式重在突出拍摄现场的中心地段，目的是反映出事故损坏部位及其相关部位的特点、状态。

（3）细目摄影。即分别对事故中具体损失物体进行的拍摄。采用近距或微距拍摄交通事故现场路面、车辆、人体上的痕迹及有关物体特征的照相方式。照相机镜头主光轴与被摄痕迹面相垂直。视角应当覆盖整个痕迹，一张照片无法覆盖的，可以分段拍摄。此拍摄方式重在突出各个具体物证，目的是反映出重要物证的大小、形状、特征。

（4）概览场景摄影。从中远距离采用平视角度拍摄交通事故现场有关车辆、尸体、物体的位置及相互间关系的照相方式。以现场中心物体为基点，描述现场道路走向的相对两向位或者多向位分别拍摄。各向位拍摄的概览照相，其成像中各物体间的相对位置应当基本一致，上一个视角的结束部分与下一个视角的开始部分应有联系。

3. 现场摄影的方法

（1）相向拍摄法。即从两个相对的方向对现场中心部分进行拍摄，该方法可较为清楚地反映现场中心两个相对方向的情况。

（2）十字交叉拍摄法。即从四个不同的地点对现场中心部分进行交叉的拍摄，该方法可从前、后、左、右四个角度准确反映现场中心情况。

（3）连续拍摄法。即将面积较大的事故现场分段拍摄。为获得事故现场完整的照片，需对分段照片进行接片，所以在分段拍摄时，各照片取景应略有重合，并要求同样的拍摄距离和光圈等。

(4)比例拍摄法。即将带有刻度的尺子放在被损物体旁边进行摄影,该方法可确定被摄物体的实际大小和尺寸,常用于痕迹、碎片以及微小物证的摄影。

4．查勘摄影的一般要求

(1)能够提供第一现场,要求拍摄第一现场的全景照片、痕迹照片、物证照片和特写照片。

(2)要求拍摄能够反映车牌号码与损失部分的全景照片。

(3)要求拍摄能够反映局部损失的特写照片。

(4)查勘照相是固定、记录交通事故有关证据材料的重要手段,照相内容应当与交通事故查勘笔录的有关记载相一致。查勘现场时,可根据需要和实际情况确定拍摄项目。

(5)交通事故查勘照相应当客观、真实、全面地反映被摄对象。

(6)查勘照相不得有艺术夸张,影像应清晰、反差适中、层次分明。

(7)现场照相应尽量使用标准镜头,以防成像变形。

(8)拍摄痕迹时,应当在被摄物体一侧同一平面放置比例尺。比例标尺的长度一般为50 cm。当痕迹、物体面积的长度大于50 cm 时,可用卷尺作为比例标尺。

5．查勘摄影照相的具体要求

(1)准确反映出险地点全貌,如图7-12所示。

图7-12　反映出险地点全貌

(2)准确反映出险地点地理位置的标示。例如,标志性建筑、路牌、楼牌、交通指示牌等。

(3)准确反映事故产生路线和重点起因,要求按车辆顺行方向拍摄,如图7-13所示。

图7-13　反映事故产生路线和重点起因

（4）比对车辆受损部位与外界接触部位的高度、面积、形状，如图 7-14 所示。

图 7-14　反映受损车辆与外物接触的部位

（5）准确反映施救情况，如图 7-15 所示。

图 7-15　准确反映施救情况

（6）详细记录现场痕迹。例如，撞击点、散落物、轮胎行驶印迹、刹车印迹、路面擦划痕迹、车体痕迹和附着物痕迹等，图 7-16 所示为轮胎痕迹与撞击点痕迹；图 7-17 所示为撞击物痕迹与车体痕迹。

图 7-16　轮胎痕迹与撞击点痕迹

图 7-17 撞击物痕迹与车体痕迹

(7) 整车拍摄的基本要求。45°角度拍摄,能反映车型全貌,清晰显示车牌号码,可以看到损失部位,如图 7-18 所示。

图 7-18 整车拍照

(8) 车架号或 VIN 码拍摄要求。17 位码完全,不缺号,号码清晰可辨,如图 7-19 所示。

图 7-19 VIN 码拍照

(9) 受损部位及受损程度拍摄要求。能清晰反映受损部位的外貌和受损程度;对于损失部位比较隐蔽或较为微小的,还应当针对该部位进行近距离局部拍摄,如图7-20所示。

图7-20 受损部位拍照

(三)现场图绘制技术

现场丈量前,要认定与事故有关的物体和痕迹,然后逐项进行并做好相应记录。

1. 现场图意义

现场图是以正投影原理的绘图方法绘制的。实质上是一张保险车辆事故发生地点和环境的小范围地形平面图。根据现场查勘要求必须迅速全面地把现场上的各种交通元素、遗留痕迹、道路设施以及地貌,用一定比例的图例绘制在平面图纸上。

事故现场的方位以道路中心线与指北方向的夹角来表示。如果事故路段为弯道,则以进入弯道的直线与指北方向夹角和转弯半径表示。

现场图的基本内容包括以下几个方面。

(1) 能够表明事故现场的地点和方位,现场的地物地貌和交通条件。

(2) 表明各种交通元素以及与事故有关的遗留痕迹和散落物的位置。

(3) 表明各种事物的状态。

(4) 根据痕迹表明事故过程,车、人、畜的动态。

现场图是研究分析出险事故产生原因,判断事故责任,准确定损,合理理赔的重要依据,现场图不仅要使绘图者能看懂,而且更重要的是能使别人看懂,使没有到过出险现场的人,能从现场图中了解到出险现场的概貌。

通常第一现场查勘须绘制现场图,非第一现场一般已不具备绘制现场图的条件。汽车保险中第一现场查勘多为单方事故,现场查勘图无判断事故为哪一方责任的意义,只是为了反映现场状况,使他人通过现场图能够对事故现场状况有一个总体的认识。

2. 现场图的种类

现场图根据制作过程可分为现场记录图和现场比例图两种。

(1) 现场记录图。即为了交通事故现场时对现场环境、事故、人员、物体、痕迹的位置及其相互关系所做的图形记录,它是现场查勘的主要记录资料。由于现场记录图是在现场绘制的,而且绘图时间短,因而就不那么工整,但内容必须完整,物体位置和形状、尺寸、距离的大小要成比例,尺寸数字要准确。若在出图前发现问题,则可以修改、补充。在一般情况下,通过平面图和适当的文字说明,即可反映出险事故现场的概貌。有时,为了表达出险事故现场的空间位置和道路纵、横断面几何线形的变化,也常采用立面图和纵横剖面图。

(2) 现场比例图。为了更形象、准确地表现事故形态和现场车辆、物体、痕迹,根据现场记录图和其他记录材料,按规范图形符号(GB 11797—2005)和一定比例重新绘制的交通事故现场全部或局部的平面图形。

现场比例图是根据现场记录图所标明的尺寸、位置,选用一定比例,按照绘图要求,工整准确地绘制而成的正式现场比例图,它是理赔或诉讼的依据。

3. 绘图的一般要求

(1) 绘制现场图力求内容全面客观但要简便。

现场记录图是记载和固定交通事故现场客观事实的证据材料,应全面、形象地表现交通事故现场客观情况。但一般案情简明的交通事故,在能够表现现场客观情况的前提下,可力求制图简便。

(2) 绘制现场图需要做到客观、准确、清晰、形象。

绘制各类现场图需要做到客观、准确、清晰、形象,图栏各项内容填写齐备、数据完整、尺寸准确、标注清楚。用绘图笔或墨水笔绘制、书写。

(3) 现场记录图应以正投影俯视图形式表示。

(4) 交通事故现场周围各类图形应按实际方向绘制。

(5) 现场记录图应标明交通事故现场的方向;应按实际情形在现场图右上方用方向标标注;难以判断方向的,可用"←"或"→"直接标注在道路图例内,注明道路走向通往的地名。

(6) 图线宽度的要求。应在 0.25~12.0 mm 之间选择,在同一图中同类图形符号的图线应基本一致。

(7) 绘制现场图的图形符号应符合国标。绘制现场图的图形符号应符合《道路交通事故现场图形符号》标准(GB 11797—1989)的规定。《道路交通事故现场图形符号》标准中未做规定的,可按实际情况绘制,但应在说明栏中注明。

(8) 现场图的比例。

① 绘制现场比例图时可优先采用 1∶200 的比例,也可根据需要选择其他比例。

② 绘制比例应标注在图中比例栏内。

(9) 尺寸数据与文字标注。

① 现场数据以图上标注的尺寸数值和文字说明为准,与图形符号选用的比例、准确度无关。

② 图形中的尺寸,以厘米(cm)为单位时可以不标注计量单位。如采用其他计量单位时,必须注明计量单位的名称或代号。

③ 现场丈量的尺寸一般只标注一次。需更改时,应做好记录。

④ 标注文字说明应当准确简练,一般可直接标注在图形符号上方或尺寸线上方,也可引出标注。

(10) 尺寸线和尺寸界线。

① 尺寸数字的标注方法参照 GB/T 50103—2010《总图制图标准》的规定。

② 尺寸线用细实线绘制,其两端可为箭头型。在没有位置时也可用圆点或斜线代替。

③ 尺寸界线用细实线绘制,一般从被测物体、痕迹的固定点 B 引出,尺寸界线一般应与尺寸线垂直,必要时才允许倾斜。

(11) 现场记录图的绘制要求。

① 现场记录图以平面图为主,需要表示局部情况时按规格进行绘制。

② 现场绘图时应注意绘制以下情况。

a. 基准点(选择现场一个或几个固定物)和基准线(选择一侧路缘或道路标线)。

b. 道路全宽和各车道宽度,路肩宽度及性质。

③ 绘制的现场记录图应反映出现场全貌。现场范围较大的可使用双折线压缩无关道路的画面。

④ 现场记录图中各物体、痕迹、标线、标线、基准点、基准线等间距,一般使用尺寸线、尺寸数据标注或说明,必要时可使用尺寸界线。

⑤ 现场图绘制完毕,必须在现场进行审核,检查有无基准点、基准线及第一冲突点;各被测物体及痕迹有无遗漏,测量数据是否准确,有无矛盾等。

⑥ 现场记录图应在事故现场测绘完成。

(12) 现场比例图的绘制要求。

① 现场比例图作为证据是现场记录图的补充和说明,图 7-21 所示为现场记录图,图 7-22 所示为现场比例图。

② 现场比例图以现场记录图、现场查勘记录所载的数据为基础和依据,以现场记录图中的基准点和基准线为基准,以俯视图表示,使用相应的图形符号,将现场所绘制的图形及数据按比较严格的比例绘制。

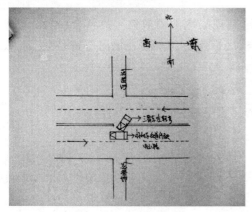

图 7-21 现场记录图

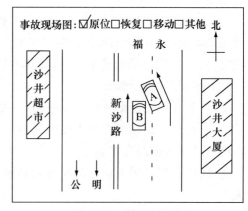

图 7-22 现场比例图

五、撰写现场查勘报告

根据现场查勘情况,填写《机动车辆理赔现场查勘记录》,查勘人员根据现场查勘情况,如实填写现场查勘记录表。根据现场查勘记录,依据保险条款,全面分析主客观原因,初步确定是否属于保险责任,如果属于保险责任,则应确定涉及险种。必要时(如重特大案件,疑似造假案件等),一定要做一个较详细的查勘调查报告,并提出自己的论点。

在备注说明栏,填写对保险责任确定可能造成异议的情况。例如,被保险人是否尽到应尽的义务等。

对电话报案的被保险人向其提供《出险机动车辆保险出险通知书》,同时,根据报案与现场查勘情况,在保险事故索赔须知上注明索赔时需要提供的单证和证明材料后交给被保险人,并对被保险人进行必要的事故处理和保险索赔的指导。

六、查勘信息录入

随着客户维权意识和索赔意识的提高,保险公司查勘的要求也必须相应提高。查勘人员对于当天查勘的案件必须在当天 24 小时内录入保险车辆理赔管理系统。根据保险公司保险车辆理赔管理系统中录入信息的类型分为查勘信息录入、照片及文档导入。

1. 查勘信息录入

(1)查勘人员准确录入查勘获得的车辆型号、VIN 码,对于出险标的车型与承保时录入车型不一致的,应按正确车型录入或作文字说明。

(2)查勘人员应尽可能准确判定保险车辆在事故中应承担的责任,选择判定或预估的责任输入。查勘情况在"查勘意见"栏目中填写,对车辆、物损、人伤的查勘情况,分别在相应的说明栏中输入详细的信息,有必要时形成较详细的查勘报告,查勘报告的具体内容如表 7-1 所示。

表 7-1 机动车辆理赔现场查勘报告

被保险人		号牌号码		报案号码	
厂牌型号		车牌型号		车架号(VIN 码)	
保险期间	年 月 日 时至 年 月 日	使用性质		发动机号	
现场查勘情况: 事故责任查勘情况: 车辆损失查勘情况: 人员伤亡查勘情况: 其他查勘情况(现场相关人员):					
出险时间	年 月 日 时 分		出险地点			
事故处理	□交警队 □公安部门 □现场 □其他		事故类型	□单方 □双方 □其他	
驾驶证审核: 年 月 日			行车证审验: 年 月 日		
驾驶员		驾驶证号		性别		准驾车型	
保险责任确定: 根据现场查勘情况:依据机动车辆保险综合条款 条 款 规定,属于 责任。					

(续表)

损失情况	险别		损失金额	现场图：
	机动车损失保险			
	机动车第三者责任保险	车辆		
		财物		
		人身		
	险			
	险			
	险			查勘人签字：
	费			查勘地点：
	费			查勘时间：　年　月　日　时

（3）查勘人员应按照事故的真实情况正确判断和查看记录中的每一项目。

2．照片及文档导入

就导入的内容来看，分为事故照片导入和附加文档导入。导入时严禁倒、侧上传，同时单证保证清晰，并在说明栏中输入较详细的信息，如照片说明，是表现车身的哪个部位及配件的名称。照片导入时要有筛选，将主题明确、影像清晰的有选择性地导入系统中。

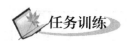任务训练

任务训练一　现场查勘接待模拟

客户：您好！（接到调度5分钟内与客户联系，大概了解事故现场情况，明确告知现在所在位置，大约多长时间能到达现场，如短时间内无法到达查勘地点，需向客户说明情况，取得客户的谅解。）

查勘人员：您好，×××保险公司查勘人员，您的车出险了是吧？

客户：是的。

查勘人员：损失严重吗？

客户：损失不重，车右前杠右侧受损。

查勘人员：好的，您现在还在现场吧，是铁西区，建设大路76号吗？

客户：是的。您什么时候过来？

查勘人员：您稍等，在您之前还有一个案件没有处理完，处理完毕，就去您那里。

客户：好的。

查勘人员：请保护好现场，注意安全。请您稍候，我们大约××分钟就到。如有需要请用这个号码及时与我联系，再见。

（到达现场）

查勘人员：您好，我是×××保险公司查勘人员×××。

客户:您好!

查勘人员:这是您的车吧?

客户:是的。

查勘人员:我们看一下情况。(问明事故发生的原因,并对现场进行拍照,对损失细节拍照,拍行车证、驾驶证、车架号。损失小的案件,现场定损,填写简易赔案确认书;损失大的案件,无法现场定损的案件,待客户到达修理厂后另行定损。)

机动车保险索赔申请书

保险单号:　　　　　　　　　　　　　　　　　　　　　　　**报案编号:**

重要提示:请您如实填写以下内容,任何虚假、欺诈行为,均可能成为保险人拒绝赔偿的依据。		
被保险人:	保险单号码:	牌照底色:
厂牌型号:	发动机号:	车架号(VIN):
报案人:	报案时间:	是否第一现场报案: □ 是　□ 否
公司:_____年____月____日____时,驾驶人_____(姓名),驾驶证号:□□□□□□□□□□□□□□□□□□,初次领证日期____年____月____日,驾驶机动车_____(号牌号码),行至_____(出险地点),因_____(出险原因),发生_____的事故,造成_____损失。		
你公司已将有关索赔的注意事项对我进行了告知。现按照保险合同的约定,向你公司提出索赔申请。 　本被保险人声明:以上所填写的内容和向你公司提交的索赔材料真实、可靠,没有任何虚假和隐瞒,如有虚假、欺诈行为,愿意承担由此产生的所有法律责任。 　　　　　　　　　　　　　　　　　　　　　　　　被保险人(法人)签章: 　　　　　　　　　　　　　　　　　　　　　　　　　　　　年　月　日		
身份证号:□□□□□□□□□□□□□□□□□□		
联系电话:	地址:	邮政编码:

任务训练二　现场查勘接待模拟

团队名称:团队自定。

人数:不少于4人。

成员:组长1名,组员3名(每人根据岗位扮演一个角色)。

口号:团队自定。

团队合影:团队自定合影姿势。

每组人员分配,报案中心1人,查勘定损中心2人,客户1人,根据情景对话进行模拟。每组选出1名学员作为队长,带领本组学员进行情景模拟。准备完毕的组进行表演,由老师和其他组学员进行评分,按照分数高低,进行排名。通过学生对事故车查勘的整个过程进行情景模拟,达到工作技能的提升。

工具:数码相机、电脑、车险业务综合实训系统、卷尺、手电筒、笔、记录本、现场查勘记录、询问笔录、事故车辆损失确认书等。

任务训练三　现场查勘模拟

一、实训步骤

1. 现场图的绘制
(1) 标明事故现场的地点、方位、物貌、交通状况。
(2) 标明交通元素及事故相关遗留痕迹和洒落物体的位置。
(3) 标明事物的形状。
(4) 根据事故痕迹标明事故过程中车、人、畜牧等的动态。

2. 填写事故原因及经过
由当事人填写事故的原因及经过,事故经过的描述必须体现出时间、地点、人物、车辆行驶方向、出险原因、碰撞点、损失部位等要素,填写完毕后要求当事人签字确认事实。

3. 填写标的车信息
填写标的车的当事人姓名、年龄、性别、车牌、车型、保险单号、报案号、车架号、发动机号、出险地点、事故损失等。

4. 查勘结论
应简洁、真实地填写。

5. 签字
要有被保险人或指定人、查勘员等签名确认。

二、完成现场查勘记录

根据老师给出的事故现场的资料,小组讨论并完成汽车保险事故现场查勘记录表的填写,汽车保险事故现场查勘记录如表7-2所示。

表7-2　汽车保险事故现场查勘记录

保险车辆	厂牌型号:		发动机号:		车辆登记日期:　　年　　月　　日	
	车牌号码:		车架号(VIN):		已使用年限:	
驾驶员姓名:		驾驶证号:□□□□□□□□□□□□□□□□□□				
初次领证日期: 　　年　　月　　日		性别:□男　□女		年龄:	准驾车型:□A　□B　□C　□其他	
出险时间: 　　年　　月　　日　　时		出险地点:　　　　省　　　　市(县)				
查勘时间: 　　年　　月　　日　　时		查勘地点:		是否第一现场:□是　　□否		
赔案类别:□一般　　□特殊　　□简易　　□其他　　双代(□委托外地查勘　　□外地委托查勘)						
出险原因:□碰撞　□倾覆　□火灾　□爆炸　□空中运行物体坠落　□雷击　□雹灾　□暴雨 　　　　□洪水　□其他(　　　)						
涉及险种:□机动车损失保险　　□机动车第三者责任保险　　□机动车全车盗抢保险　　□玻璃单独破碎险　　□自燃损失险　　□机动车车上人员责任保险　　□其他(　　　)						

1. 简述事故现场的分类。
2. 常见的汽车城市交通事故形式有哪些?
3. 简述现场查勘的目的。
4. 交通事故中典型的全责情况有哪些?
5. 分析常用的现场查勘方法。
6. 现场查勘应该携带的工具及资料。
7. 现场查勘摄影的一般要求有哪些?
8. 现场查勘摄影的具体要求有哪些?
9. 简述现场查勘图的分类。

任务八 车险定损

1. 学会车险定损岗位的岗位职责。
2. 掌握定损及换件原则。
3. 能够掌握不同案件的定损原则及要求。
4. 能够准确对案件中涉及单证的真伪进行识别。

资讯一 车险定损概述

一、定损岗位管理

（一）定损岗位任职条件

（1）廉洁奉公，秉公办事，认真负责。定损人员在平时的定损工作中接触对象广泛，要同保户、修理厂直接打交道，在与不同对象的接触中，也往往是对理赔人员思想觉悟、工作作风的检验。首先，定损人员应热爱保险事业，关心爱护保险公司的声誉，为人正派，实事求是，坚持真理；其次，要热爱汽车保险理赔工作，且有从事汽车技术工作的实践经验，有一定的工作能力；自觉服从领导，遵纪守法，有任劳任怨的奉献精神。

（2）精熟条款。赔案处理的根据在保险合同条款，必须认真领会和掌握条款内容。在现场查勘时，对事故现场情况进行客观的、实事求是的研究分析，在搞清事故出险原因，确定是否属于保险责任后，合理地确定损失程度，详细鉴定修理范围，制订合适的维修方案，特别是涉及第三者的损失，要本着实事求是精神慎重处理。

（3）熟悉并掌握相关专业知识。汽车种类繁多，车型复杂，要达到定损合理、准确，则要求理赔人员熟练掌握事故查勘和定损要领，掌握和了解我国的道路交通法规及道路交通事故处理办法，熟悉汽车构造及其工作原理，了解事故车辆修理工艺，准确制定修理方式。另外，道路交通事故往往涉及第三者的物体损失。因此，理赔人员还要了解和掌握很多相关的知识，以及定损赔偿标准。

（二）定损人员上岗条件

(1) 所有的定损人员在上岗前必须接受专业培训,并通过保险公司规定的任职资格考试。

(2) 在工作中必须接受保险公司规定的检查和审核。

（三）定损岗位职责

(1) 接受派工。在接到保险公司调度中心或调度员的案件派工后,第一时间到达案件发生的现场。

(2) 确定事故损失。依据现场调查和定损原则,确定出险车辆的损失项目、维修方式及价格、残值折价、施救费用;人伤案件需确认伤者身份、查询医疗情况、预估医疗费用、填写相关单证。

(3) 收集索赔材料。根据案件情况,收集相关索赔资料,指导客户办理索赔手续。

(4) 资料上传系统。按要求将定损项目、损失照片及相关文档上传保险公司理赔管理系统。

(5) 工作时效。严格按照保险公司制定的案件处理时效要求执行,不得因个人原因耽误案件处理的及时有效性。

(6) 对定损准确性负责。

(7) 完成理赔部负责人交办的其他工作。

（四）定损工作纪律

(1) 服从调度和派工,不得推诿或推延。

(2) 在规定时限内及时定损,不得授权他人代定损。

(3) 在定损过程中,及时协助客户采取有效施救保护措施,防止损失扩大。

(4) 按有关规定和要求拍摄损失相片,相片不得丢失。

(5) 按照规范要求出具定损单,被保险人必须签字确认。

(6) 使用保险公司规定的工时费标准。

(7) 按保险公司规定进行配件询价。

(8) 准确确定损失数量和金额。

(9) 按照时效规定将定损资料及时录入上传,及时处理调度到定损平台中的案件。

(10) 对超权限定损案件在完成初步定损后,及时上报定损审核,并立即完成回复意见后再上传。

(11) 面对客户必须使用文明用语。

(12) 不得从事与本职工作无关的任何行为,不得从事损坏保险公司形象和利益的任何行为。不接受吃请,不接收任何钱财,不接收各种礼物。

二、定损原则

(1) 坚持保险理赔原则,履行定损职责,遵守保险公司纪律,维护公司的保险形象。

(2) 认真界定本次事故中所造成的车辆损失和与本次事故无关的损坏部件。例如,凡在车辆存放、有偿施救、未及时采取措施以及额外增加产生的损失,均不属于赔付范围。

(3) 事故车辆损坏项目要坚持"以修为主,以换为辅"的原则。

(4) 凡可以单独更换的局部配件,不能更换总成件,属于特殊情况必须提前上报批准。

(5) 严格按照损坏部件更换标准确定更换配件,按照规定的修理工艺确定工时费。

(6) 严格执行保险公司规定的配件价格标准,不得超过规定的价格范围。

(7) 准确、合理、有依据地界定损余物资的残值金额、施救费等,确定整体价格。

(8) 检查、核实整体定损金额。

(9) 严格区别属于车辆功能性机件原因所引起的事故和损失。

三、配件更换原则

(1) 受损的配件必须具有以下三种情况之一方可更换。

① 不可修复性。

② 修复后影响使用功能,严重影响外观,影响安全性。

③ 修复价格超过更换配件价格的90%以上。

(2) 对更换项目必须具有准确的更换依据,必要时提供依据性文件证明,或诊断工艺过程性资料。

(3) 对不提供单件的总成件和隶属关系复杂的需更换配件,必须提供维修站的文字说明及标准的配件关系图资料。

四、事故车辆的定损方法

1. 现场查勘与定损范围的鉴别

(1) 检查标的车辆,核实损失部位,确认损失程度。

(2) 区分本次事故损失与非本次事故损失的界定。

(3) 严格控制重复报案、骗赔案件的发生。

(4) 采取验车核损办法。

(5) 采取旧件回收办法。

2. 定损确认的技术依据

(1) 了解出险车辆的总体结构及整体性能。

(2) 掌握受损零部件拆装难易程度及相关拆装修理工作量。

(3) 掌握受损零部件的检测技术。

(4) 掌握修理过程中所需的辅助材料及用量。

(5) 掌握和了解出险车辆竣工后的检查鉴定技术标准。

3. 基本方法与步骤

根据现场查勘情况或双车比对痕迹,确认本次事故照成的损失。

(1) 准确确认事故车辆损伤的部位及损坏的部件。

(2) 根据各部位损坏部件的轻重程度,出具维修方案。确定更换项目、修理项目、修复工艺,确定工时、工费。

(3) 对损失确认书列明的配件更换明细进行报价,缮制完整的损失确认书。

(4) 事故车辆定损坚持被保险人、第三者、保险公司三方共同进行,如果在修理企业定损,还应有承修方业务人员参与。

4. 定损中注意的问题和应采取的措施

(1) 定损的时效性。

(2) 应发挥定点拆检厂和合作厂家的作用。

(3) 要坚持配件更换原则和保险公司下发的工时标准。

(4) 对特殊车型、配件奇缺车型定损的处理方法。
(5) 对超出现行实际价值的事故车辆定损应注意的问题。
(6) 处理好客户要求在非保险公司推荐的4S店修理事故车辆的矛盾。
(7) 定损照片拍摄的方法和应注意的问题。
(8) 损余物资处理。

资讯二 车险定损要求

一、事故车辆损坏部件的修复、更换标准

(一) 车身及钣金部件的修复、更换标准

1. 更换车身总成件条件

(1) 车身变形严重,无法采用修复工具校正到标准数据的,或单独部位损失严重无法修复但只提供车身总成的车型,可给予更换车身。

(2) 在底板变形严重时应区分承载式与非承载式,如果是承载式车身结构,则应给予更换车身总成;反之,则只用更换底板大梁架。

(3) 对损坏车身进行维修的费用,大于更换车身的费用。

(4) 对更换车身明确区别:车身总成、车壳。凡需更换车身总成或车壳的,必须报总公司理赔部批示,经同意后方可更换。

2. 更换车身参考示意图

(1) 严重变形——更换车身壳体,如图8-1所示。

图8-1 严重变形

(2) 整车身严重变形——更换车身壳体,如图8-2所示。

图8-2 整车身严重变形

3. 局部钣金件

(1) 更换条件。钣金部件在损失严重不能修复,或修复后不能恢复原样并明显影响外观,或修复后无法按原标准装配的,可给予更换。

(2) 修复方式。按损坏程度分为重度、中度、轻度三个级别,可以分别考虑钣金工时费。重度损坏程度是指变形严重、有死褶,损伤面积到50%以上,修复难度大;中度损坏程度是指部件凹凸面积较大,局部有褶但变形较小,完全可以修复;轻度损坏程度是指部件弹性变形或划伤、刮伤有凹坑、损坏较轻,轻微磕碰不考虑钣金工时费,只计喷漆。

4. 钣金件损失划分示意图

(1) 翼子板。对损失程度为轻度、中度必须修复,重度以上考虑更换,如图8-3所示。

(a) 轻度

(b) 中度

(c) 重度

(d) 更换

图8-3 前翼子板损失程度

(2) 发动机罩。对损失程度为轻度、中度、重度必须修复,重度以上考虑更换,如图8-4所示。

(a) 轻度

(b) 中度

(c) 重度

(d) 更换

图8-4 发动机罩损失程度

（3）前框架。对损失程度为轻度、中度、重度必须修复，重度以上考虑更换，如图8-5所示。

(a) 轻度

(b) 中度

(c) 重度

(d) 更换

图8-5 前框架损失程度

（4）保险杠。前、后保险杠为易受损部件，在定损时应注意，保险杠在受损程度不大时是可以通过塑焊、加热整形等工艺进行修复的，如图8-6所示。

图8-6 前保险杠损失程度

（二）电器、灯光部件的修复、更换标准

（1）电机类。对发电机、启动机、雨刮电机、水箱电机等电动机类，未观察到表面受损的，不得更换。

（2）灯具类。确定更换的灯具配件，必须达到损伤不可修复程度。构成更换的依据为：灯罩表面损坏、灯壳破损的条件；可以黏接的灯壳角，必须坚持修复。对外壳受损的灯具，需注意是否提供单独的灯壳；更换的大灯总成必须注意其中总成件所包含的附件，不得重复列入。

（三）发动机部件的修复、更换标准

（1）对需更换发动机总成、缸体总成的，必须报总公司理赔部批示，经同意后方可更换。

(2) 对无损坏的保养性配件不得列入更换项目。

(3) 对出现损坏而不可以修复或修复后影响功能发挥的配件,应给予更换。

(4) 对确定损坏的电气元件,必须是出现严重的损坏并修复后影响功能的配件,可列为更换项目。无明显损坏的配件,必须提供专用仪器的测量证明材料。

(5) 对确定更换如起动机、发电机、增压泵、输油泵等总成件,必须得到专修企业的文字证明文件。对未出现明显损坏的曲轴、凸轮轴配件等,确认更换时必须得到专修企业的测量证明文件,并证明已经超出维修范围不可以修复。

(6) 对确认更换发动机托架的标准为:托架螺栓安装孔与车梁螺栓孔位置偏差大于5 mm,并且出现无法修复的情况。

(四) 传动机构部件的修复、更换标准

(1) 确定更换变速箱总成、减速及分动箱总成,必须提前得到审核部门的批准文件。

(2) 对出现损坏而不可修复或修复后影响功能发挥的配件,应列为更换配件项目。

(3) 对确定损坏的电气元件,必须是出现严重的损坏并修复后影响功能的配件,可列为更换项目。无明显损坏的配件,必须提供专用仪器的测量证明材料。

(4) 对出现严重壳体件损坏时,应只确认更换损坏的壳体部分。对壳体出现轻微裂痕时,应确认为修复工艺解决。

(5) 对损坏的自动变速箱,建议让4S店送到品牌指定的自动变速箱专修企业进行维修。

(五) 悬挂部件的修复、更换标准

(1) 对确认更换悬挂臂及悬挂杆的标准,必须是车轮和悬挂臂及悬挂杆出现严重的变形。对悬挂臂及悬挂杆未出现明显的变形的,必须提供四轮定位仪器的测量结果,并证明超出调整范围的文件。

(2) 对确认更换减振器的标准为:其表面出现严重的损坏痕迹,或芯杆伸出转动摆差大于0.5 mm。

(3) 对确认更换传动轴时,必须出现严重的损坏或弯曲现象。

(六) 座椅部件的修复、更换标准

(1) 对座椅变形的情况,必须坚持对座椅骨架进行修复的工艺。

(2) 对确认座椅损坏或表面损坏而需要更换总成的情况,必须提供品牌厂家无单独配件提供的文字证明。

(3) 对座椅表面划伤情况,必须坚持修复。

(七) 内装饰部件的修复、更换标准

(1) 对内装饰部件出现划伤情况,必须坚持修复。

(2) 确定更换标准:损坏严重而又无法修复、表面撕裂的配件。

(八) 安全性部件的修复、更换标准

(1) 确定修复和更换安全性配件必须以保证恢复功能、恢复可靠性为目的。

(2) 确认更换的配件必须是表面发生损坏、有事故引起的电气性损坏故障。

(3) 确定制动及安全系统电气元件。对出现故障警告灯发亮情况如下。

① 从诊断仪器中得到静态故障代码,确认是否属于元气件故障。

② 用诊断仪器消除故障代码或切断电源5分钟,拆解检查所指故障元件后恢复。

③ 起动发动机并行驶运转制动工况状态。

④ 再次用诊断仪器进行功能诊断,若此次指示故障与初期指示故障一致,则确认元件的确发生故障;否则,不得计入损坏项目。

(4) 对未在事故中发生作用的安全性配件,如未作用的安全带、安全气囊、安全气帘、连接线等,不得列入更换项目。对确定电脑控制器,必须使用专用诊断仪器进行复位、清除故障,再运行、再诊断程序后确认。

二、零配件更换标准汇总

零配件更换标准如表8-1所示。

表8-1 零配件更换标准表

零配件名称	标准
前、后保险杠	1. 保险杠靠近轮位的吊耳、固定码断裂或断脚的给予更换; 2. 如果凹陷裂开的,则给予更换原厂件;断裂和破碎的,给予更换副厂件或采取协商自负的方式给予解决; 3. 杠体穿孔且缺损的予以更换
前、后杠内骨架	撞扁在1/3以上的(以厚度或长度计算,材料为铝合金),折曲弯度大于30°以上难以修复的或修理工时费用大于更换的,给予更换。 注:根据保额以及撞击情况,予以等价更换
前杠支架	撞扁在1/3以上的,折曲弯度大于30°以上难以修复的或修理工时费用大于更换的,给予更换
中网、杠体栅格	断脚、撞扁或表面断裂或影响美观的(电镀件),折曲弯度大于30°以上难以修复的或修理工时费用大于更换的,基本给予更换
前、后大灯总成 角灯 雾灯 翼子板灯	撞烂、撞穿灯面、灯壳或撞断灯脚,给予更换处理。灯面磨损深,抛光抛不平的,基本给予更换
前盖	撞损位置扁烂、撞穿或撞折,特别是骨位折曲在1/3以上(特别是铰位在前面的,是固定受力位而且是主力的)头盖,铝盖在周边10cm以上损坏、穿孔可以更换
前盖撑杆	撑杆有弯曲现象、撑杆芯有划痕、撑杆球头脱落给予更换
前挡下饰板	金属缺损、塑料裂开在5cm以下不影响使用和美观的给予修复,缺损的按以上标准给予更换
前挡饰条	前挡胶条和金属饰条:开裂和缺损的给予更换,如奥迪前挡饰条是一次性使用,给予更换
倒车镜	外部缺损和只烂镜片的,给予更换半总成;电镜的电控转向器损坏的,给予更换总成
龙门架	损坏在1/3以上的、撞扁、撞曲、撞折和头盖锁位置以及角位损坏的(钢材),或材料为塑料、玻璃钢的,给予更换
散热网	轻微变形,给予修复;有穿漏现象(因有压力)或有折曲、断脚的,给予更换
水箱	轻微变形或水道管穿孔细微的,铜制水道管可用铜焊焊补的给予修复,铝制水道管可用亚弧焊给予修补;水道管撞扁、撞烂,断脚或要截断改变水道的(因缩短水道影响水降温时间,容易就成水温高),给予更换

(续表)

零配件名称	标　准
风扇总成（含电机）	胶扇叶和金属扇叶有缺损、变形的，给予更换；电机若表面完好、轴无变形或轴承无异响及转动正常（必要时可通电试），不给予更换
前翼子板	前面撞扁、撞折或骨位折曲超 1/3 以上，穿烂、划破超过 10 cm 以上，按以上规定给予更换；侧面凹陷无论大小都不给予更换，应给予修复。修复工时大于换件价格给予更换
前翼子板内骨架	影响避震机座造成前轮定位和前束有问题的，给予更换
前纵梁	折曲或撞扁或扭曲 1/3 以上，给予更换
前、后桥	要观看其撞击位置主要在轮位或纵梁（严重折曲）和前桥上，如货车撞不到该位置不会损坏，小车能用眼看到损坏的或看不到的，就要观看其前桥底部的四颗大螺钉有无移位变形；下摆臂固定位有无变形，如有则给予更换，如无就不能更换
仪表台壳	塑料有爆裂、穿洞、变形给予更换，真皮面尽量给予修复
发动机脚胶	断裂、缺损给予更换
脚胶支架	同上（铝合金或铸成一体）
避震器	变形、避震机芯明显划痕、明显碰撞痕迹的，基本予以更换
下悬挂臂	变形、有明显碰撞痕迹的，基本予以更换
转向节	变形、有明显碰撞痕迹的，基本予以更换（可以考虑将轴承一同更换）
方向机	变形、有明显碰撞痕迹的，基本予以更换
横、直拉杆	变形、有明显碰撞痕迹或有裂痕的，基本予以更换
半轴	变形、有明显碰撞痕迹的，基本予以更换；仅三角轴承受损的不更换
半轴万向节（球笼）	有损坏的基本的，予以更换
正时室盖	缺损或裂开、变形的，给予更换
发动机油底壳	撞损直径 1/3，深度 3 cm 以上的，给予更换。
气门室盖	缺损、爆裂、变形的，按以上标准给予更换。
中缸壳	螺丝位断裂一个的原则上予以修复；裂纹不大于 5 cm 以上，或位置不在油道、水道可以修复，否则予以更换；如有缺损、崩烂的，给予更换
波箱壳	同上
波箱油底壳	撞损、变形，凹陷深度 2 mm 以上的，按以上标准给予更换
进、排气歧管	铸铁件变形、缺损的，给予更换；塑料件有损坏的，基本予以更换
中排气管	变形偏离支承点超过 5 cm 的或撞穿及撕裂的，原则上给予更换；其他部位的弯折可修复
后排气管	
前排气管	
三元催化器	内、外部破裂，有异响的，给予更换
消声器	凹陷深度超过 1 cm 的或撞穿的或有异响的，原则上给予更换
前、后立柱	撞穿的，或柱体凹陷变形部分达到柱体 20% 的，原则上给予更换
A、B、C 柱	
车门壳	缺损的、撞穿直径超过 10 cm 的或弯曲角度超过 1/3 的，原则上给予更换；窗框部位凹陷变形部分达到框体 20%的，给予更换
车门玻璃升降器总成	胶扣断裂、钢丝散开、齿轮牙缺损、举升支架变形超过 1/4，或电机受损不能运转的，原则上给予更换
下裙饰板、车门外饰板、轮眉饰板	缺损、断脚（码）、塑胶的饰板弯曲部分超过板体的 1/3 或撕裂的，原则上给予更换
天窗玻璃导轨	变形导致天窗玻璃滑动不畅的，原则上给予更换

(续表)

零配件名称	标 准
后翼子板	后面撞扁、撞折或骨位折曲超 1/4 以上,穿烂、划破超过 10 cm 以上的,给予更换;侧面凹陷无论大小都不给予更换,应给予修复。修复工时大于换件价格的,给予更换
后翼子板内骨架	缺损的、或弯曲角度超过 1/3 以上的,原则上给予更换
后窗台板	饰板裂开、钢材支架变形范围达到 50%、缺损的,原则上给予更换,其他情况不建议更换
油箱总成	撞穿、边角凹陷超过 1 cm 的原则上给予更换,塑胶的油箱有超过 1.5 mm 深度的划痕或有褶皱的,原则上给予更换
尾盖	撞损位置扁烂、撞穿或撞折,特别是骨位折曲在 1/4 以上的尾盖,给予更换;中间凹陷的无论大小不能更换
尾盖撑杆	撑杆有弯曲现象、撑杆芯有划花痕、撑杆球头脱落,给予更换
行李箱地板	缺损的或撞穿直径超过 20 cm 以上的,给予更换
ABS 执行器	线束插头、插座损坏,电路板部位受明显撞击,泵体有明显撞击造成的损坏,基本予以更换
安全气囊电脑	气囊爆出的,气囊游丝、电脑、气囊、感应器(奥迪 A6/A4、广州本田系列无感应器)予以更换
轮辋(包括铝合金)	变形失圆、缺损的,基本予以更换
前、后盖锁	变形的,基本予以更换
门锁	明显变形、破裂的,基本予以更换
门把手	有明显摩擦痕迹、断裂(含塑料、电镀面)的,基本予以更换
防撞胶条	有变形、明显摩擦痕迹、断裂(含塑料、电镀面)的,基本予以更换
玻璃压条	有变形、明显摩擦痕迹、断裂(含塑料、电镀面)的,基本予以更换
天线	天线杆有变形、断裂的,基本予以更换
倒车雷达感应器	有损坏的,基本予以更换

三、一般车损案件定损

(1) 认真查验受损标的,确定受损部位、损失项目、损失程度,损失严重的应将车辆解体后再确认。

(2) 查看现场相片记录、损失相片痕迹记录,核对出险原因、经过及大概损失情况是否相符,有无扩大损失部分。

(3) 沿着碰撞力传递路线系统地检查车辆配件的损伤,直到没有任何损伤痕迹的位置,以防遗漏间接损失。间接损失较难全面地确定和分析,定损人员在定损时必须设法找出各个部位变形的痕迹,并检查所有螺栓、垫片或其他紧固件有没有发生移动或离位,有没有露出未涂漆的金属面,内涂层有无开裂或出现裂纹等,同时又要注意间接损失和非事故损失的区分。

(4) 确定损伤是否限制在车身范围内,是否还包含功能部件、元件或隐藏件(如车轮、悬架、发动机、仪表台内藏件等),根据碰撞力传导范围、损伤变形情况和配件拆出来后的损失相片区分事故损伤与拆装损伤。

(5) 严格按拆装、钣金修复、机修、电工、喷漆分类确定修理项目和按碰撞线路和碰撞力传导线路确定换件项目,并及时记录相片中反映出的零配件型号、规格及零配件上有的配件编码。

(6) 根据报价管理规定对更换件确定配件进行报价,根据维修当地工时费标准确定维修工时价。

(7) 拍摄所有损失零部件相片。

(8) 委托案件受理机构已完成车辆定损的,如委托机构与被保险人协商,事故车辆需拖回委托机构所在地修理的,原则上以委托机构重新定损结果为准,委托机构在缮制时导入新的定损信息,受理机构原有定损信息不再修改。

(9) 对于损失金额较大的事故车辆,在修复完工、客户提取车辆之前,应对维修方案的落实情况、更换配件的品质和修理质量进行检验;也可采取修复中抽检的形式。复检的结果应在定损单上注明,如发现未更换定损换件或未按定损价格更换相应配件,应在定损单上扣除相应的差价。

(10) 对损失金额较大或双方难以达成定损协议或受损标的鉴定技术高、难以确定损失的案件,报总公司理赔部批示后,可聘请专家或委托公估机构定损。

(11) 定损中应注意区分本次事故和非本次事故造成的损失,事故损失和正常维修保养的界限,对确定为事故损失的部位应坚持尽量修复的原则。

(12) 残值应协商折价折归被保险人,并由被保险人进行处理。

(13) 注意定损权限,对超权限案件应及时上报。

四、火灾车损案件定损

1. 全部损失

过火面积达到或接近100%,所有部件均无修复利用价值。这类车损在定损中要注意以下两点。

(1) 通过拆解,进一步确认火因,判定是碰撞起火、外来火源还是自燃,从而对查勘定责进行补充。

(2) 准确核定残值。一般此类车辆的残值只能做废品出售,准确定价后交由被保险人处理。

2. 部分损失

过火面积没有达到车辆报废的标准,还可修复。这类车损在定损中要注意以下四点。

(1) 通过拆解,进一步确认火因,判定是碰撞起火、外来火源还是自燃,从而对查勘定责进行补充。

(2) 区分损坏件和已过火但还可修复使用件,准确核定损失项目。一般电路、胶管、塑料件等,只要过火,都无法修复;一般金属件过火,要仔细判别损失程度,能修复的尽量修复。

(3) 外表件过火,要根据实际情况,如果面积小,翘曲变形不严重,可修复;如果过火面积大,翘曲变形严重,考虑更换。因为高温退火的变形件,其强度严重下降,即使能够修复,其使用性能也无法恢复。

(4) 载重车车架过火的,要根据变形严重程度和变形部位确定损失。一般可修理恢复,但涉及关键承载部位严重退火的,可考虑修理加强,必要时通过报批可进行更换。

五、水灾车损案件定损

水灾车损案件定损可参照保险公司的《车险水淹案件处理技术规范》进行处理,具体定损规范如下。

1. 定损原则

（1）快速原则。对水灾车辆的定损工作，重点突出"快速"，拖延时间不仅会导致部分零部件加重损失甚至导致报废，还会给合理定损带来难度，并产生理赔纠纷。

（2）顺序原则。先高档车后普通车；先轿车后货车；先严重泡损后轻微受损；先电脑控制模块、线路、电器后其他部位；先清洗烘干后检测维修；先定内部损失后定外观损失。

（3）清洗费用包干原则。为体现快捷服务，避免拖延时间产生更多大损失，对于仅遭受水浸、未产生其他损失的车辆，可以采取对事故车辆清理费一次性包干的方法，由维修厂负责自行处置。

2. 具体要求

水灾车损有两种不同形式：一种是车辆在行驶过程中遭遇水灾，容易造成发动机的损坏；一种是车辆在停放过程中遭遇水灾，容易造成车内装饰件、电器元件及各种仪表的损坏。

（1）对机械部件应进行清洗、除锈、分解、润滑处理。

（2）对电器、仪表部分进行合理的干燥处理后，通过仪器检测对确因水灾损坏的予以更换。

（3）对车体内装饰件应进行清洁整理，对已损坏部分可以更换。

（4）对损失严重的事故，采取推定全损与维修方案进行比较的方式。

（5）对因洪水或地质灾害造成的车辆被冲走或滚翻，定损时还应对车体变形部位给予相应的整形及喷漆处理。

（6）安排专门进行电子设备清理的维修点，也可以联系家电维修点，对于电器设备部分，如收录机、CD机、车载电话等配件，如果确认属于保险责任范围的，可以外包加工方式，借助家电、手机等维修点进行清洗或维修处理。

（7）核定损失项目。由于水灾案件对定损时效要求很高，故在定损时应尽量一次确定损失项目，避免因修理厂延误导致损失扩大；同时，应确定相对统一的维修工时标准。

（8）与专业零配件供应商及4S店建立合作关系，有合作4S店的优先选择合作4S店，要求提供零配件供货，以及对争议零配件的损失鉴定和技术支持。

（9）对于报损的中高档轿车价值较高的电器元件，尤其是重大损失及高档车辆的电器设备进行鉴定，必要时应聘请专业人员共同鉴定，提供维修意见。

（10）对车辆在运动状态下突然遭遇水灾，应重点检查发动机部分。检查过程中应区别正常机械损坏与事故损坏的界限，须区分是否属于承保范围，剔除不属于保险责任范围的损失。

（11）建立跟踪和复勘制度，对于维修重大损失车辆的厂家、安排维修车辆较多的厂家，以及委托进行零配件鉴定的厂家，派遣查勘人员驻点，督促维修进度，并通过一次性标签（注明编号、车牌号及查勘人员签章）对更换或待查配件进行标注。

（12）对于因水灾更换的所有零配件，均应全部回收，并登记入库。

六、全损案件定损

1. 全损案件确认标准

(1) 出险车辆的损失程度已经达到无法进行恢复性维修的地步。

(2) 对出险车辆的施救、维修费用已经大于购车价格的80%。

(3) 确认全损程度必须事前得到指定审核部门的批准。

2. 实际全损

实际全损是指车辆已经没有完好件,或实际无法修复。如火灾案件,过火面积达到100%,而且所有部件已无利用价值。对实际全损案件,定损时应把握如下原则。

(1) 详细拍照,对车辆损失按照总成件逐一拍照,反映损失详细情况。

(2) 残值估价。对全损车辆残值估价,一是要考虑残值的实际市场价值;二是要考虑对残值的施救成本(如果施救成本大于或等于残值的市场价值,残值应按照零计算);三是残值折价归被保险人,在理算时计算扣减。

(3) 注意定损权限。因全损案件一般涉及金额较大,在定损中一定把握好定损权限,超权限案件应及时上报。

3. 推定全损

推定全损是指车辆损失已经达到一定程度,估计修复费用高出车辆修复后的市场价值,或者施救难度大,施救费用高于车辆价值。对此类车定损,应把握如下原则。

(1) 详细拍照。详细拍摄事故现场、施救过程、损失车辆的照片。对车辆损失按照总成件逐一拍照,反映损失详细情况。

(2) 残值估价。对推定全损车辆残值估价,遵照如下原则。

① 要考虑残值的实际市场价值,这类车损失虽然严重,但部分总成还可以利用,应充分考虑其完好价值、折旧、是否需要修理等因素,准确估价。

② 要考虑对残值的施救成本,如果施救成本大于或等于残值的市场价值,则残值应按照零计算。

③ 依靠专业技术力量或评估部门的专业特长准确估价。

(3) 对推定全损案件,一定采取与维修方案进行比较的方式,必要的维修项目记录单据,附加在案卷中。

(4) 注意定损权限。因推定全损案件一般涉及金额较大,在定损中一定把握好定损权限,超权限案件应及时上报,并跟踪落实回复意见。

七、盗抢险案件定损

(1) 对全车被盗抢,在规定期限内公安机关没有破获的案件,根据合同约定直接在考虑折旧和免赔因素后计算赔款。

(2) 对全车被盗抢后在合同规定期限内公安机关破获或找到,车辆完好的,车辆直接交被保险人,案件零结处理。

(3) 对被盗抢或抢夺期间所造成的车辆的损失,按照损失金额,参照一般车损案件定损处理办法定损,在盗抢险项下计算赔款。

八、配件价格

(1) 对更换配件的价格认定,严格按照保险公司制定的配件价格标准执行。凡超出规定范围的情况必须得到上级或总公司审核部门的批示文件,批复文件拍照上传至案件理赔处理平台并附加在案卷中。

(2) 配件价格按地理区域制定不同的标准,各机构按所属地区选择相应的配件价格标准。

(3) 配件价格标准分为4S店标准与市场价标准。保险事故车在4S店维修,且标的车型属该4S店所经营的品牌范围,配件价格按4S店标准执行;保险事故车在4S店维修,但标的车型非该4S店所经营的品牌范围,或是在综合类修理厂维修的,配件价格按市场价格标准执行。

(4) 必须在规定的时效范围内完成配件价格确定工作,完成上传理赔系统和落实完成系统回复意见工作。

九、车辆损失残值折价

车辆损失残值是指经保险赔付的受损配件的残余价值,残值处理是定损工作的一项重要内容,在车辆定损过程中必须包含残值处理。残值处理方式需在定损单中列明,经被保险人签字确认。对残值的处理,把握以下原则。

(1) 残值折价。根据换件的可利用价值及配件价格,对残值进行准确的定价。

① 对轻微损伤配件按照原配件价格5%～30%作价。

② 对一般损伤配件按照原配件价格3%～5%作价。

③ 对严重损伤配件按照原配件价格2%～3%作价,详细见表8-2。

表8-2 损伤配件残值折价率

损伤分类		损伤配件残值折价率/(%)						
损伤程度	利用程度	发动机	底盘	钣金	电器	内饰	电瓶	轮胎
轻微损伤	可用	10	20	30	20	30	20	30
	可修复	5	5	5	5	10	10	10
一般损伤	可修复	5	5	5	5	10	10	5
	不可修复	3	3	2	3	3	5	3
严重损伤	可修复	3	3	3	3	5	3	3
	不可修复	2	2	2	2	2	3	2

对可修复继续利用的残值,充分考虑其市场价值进行折价,力争客观、准确,必要时进行回收;残值折价后归被保险人处理,残值作价从定损金额中扣除。

(2) 旧件回收。对部分有争议的换件,可以进行回收,防止继续利用,套取赔款;对无争议的配件按照残值折价规定扣除残值。

(3) 对推定全损的车辆,残值准确折价后由被保险人处理,保险公司不得回收。

十、施救费定损

施救费是对出险车辆进行施救过程所产生的费用,分为拖车费、吊车费和抢救打捞费。施救费用必须是为减少保险标的损失所支付的必要的合理费用。在施救费确定中,应注意把握如下原则。

(1) 充分考虑施救难度和施救工作量,参照市场行情,确定施救费用、吊车费和拖车费,可参照当地交通部门制定的标准进行确定。

(2) 对需要人工和专用设备进行施救的,可按照当地用工标准和专用设备使用费用,参照行业标准进行确定。

(3) 同时施救保险公司保险车辆以外的财物的,严格区分保险车辆和保险车辆以外的财物各自发生的费用。如果无法准确区分的,则可按照被施救物重量比例分摊计算。

(4) 充分考虑施救对象的实际价值,如果施救费用超过被施救物的实际价值,则可放弃施救,在案件定损单中说明情况。

(5) 施救费描述。

① 拖车费。为专管行业规定的事故拖车企业专用车辆对事故车辆产生托运行为,从事故发生地点到附近指定维修企业或停车地点所产生的托运费用。此托运行为和费用应该符合行政相关管理规定的标准。

根据道路和被拖车辆不同对拖车费用进行了具体的分类,按照道路区域分为市区道路、一般道路、高速道路,按照被托车辆分为小型车辆、中型车辆、大型车辆。

  a. 市区道路。是指城市内部的道路。
  b. 一般道路。是指各个城市之间的道路,包括省级道路和国家级道路。
  c. 高速道路。是指高速公路。
  d. 小型车辆。是指小型客车。
  e. 中型车辆。是指中型客车或轻型货车等。
  f. 大型车辆。是指大型客车或中型以上的货车。

② 抢救打捞费。为对事故现场车辆进行抢救、施救所产生的费用,其中,包含人工打捞、人工搬运、施工机械等费用。此费用的确定必须符合相关行业的规定标准。当费用低于500元由分公司理赔经理负责确定审批;当费用在500~1000元由分公司理赔经理负责确定审批;当费用大于1000元时,必须上报保险公司的总公司理赔部审批。

十一、工时费定损

车损工时费即维修工时费用,是对事故车辆在保险原则规定范围内进行维修的工时费用,其中,包含在维修过程中各个工种的各环节产生的费用,如拆解费、钣金费、喷漆费、调试费、检查诊断费、电脑匹配费等。工时定价是定损工作的一项重要内容,在车辆定损过程中对维修工时费的处理,应把握以下原则。

1. 定损原则

(1) 依据标准。确定维修工时费的依据为交通部下发的《汽车维修行业工时定额和收费标准》,执行的标准为保险公司下发的《保险公司车险理赔工时费定额标准》。

（2）定损操作。在定损时根据维修企业类别，确定工时标准，对待项目中不包含的内容，按照类似项目进行比例折算。

（3）定损争议。在实际操作过程中应该严格执行上述标准，当出现与修理企业发生争议时，修理企业必须提供在当地维修行业管理部门的登记、审批工时费标准，并上报审批后附加在案卷中。

2. 企业分类

根据交通部下发的《汽车维修业开业条件》文件，划分了维修企业技术类别，物价行政管理机关依据的维修企业技术类别确定了相应的收费等级划分。

（1）一类。技术级别为一类的维修企业为甲级收费单位，基本工时单价为10.5元。

（2）二类。技术级别为二类的维修企业为乙级收费单位，基本工时单价为7.5元。

（3）三类。技术级别为三类的维修企业为丙级收费单位，基本工时单价低于乙级收费单位，一般协商为6元。

（4）备案工时费。各个地区的维修企业根据本企业技术等级和承接维修的车型，在当地维修行业管理部门登记备案的工时标准。

3. 工时定额分类

（1）按照维修工艺，可以将工时定额分为：拆装工时定额、换件工时定额等。拆装工时定额又分为显性拆装工时定额、隐性拆装工时定额和整车拆装工时定额。

① 显性拆装工时定额，是指在更换配件时所需要拆装此配件的工时定额。

② 隐性拆装工时定额，是指在维修过程中为达到拆装修理配件，对不需要修理的配件进行拆装，此拆装不需要维修的配件所需要的工时为隐性拆装工时定额。

③ 整车拆装工时定额，是指对总成件进行拆装所需要的工时。次工时定额包含隐性拆装工时定额。

（2）按照维修工种，可以将工时定额分为：钣金工时定额、车身喷涂工时定额、机修工时定额、电工工时定额等。

（3）考虑到定损员在定损操作时的方便性，以及在定损过程中的准确性。主要区分为：施救费标准、拆解工时定额、钣金工时定额、车身喷涂工时定额、机修工时定额、电工工时定额、专项修理工时定额等。

资讯三 核 损

顾名思义，对于"核损"而言，"核"即审核、核实、核定，"损"即损失大小、额度、金额。就车险理赔公估核损而言，即就事故的性质，事故中车辆、物件损失及人员伤亡的情况进行审核，一方面确认事故是否属于保险责任，另一方面确认保险责任范围内事故造成的损失的金额大小。

一、核损员工作职责

（1）根据现场查勘人员提交的资料，准确判定事故是否保险责任。

（2）不是保险责任的，需向上一级请示合理的给客户或现场查勘人员口头或书面说明的拒赔理由。

(3) 核定事故的损失。核定损失的数量品种和对应品种的价值,完善损失清单,明确换、修项目和人工费、机械费等,以及事故人伤中的相关损失费用等。

(4) 明确理赔的计算公式和损失金额,尽可能让客户满意。

(5) 对有争议的案件,及时向主管和上一级请示,避免诉讼案件的发生。

二、核损的工作流程

核损的工作流程见图8-7,下面我们详细介绍每一个流程。

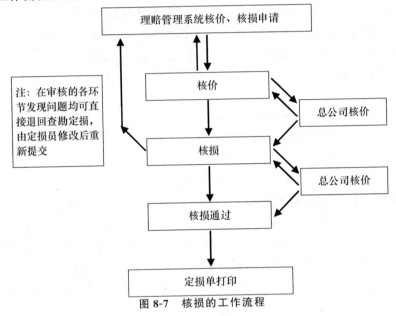

图 8-7 核损的工作流程

(一) 单证数量与种类的审核

1. 基本单证

(1) 证明保险标的或当事人身份的原始文件。

① 保险单或保险凭证的正本,已交纳保险费的凭证(账册、收据、发票、装箱单等),车辆行驶证。

② 当事人的证件如身份证、工作证、户口簿、驾驶证复印件等。

(2) 证明保险事故的有关文件。

① 出险通知书、保险事故调查检验报告。

② 因交通事故造成的损失应提供公安交通管理部门的事故责任认定书、事故调解书或其他证明材料。

③ 因火灾造成的损失应提供公安消防部门的火灾证明。

④ 因全车盗抢造成的损失由出险地县级以上公安刑侦部门出具的盗抢案件证明。

⑤ 因气象原因造成损失的应由气象部门提供证明。

2. 保险车辆施救、修理单证

(1) 现场及车损照片、各种费用(如施救、保护费用)清单、修理估价单等。

(2) 汽车维修业专用发票。

(3) 定损单、结算清单、修理材料清单。

3. 第三者赔偿费用的有关单证

(1) 对第三者的赔偿费用清单、第三者财产损失赔款收据、赔款委托书等。

(2) 现场照片、财产损失清单、损害鉴定证明。

(3) 修车发票。

(4) 误工费、护理费、赡养费、抚养费等证明。

(5) 医药费凭证、治疗诊断书。

(6) 伤残鉴定书。

(7) 事故中死亡者的死亡证明书。

(8) 其他证明材料。

(二) 单证真实性审核

1. 驾驶证真假识别

根据《机动车驾驶证申领和使用规定》，在道路上驾驶民用机动车辆者，须申请领取机动车驾驶证；实行驾驶证准予驾驶相关车辆制度；持未记载审验合格的驾驶证不具备驾驶资格；机动车驾驶人在机动车驾驶证丢失、损毁、超过有效期或者被依法扣留、暂扣期间以及记分达到12分的，不得驾驶车辆。

一般来说，只有车主允许的合格的驾驶人驾驶合格的被保险机动车时，由于非故意原因造成的损失，才有可能得到赔付。因此，验明驾驶人身份、驾驶证真伪、驾驶证是否有效，显得十分必要。详细见图8-8。

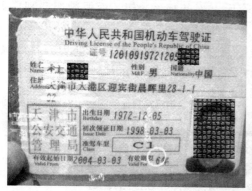 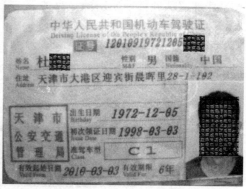

图 8-8　真假身份证对比(左真右假)

(1) 驾驶证真假区别一。

① 发证机关章即正本上的红色方章，即××省或××市公安局(厅)交(巡)警支(总)队或交管局(北京，天津，武汉，南京，等)，还有××县(市)交(巡)警大队。

② 现在驾驶证的发证机关章都是套红印刷的，而假证的红章一般都是打印出章或刻章盖。

(2) 驾驶证真假区别二。内容的打印方式，新版驾驶证都是采用公安部统一设置防伪针式打印格式，在专用打字机上采用针式技术，打出来的字体必定有针孔，用手能摸出来。特别是数字0和5很明显，0当中有一曲线，5上面也有一道，这是假证做不到的。

(3) 驾驶证真假区别三。日期上也设置了防伪,如 1998-03-03 中的连接符"-",真的驾驶证上的位置是在中偏下,而假的驾驶证是在中间,这也是防伪设计,假证无法打印或只能通过手工添加。

(4) 驾驶证真假区别四。字体上:除了上述的数字 0 和 5 的特殊设计外,真证的"0"为尖头,"4"为斜向上的一横,不是水平的;2、3、6、8 为小头大身体。

(5) 驾驶证真假区别五。准驾车型的英文字母与数字为同一字体。

2. 车牌照真假识别

号牌表面应当清晰、整齐、着色均匀,不得有皱纹、气泡、颗粒、杂质及漆层薄厚不一的现象,反光材料或漆层与基材附着应牢固。金属材料号牌应具有耐柴油、汽油等防腐蚀和防水性能;浸入 30 分钟,取出擦干 1 小时后,表面无剥落、软化、变色、失光。金属材料号牌在受一般外力冲击和弯曲时,不应有折裂、脱漆等损坏现象。

从车牌油漆光色上来说,伪造号牌底板的油漆由于品种和质量的不同,制作出的号牌表面上看与真的没有什么区别,但在太阳光和灯照射下就有区别。真牌在太阳光直射下不反光,但在灯光直射下反光;假牌在太阳底下站在一定的角度看会发光,在灯光直射下是暗光。从字体的颜色看假牌的颜色比真的要蓝。真的外籍车牌带有萤光粉微粒,仔细一看就可以看出里面有反光的微粒;而假的就没有反光,它是一种漆,一种颜色。真假牌照区别如下。

(1) 真牌照四角弧度一致,边缘光滑边框线与基板边线平行。而假牌照四角弧度不一致,有凸角,四边为锋口,手摸有刺痛感且材料偏薄。

(2) 真牌照部颁标准使用的是反光膜,脱落后出现基板——铝。而假牌照凸现字符使用的往往是白色油漆,脱落后出现蓝色。

(3) 小型车牌照和大型车牌照数字中的 2、3、4、5、6、9 其弧形端开口处均为斜口,如图 8-9 所示;若为平口,则为假牌照。而英文字母 C、J、S、G 的弧形开口处为平口,如图 8-10 所示。

图 8-9 正确的车牌照数字表示

图 8-10 正确的车牌照英文表示

3. 身份证真假识别

（1）前六位：地址码。

（2）第七位～第十四位：出生日期码。

（3）第十五位～第十七位：顺序码。

（4）第十八位：数字校验码。

注意身份证上的3个字。

（1）"身"中间的两横是不碰到右边框的。

（2）"居"和"民"中间的一横的长度，不会突破右边的一竖。

（三）定责审核

定责审核包括保险利益的审核、车险车辆的审核、驾驶员的审核、案发时间的审核、车险原因的审核、事故责任划分的审核和上传资料与查勘信息对应性审核。

（四）定损审核

（1）审核损失项目与程度——换件项目、修复项目、检修项目。

（2）审核损失费用——配件价格和工时费、施救费用。

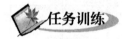任务训练

现场定损模拟

团队名称：团队自定。

人数：不少于4人。

成员：组长1名，组员3名（每人根据岗位扮演一个角色）。

口号：团队自定。

团队合影：团队自定合影姿势。

每组人员分配：4S店工作人员1人，定损中心2人，客户1人，根据情景对话进行模拟。每组选出1名学员作为队长，带领本组学员进行情景模拟。准备完毕的组给其他组表演，由老师和其他组学员进行评分，按照分数高低，进行排行。通过学生对事故车定损的整个过程进行情景模拟，完成定损确认书的填写，达到工作技能的提升。

工具：数码相机、电脑、车险业务综合实训系统、卷尺、手电筒、笔、记录本、现场定损记录、事故车辆损失确认书（见表8-3）。

表8-3　机动车辆保险车辆损失情况确认书

赔案编号：　　　　　　　　　　　　　　　　　　　　条款类别：

被保险人		保险单号	
厂牌型号		车牌号码	
制造年份	年　　月　　日	发动机号	
定损时间		车架	

(续表)

定损地点				变速箱形式	手动　自动　手自一体		
报价公司			总公司　省公司　地市公司				
零部件更换项目	序号	配件名称	数量	核定价格	序号	配件名称	数量	核定价格
	1				11			
	2				12			
	3				13			
	4				14			
	5				15			
	6				16			
	7				17			
	8				18			
	9				19			
	10				小计			
维修项目	序号	项目名称	工时	工时费	序号	项目名称	工时	工时费
	1				7			
	2				8			
	3				9			
	4				10			
	5				11			
	6				小计			
换件项目共计：　项,合计金额:(大写)							(￥　　元)
修理费总金额:(大写)							(￥　　元)
残值作价金额:(大写)							(￥　　元)
实际损失金额合计:(大写)							(￥　　元)
保险合同当事人各方经协商,同意按确认书中所载明的零部件更换项目及维修项目作为确定本次事故损失范围的依据,其零部件价格以保险公司按市场价格报价为准。修理费总金额均已包含各项税费,超过此金额部分,保险人不予赔付							

思考题

1. 试分析定损人员岗位职责。
2. 更换受损配件的情况有哪几种？
3. 试分析前后保险杠及前后杠内骨架的更换原则。
4. 简述一般车损案件的定损内容。
5. 简述实际全损和推定全损的含义。
6. 施救费包括哪几部分？
7. 核损时单证的数量及种类有哪些？
8. 简述驾驶证真伪的识别要点。

任务九 人伤案件

1. 理解并掌握人伤案件的处理流程。
2. 能够运用所学知识进行人伤案件中核损内容的分析。
3. 能够结合我国保险公司实际情况进行人伤案件处理现状的分析。

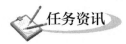

资讯一 人伤案件概述

一、人伤案件适用范围

在保险公司投保机动车辆交强险、机动车第三者责任保险、驾驶员责任险、机动车车上人员责任保险,因发生保险事故造成的人员伤亡。

二、人伤案件处理流程

人伤案件比较复杂,具体内容如图9-1所示。

（一）查勘要点

人伤案件的查勘需要由交警、法医、保险公司人伤案件专业查勘人员一同进行,其专业化程度非常高,此处不作为学习重点进行介绍。但是希望读者能了解人伤案件查勘要点包括核对保险单、调查事故经过、调查伤亡人员情况和调查单证资料四部分。

查勘要点主要包括事故现场调查;提取残留物;现场走访目击者,寻访知情者;医院调查伤者、家属及陪护人员,询问经治医生伤者的受伤情况;走访交通管理部门;对明显存在欺诈案件转独立调查。

（二）人伤案件定损标准
(1)《保险股份有限公司机动车保险条款》。
(2)《机动车辆道路交通事故强制责任保险条款》。

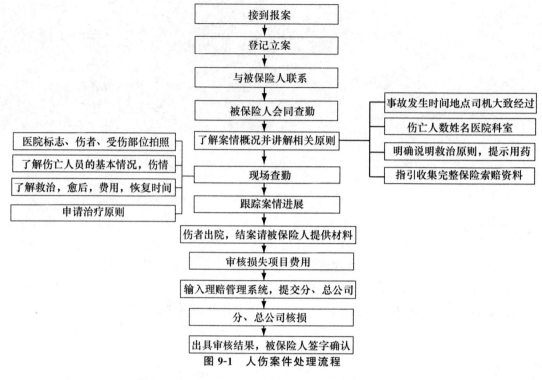

图 9-1 人伤案件处理流程

(3)《中华人民共和国保险法》。

(4)《中华人民共和国道路交通安全法》及其实施条例。

(5)《道路交通事故处理程序规定》。

(6)《最高人民法院关于审理人身损害赔偿案件适用法律若干问题的解释》。

(7)《道路交通事故受伤人员伤残评定》。

(8)《人体损伤程度鉴定标准》。

(9)《人身伤害受伤人员误工损失日评定准则》。

(10)《国家基本医疗保险药品名录》。

(11)《国家基本医疗保险诊疗项目范围》。

(12)《中华人民共和国婚姻法》。

(13)《中华人民共和国继承法》。

(14)《道路交通事故受伤人员临床诊疗指南》。

(15)《机动车交通事故责任强制保险条例》。

(16)《机动车交通事故责任强制保险条款》。

(三) 人伤案件普遍问题

(1) 人伤案件现场查勘的延迟,造成人伤案件查勘滞后。

(2) 查勘人员对医疗专业的不了解,对伤者病情描述不准确,造成保险公司的技术人员无法判断伤者的伤重程度,无法预估伤者的医疗费用。

(3) 现场查勘人员对伤亡信息调查了解不充分,造成伤亡信息不完善,使人伤估损不准确。

(4) 查勘人员不及时填写人伤赔案系统,造成无法将人伤情况及时完整输入系统,无法对损失做出预估。

(5) 部分案件、异地出险人伤案件无人跟踪管理。

(6) 人伤案件处理期间无跟踪调查,赔偿项目及标准无指导。

(7) 客户索赔资料真实性未核实。

(8) 人伤定损不严格。定损后的金额,未经客户确认。

(9) 人伤案件法律诉讼量大。

(10) 法务岗人员与人伤岗调查人员沟通不到位。

(11) 各保险公司的分公司人伤岗调查人员配比过少、工作量大,无法将人伤工作细化。

(12) 各保险公司的分公司几乎无专业人伤岗调查人员,人伤案件无专人处理。

(13) 人伤岗调查人员专业水平不到位,无专业技术培训。

资讯二 人伤案件核损流程

一、人伤案件核损流程

(一) 根据收集的各种医疗相关单证

单证包括门急诊病历、出院小结、住院病历、医疗费用凭证、医疗费用清单等,结合医保药品目录和治疗项目规定,仔细审核,再填写《机动车辆险人伤核损清单表》和完善易保系统人伤核损信息录入;对于住院的,必须审阅住院病历和医嘱单。

(二) 提出质疑

对不合理部分提出质疑,要求合理评定,并把处理经过详细记录在人伤案件跟踪记录中,或再补充资料或做相关调查,必要时也可借助司法程序进行重新认定。

(三) 协助保户调解、结案流程

(1) 协助保户参与调解、结案工作。应首先取得被保险人的书面授权,并事先申明参与调解的结果并不构成保险公司的理赔承诺。

(2) 人伤理赔人员可以协助被保险人参与事故的处理过程。对一些复杂有争议的交通事故,同被保险人一起到交警部门协助调解。根据法律规定,协助被保险人确定赔偿项目及金额,尽可能减少被保险人不合理费用的支出。

(3) 对于存在与保险赔偿有关的争议的案件,还可视被保险人请求和涉案金额,协助被保险人参与与第三者的诉讼,提供必要的医疗知识、法律服务。

(4) 参与过程及结果应及时记录在系统中的人伤案件跟踪记录中。

(四) 单证收集

(1) 关于人伤案件索赔时需要的单证要求,应事先由人伤案件调查人员或事故车辆查勘人员和定损人员书面告知被保险人。

(2) 被保险人在事故处理结案后,提交有关人身损害赔偿的票据、病历、证明文件、事故责任认定书及调解书、法院判决书及仲裁书等相关资料,由单证搜集人员进行初审,并打印单证收集表交被保险人。

二、费用审核要点

（一）商业险人伤费用审核指引

根据《道路交通安全法》《最高人民法院关于审理人身损害赔偿案件适用法律若干问题的解释》（以下简称《法释》）、《人体损伤程度鉴定标准》《人身损害受伤人员误工损失日评定准则》《道路交通事故受伤人员伤残评定标准》、保险公司总公司《车险理赔业务手册》，并结合创伤医学临床诊疗以及伤者具体伤情综合核定。对被保险人自行承诺或支付的赔偿金额，保险人有权重新核定或拒绝赔偿；工伤保险、其他保险已赔付及社会医疗保险支付了的费用，保险公司不予赔付。

适用范围：凡在保险公司投保机动车第三者责任保险、驾驶员责任险、乘客责任险，因保险事故造成的人员伤亡。

（二）医疗费的审核

医疗费用应根据《法释》第十九条："医疗费根据医疗机构出具的医药费、住院费等收款凭证，结合病历和诊断证明等相关证据确定，赔偿义务人对治疗的必要性和合理性有异议的，应当承担相应的举证责任。医疗费的赔偿数额，按照一审法庭辩论终结前实际发生的数额确定。器官功能恢复训练所必要的康复费、适当的整容费以及其他后续治疗费，赔偿权利人可以待实际发生后另行起诉。但根据医疗证明或者鉴定结论确定必然发生的费用，可以与已经发生的医疗费一并予以赔偿。"的规定标准进行审核。

医保标准是指国家制定的《城镇职工基本医疗保险制度》和各省、市、自治区、计划单列市的《省市城镇职工基本医疗保险制度》等相关规定。在审核中涉及的主要是国家劳动和社会保障部下发的《国家基本医疗保险和工伤保险药品目录》《国家基本医疗保险诊疗项目范围》和《关于确定城镇职工基本医疗保险医疗服务设施范围和支付标准的意见》三个目录，以及各省、市、自治区、计划单列市制定的《药品目录》《诊疗项目范围》和《服务设施范围和支付标准》。

1. 就诊医院审核

一般要求在医保定点医院或县级以上能提供电脑发票的医院就医；若伤情紧急，需就地救治的，则应在当地乡镇卫生院行简单的清创、止血、伤口包扎、骨折外固定或病情稍稳定后，转县级以上医院（一般皮外伤除外），避免赔偿义务人对就诊医院的必要性和合理性产生争议；若病情特殊需转院治疗的，则需提供就诊医院的转院证明或保险人的同意。

2. 医疗费具体项目的审核

（1）挂号费、病历工本费、磁卡工本费。按医保政策规定，不属医保范畴，故保险人原则上不予承担此项费用。

（2）门诊观察治疗费。若伤情需要，符合医保规定的均可列入赔偿，但伤势轻微、小病大养或其他非正常目的，则不予赔偿。

3. 医药费

审核中主要依据国家劳动和社会保障部《关于印发国家基本医疗保险和工伤保险药品目录的通知》[劳社部发〔2004〕23号]所附《药品目录》和经原劳动和社会保障部审核过的各

省、市、自治区、计划单列市部分调整的《乙类药品目录》进行审核。对《药品目录》外的药品予以剔除,目录内的药品,结合伤情进行必要性和合理性分析;若伤情必需,且医保目录中无替代的,可酌情使用。审核的具体标准如下。

(1) 对不属于劳动和社会保障部核准的《药品目录》的药品,应予以剔除。

(2) 对乙类药品自负比例部分,应予以剔除。

(3)《药品目录》中标注了适应症的药品,应有相应的临床体征、实验室和辅助检查证据,以及相应的临床诊断依据。如有可能,则应复印或摘录病程记录和医嘱单;否则,应予以剔除。

(4)《药品目录》中标注为"限二线用药"的药品,应有使用《药品目录》一线药品无效或不能耐受的依据;否则,应予以剔除。

(5) 经省级药品食品监管部门批准的治疗性医院制剂,应在各医保统筹地区制定的《医院制剂目录》,并按相应规定核定;否则,应予以剔除。

(6) 紧急抢救期间用药,必须符合各医保统筹地区的管理办法中的相关规定,对不符合规定的、超出范围的和自负部分,应予以剔除。

(7) 被列入《药品目录》中的"中药饮片部分"系单味或复方的均不予支付费用以及单味使用不予支付费用的中药饮片及药材,对其中列入的均应予以剔除。

(8) 对虽在《药品目录》之内,但药品收费超过各地物价部门核定的收费标准的部分,应予以剔除。

(9) 各类用药应符合医学用药规范,应根据伤情和药品剂量规定核实所用药品的剂量;对超过合理剂量的,没有医院合理解释的用药,应予以剔除。

(10) 对与交通事故创伤无关的用药,应予以剔除。

(11) 对伤者原发疾病的治疗用药,应予以剔除。

(12) 对交通事故创伤导致原疾病加重,不经治疗难以治愈或有生命危险的,应结合伤病情,合理承担一部分原发疾病的医药费用。

(13) 对抢救用血必须符合各地医保的相关规定,符合用血指征,但用血互助金不应予以承担。

(14) 对需要请专家会诊或外请专家手术的,可以根据实际情况酌情考虑,但其费用必须低于转院的预测费用。

4. 检查费

一定要根据实际情况具体问题具体分析。在检查费的核定中最重要的是看这种检查对伤者的损害有无必要使用,同时结合当地医保核定。

(1) 确定检查项目的必要和合理,与伤者伤情毫无关系的检查(包括非外伤部位和原有疾病),应予以剔除。

(2) 对不符合医保规定的费用,应予以剔除。

(3) 对医保规定的部分支付费用的医疗设备的检查,对规定的自负部分,应予以剔除(CT、MRI)。

(4) 对检查加急费,应予以剔除。

5. 治疗费

治疗费一般包括打针、换药、针灸、理疗、手术、化学疗法、激光疗法、骨折固定、骨牵引、矫形等一系列与治疗有关的费用。原则上,只要是与治疗损伤有关的治疗费用并符合当地医保核定的就可以列入赔偿;对治疗与损伤无关的疾病治疗费用,应予以剔除。但损伤治疗过程中,损伤对某些原发疾病有明显加重的,或使用的药物对原发疾病有影响的,应适当考虑一定的疾病治疗费用。

6. 材料费

(1) 对符合医保规定的一次性使用和植入型人工器官和医用材料所发生的材料费,对各地医保规定的自负比例部分,应予以剔除。

(2) 物价部门规定的不得单独收费的一次性医用材料,应予以剔除。

(3) 物价部门规定可以单独收费的一次性医用材料(含植入性材料),对超出医保规定的部分,应予以剔除。

7. 医院护理费

护理分为四级:特别护理(特别专护)、一级护理、二级护理和三级护理(普通护理)。只要伤情与护理级别符合,且医院收费符合物价和医保部门的规定,原则上均应予以承担。但对原发疾病加重护理级别的,应协商处理。

8. 床位费

床位费一般分为急诊观察床位费、普通病房床位费、高级床位费、血液病房床位费、监护病房床位费、抢救病房床位费。无论是哪种床位费,均应按物价和医保的规定核定,超出部分应予以剔除(住院时间计算:按计入不计出的原则)。

9. 生活附加费

例如,取暖费、空调费、电炉费、电话费、电视费、电冰箱费、微波炉费等,一律不予认可。

10. 救护车费和救护出诊费

对遭到严重损害的伤者,使用救护车和急救人员,其产生的救护车费和急救费用应依据物价和医保的规定核定,包车抢救伤员的费用可参照救护车价格标准;伤情较轻而自行包车者,费用不予认可。

11. 康复费、整容费、后续治疗费

一般以就诊医院出具的正式报告、原主治医师和医疗机构的建议或意见、法医部门的鉴定报告,结合前期治疗情况和当地的医疗水平综合核定。对于伤者自行要求和被保险人自行承诺的费用,原则上不予承担,但大多采用一次结案的原则。

(三) 误工费的审核

误工费是指伤者因伤害治疗期间甚至恢复期间、定残之日以前或非现场死亡的人员在自出险之日至死亡的抢救期间,不能生产、劳动、上班工作和承包经营而减少的收入,以及死者的家属办理丧葬事宜导致的合理的误工损失。

1. 非持续性误工

误工时间应根据伤者自接受治疗到康复所需的时间确定,以就治医疗机构出具的有效证明为依据。例如,门诊病历、疾病证明书、住院记录以及医疗机构出具的要求在家休养的证明等,结合实际情况确定在多长的时间内无法正常从事工作与劳动。

(1) 有固定收入,包括非农业人口中有固定收入的和农业人口中有固定收入的两部分。非农业人口中有固定收入的,是指在国家机关、企事业组织、社会团体等单位按期得到收入的,以伤者实际收入减少计算,但超过国家计税点的,需提供完税证明。农业人口中有固定收入的,是指直接从事农、林、牧、渔业的在业人员,其收入按照交通事故发生地该行业平均工资计算,其他农业人员的收入按照交通事故发生地农村居民人均年纯收入计算。

(2) 无固定收入,是指有街道办事处、乡镇人民政府证明或者有关单位证明,在交通事故发生前从事某种劳动,其收入能维持本人正常生活的,包括城乡个体工商户、家庭劳动服务人员等,其收入按照交通事故发生地同行业平均工资计算。

(3) 无收入,是指本人生活来源主要或者全部依靠他人供给,或者偶然有少量收入,但不足以维持本人正常生活的,原则上没有误工收入的减少不赔付误工费,但有主张误工费的权利。以下两种情况仅供参考。

① 家庭主妇。家庭主妇虽没在外挣钱,但她们的劳动对于家庭其他人员的工作有价值,能支持和保障其他家庭成员获得收入,误工可以参照当地一般家庭服务人员或护工的平均工资标准进行核定。

② 无业人员。无业人员虽然暂时没有工作,但他们仍然有机会就业并获得收入,如果他们人身受到损害,这种获得收入的可能性就会在一定时间内丧失,误工费可以参照没有固定收入的人群进行核定。

(4) 有固定收入但并没有因交通事故误工而减少收入的,误工费不予赔偿。例如,带薪休假或退休人员,虽然受伤,但工资也是照领,也就是说受害人并没有因为交通事故而遭受经济损失,除非受害人可以证明自己除了正常工资外还可以获得其他收入,因受伤而造成实际收入减少(如专业技术或文艺人员,休假期间在外兼职等)。

(5) 对于受害人属于城市户口,达到退休年龄的无其他收入的,不予承担误工费;农村户口的受害人,可以参照男 60 周岁、女 55 周岁的年龄,根据实际工作情况核定误工费。

2. 伤者因伤致残而持续性误工

伤者因伤致残的,误工时间可以计算至定残之日的前一日;因伤致死的,误工时间自事故发生日计算至死亡之时止。

定残日,是指伤残鉴定机构对受害人的残疾程度或残疾等级出具鉴定意见之日。至于定残日之后,因完全或部分丧失劳动能力而导致的预期收入损失应当以残疾赔偿金的方式给予赔偿,就不属于误工费之列。对于伤者可能评残的,应适时跟踪了解,督促伤者在治疗终结之日后尽快评残。

3. 死者亲属办理丧葬事宜合理的误工时间

在核损时应准确把握"办理"和"合理"的认定,充分了解办理丧葬事宜的死者亲属的人数、职业、所在地方,以及具体办理丧葬事宜的时间,必要时应与交警部门、被保险人进行充分沟通,尽量做到合理支付。由于没有明确的依据,在实务中可参照处理交通事故调解不超过三人,死者亲属在 10 日内办理丧葬事宜的原则进行协商,或依照法院判决处理。

(四) 护理费(陪护费)的审核

1. 护理条件

应当有医疗单位或鉴定机构的明确意见。证明需要陪护的,实际上也陪护的,应予以赔偿;没有必要陪护的,则不予以赔偿。

2. 护理人数

原则上为一人,但在医疗机构或者法医鉴定机构有明确意见的,可以参照意见确定护理人数。

3. 护理期限

计算至受害人恢复生活自理能力时止(一般只考虑住院期间),因残疾不能恢复生活自理能力的,可以根据其年龄、健康状况等因素确定合理的护理期限,但最长不能超过20年。

4. 护理费计算标准

护理人员有收入的,参照误工费的规定计算;护理人员没有收入的,参照当地护工从事同等级别护理的劳务报酬标准计算或参照当地物价部门核定的护工收费标准确定;评残之后的护理费,一般根据法院裁定或法医机关的鉴定结果来确定,同时还应结合护理等级计算。

(五) 交通费的审核

交通费是受害人及其必要的陪护人员因就医或者转院治疗所实际发生的用于交通的费用,以及死者亲属办理丧葬事宜支出的合理的交通费。

(1) 审核标准。参照当地国家机关一般工作人员出差的差旅费标准支付交通费,乘坐的交通工具以普通公共汽车为主,特殊情况下可以乘坐出租汽车;若非特殊情况,乘坐飞机的按乘坐火车普通硬座或硬卧标准。

(2) 审核交通费。应当提供正式票据,并且与就医地点、时间、人数、次数相符合。

(3) 交通费承担人数审核。原则上只承担一人的交通费;对死者亲属办理丧葬事宜的交通费,以不超过三人为限。

(六) 住宿费的审核

住宿费是指受害人因病情需要到外地治疗或死者亲属办理丧葬事宜支出的合理的住宿费用。

(1) 合理性审核。是否有必要到外地医疗,是否当时"因客观原因"不能住院,死者亲属处理事故是否需要住宿。

(2) 审核标准。以事故发生地国家机关一般工作人员出差住宿标准计算。

(3) 审核凭据。以事故处理地正式的发票为据。

(七) 住院伙食补助费的审核

(1) 审核期限。伤者住院期间(到外地医疗的陪护人员的伙食费可予认可)。

(2) 审核标准。伙食补助费的标准参照当地国家机关一般工作人员的出差伙食补助标准予以确定,原则上应以住院地的标准为限。

(八) 必要的营养费的审核

一般情况下,伤者的营养通过伙食、用药等完成,不考虑营养费,但在重大伤情,如大出血、消化道损伤、重度昏迷等情况下,根据医疗机构的意见合理核定。

(九) 被扶养人生活费的审核

1. 审核条件

丧失劳动能力和无生活来源。

2. 审核标准

根据扶养人丧失劳动能力程度,按照受诉法院所在地上一年度城镇居民人均消费性支出和农村居民人均年生活消费支出标准计算。被扶养人为未成年人的,计算至18周岁;被扶养人无劳动能力又无其他生活来源的,计算20年。但60周岁以上的,年龄每增加1岁减少1年;75周岁以上的,按5年计算。

3. 有多个扶养人的审核

赔偿义务人只赔偿受害人依法应当负担的部分。

4. 有多个被扶养人的审核

年赔偿总额累计不超过上一年度城镇居民人均消费性支出额或者农村居民人均年生活消费支出额。

5. 特殊群体

审核还有一个比较特殊的群体就是胎儿。如果死者的妻子处于怀孕期间,是否可以要求赔偿被抚养人生活费? 实践证明是可以的。为了避免胎儿出生后再次主张权利以及由此带来的找不到加害人的风险,通常的处理办法是:法院判决赔偿义务人将胎儿的抚养费提存到法院,胎儿出生时如果是活体,法院将该笔抚养费支付给胎儿的母亲保管;胎儿出生后不是活体,法院将该笔抚养费退还给赔偿义务人。

如果被抚养人在交通事故发生后、赔偿前死亡,那么被抚养人生活费将不再给付,但是被抚养人在这段时间的生活费要给予一定补偿。

6. 被扶养人生活费的计算

《法释》中对被扶养人应承担的年限和标准有明确规定,审核的难点在于:存在多个共同扶养人,又存在多个被扶养人时,如何确定被扶养生活费。

(1) 共同扶养人的分摊问题。《法释》中规定"被扶养人还有其他扶养人的,赔偿义务人只赔偿受害人依法应当负担的部分",由于法律上讲的是具有共同扶养义务的人,应该具有相同的扶养义务,采取平均的做法较为合理,即按照扶养义务人的人数比例分担,这也比较易于接受和理解,在现有的经济生活环境下也易于操作。

(2) 多个被扶养人的问题。《法释》中对多个被扶养人的生活费问题确定了一个最高赔偿额度,可以理解为,在每一个赔偿年度里,无论有多少被扶养人需要扶养,他们所获得的被扶养人生活费相加之和不能超过上一年度城镇居民人均消费性支出额或者农村居民人均年生活消费支出额,即一个计算标准。

(3) 多个共同扶养人和多个被扶养人同时存在的计算问题。这里需要满足两个条件:一是共同扶养人要对共同扶养的对象进行分摊;二是所有被扶养人每个年度的累计赔偿总额不超过上一年度城镇居民人均消费性支出额或者农村居民人均年生活消费支出额。计算顺序如下。

① 首先计算每个被扶养人的扶养年数。

② 根据被扶养人的户籍采用相应的城镇或农村标准,对扶养人每个年度相对应每一被

扶养人应承担的份额进行分摊,即用相应年标准除以共同扶养人的人数即可。

③ 将每个年度内扶养人应承担的所有被扶养人的被扶养人生活费相加与上一年度城镇居民人均消费性支出额或者农村居民人均年生活消费支出额相比,未超过的按实际数字,超过的按城镇或农村支出额年标准计算。

④ 将每个年度的被扶养人生活费相加,就是被扶养人生活费总额。

需要注意的是,对于每个被扶养人在扶养人已尽完扶养义务后,应在下一年度内予以剔除,即每一被扶养人超过扶养年数后,应将其从下一年度的年累计赔偿总额中剔除。

【例9-1】 一个男性受害人40岁,2016年4月8日在广州发生交通事故,致一级残废,父亲68岁,母亲66岁,均无劳动能力又无生活来源(农村居民);受害人有一个15岁患小儿麻痹症的女儿(农村居民)和4岁的儿子(城镇居民)需要扶养;受害人有哥哥1人,姐姐1人,妻子健在。请问如何计算此例被扶养人的生活费(广州一般地区2015年城镇居民人均消费支出为35 752.5元,农村居民人均生活费支出为15 924.85元)?

解:(1) 计算每个被扶养人应扶养的年数。其父亲应扶养12年,其母亲应扶养14年,其女儿应扶养20年,其儿子应扶养14年。

(2) 计算扶养人在每一个赔偿年度内应承担的每一个被扶养人的生活费的份额。父母应由兄弟姐妹3人分摊,女儿和儿子应由夫妻二人分摊。

$$父亲 = 15\ 924.85 元/3 人 = 5308.28 元/年$$
$$母亲 = 15\ 924.85 元/3 人 = 5308.28 元/年$$
$$女儿 = 15\ 924.85 元/2 人 = 7964.42 元/年$$
$$儿子 = 35\ 752.5 元/2 人 = 17\ 876.25/年$$

(3) 在前12年度里,每年有4个人要扶养,其承担的金额为:

每个年度 = 5308.28(父) + 17 876.25(子) + 5308.28(母) + 7964.42(女) = 36 457.23元/年,未超过城镇年标准35 752.5元,按36 457.23元/年为标准计算。即12年×36 457.23元/年 = 437 486.76元。

在第13个年度至第14个年度里,去掉父亲还有3个人要扶养,其承担的金额为:

每个年度 = 17 876.25(子) + 5308.28(母) + 7964.42(女) = 15 058.95元/年,没有超过城镇居民年标准35 752.5元/年,按实际数15 058.95元/年为标准计算。即2年×15 058.95元/年 = 30 117.9元。

在第14个年度至第20个年度里,去掉儿子和母亲,还有女儿一个人要扶养,其承担的金额为:

每个年度 = 15 924.85/2(女) = 7962.43元/年,没有超过农村居民年标准15 924.85元,按实际数7962.43元/年为标准计算。即(20−14=6)年×7962.43元/年 = 47 774.58元。

(4) 计算全部被扶养人生活费的金额。

被扶养生活费 = 12年×36 457.23元/年 + (14−12)年×15 058.95元/年 + (20−14)年×7962.43元/年 = 437 486.76元 + 30 117.9元 + 47 774.58 = 515 379.24元(子14年,母14年,女20年,父12年)

(十) 残疾赔偿金的审核

1. 审核条件

具有评估资格的伤残鉴定机构,依照中华人民共和国国家标准 GB 18667—2002《道路交通事故受伤人员伤残评定》标准(以下简称《伤残评定》),对伤残进行了合理评定,受害人因伤致残影响其劳动就业造成收入减少。

2. 审核标准

残疾赔偿金根据受害人丧失劳动能力程度或者伤残等级,按照受诉法院所在地上一年度城镇居民人均可支配收入或者农村居民人均纯收入标准,自定残之日起按 20 年计算。但 60 周岁以上的,年龄每增加一岁减少一年;75 周岁以上的,按 5 年计算。

3. 评定时机

以伤者治疗终结为准,由于国家未明确规定,评定时机只能以每个伤者具体的伤情及治疗情况决定。

4. 类推评定

由于伤残程度评定标准属罗列式,不可能做到绝对的穷尽,对《伤残评定》中未尽情况可进行比照类推,但必须是标准中未罗列,且 3 名以上评定人共同讨论通过,注明类推的理由和依据。

5. 分别评定

伤者多部位损伤分别引起的不同部位的功能障碍,按照标准可分别进行评定;对同一部位和性质的伤残只能对应损伤程度最高的一款评定一次,不能多级评定。

6. 审核伤残等级百分比

一处伤残等级赔偿百分比:《伤残评定》根据道路交通事故受伤人员的伤残状况,将受伤人员的伤残程度划分为 10 级,从第Ⅰ级(100%)到第Ⅹ级(10%),每级相差 10%。

例如:从 10 级伤残至 2 级伤残按 1% 的增加比例确定赔偿附加指数,即 10 级为 1%、9 级为 2%、8 级为 3%、7 级 4%、6 级为 5%、5 级为 6%、4 级为 7%、3 级为 8%、2 级为 9%。

(十一) 残疾辅助器具费的审核

(1) 残疾辅助器具配备标准。按照普通适用器具的合理费用标准计算。伤情有特殊需要的,可以参照辅助器具配制机构的意见确定相应的合理费用标准。

(2) 残疾辅助器具的更换周期与赔偿期限。《法释》未作具体的规定,但一般是 5~8 年,计算至 70 周岁。当地公安、民政部门、物价部门有标准的,可以按当地标准执行。

(十二) 丧葬费的审核

丧葬费是指安葬受侵害死亡的自然人的遗体所应支出的费用。《法释》第二十七条规定,丧葬费按照受诉法院所在地上一年度职工月平均工资标准,以 6 个月总额计算。此项费用原则上按照事故地的上一年度职工月平均工资标准计算赔偿。值得注意的是丧葬费用中包括了丧礼费、停尸费、尸体整容费、火化费(土葬费)及治丧期间的有关人员的吃住、停尸费、交通费等一切费用。

(十三) 死亡赔偿金的审核

交通事故致人死亡的,应赔偿当事人近亲属死亡赔偿金,死亡赔偿金按照受诉法院所在地上一年度城镇居民人均可支配收入或者农村居民人均纯收入标准,按 20 年计算。但 60

周岁以上的,年龄每增加1岁减少1年;75周岁以上的,按5年计算。

上一年度城镇居民人均可支配收入或者农村居民人均纯收入标准,原则上应采用事故发生地的标准,但如果受诉法院地标准高于事故发生地标准的,可采用受诉法院地标准。如果赔偿权利人能够举证证明其住所地或者经常居住地的标准高于受诉法院所在地标准的,可以按照其住所地或者经常居住地的标准计算。

这里的住所地或者经常居住地的举证,应有相应的证据证明:住所地是指户籍所在地;经常居住地是指公民离开住所地至起诉时已连续居住一年以上的地方,但公民住院就医的地方除外。住所地要有户籍证明,经常居住地应有如房屋租赁合同、租金收条、自有房屋产权证、公司单位的合同、工资发放单、单位证明等。

【例9-2】 一名40岁湖南城镇户口的受害人,在深圳居住并在某公司工作5年,2016年8月5日在江苏省发生交通事故,被撞身亡。当事人亲属在江苏省诉讼要求赔偿,请问如何计算其死亡赔偿金?

解:首先,确定其身份是城镇居民,2016年城镇居民人均可支配收入湖南省为19317元,深圳市为44633元,江苏省为29539元。如果受害人亲属举证受害人的经常居住地在深圳,可以采用深圳标准进行赔偿。

死亡赔偿金额=44633元/年深圳市×20年=892660元

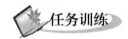

人伤案例计算

案例一

一名45岁湖南城镇户口的受害人,在深圳居住并在某公司工作5年,2016年8月5日在江苏省发生交通事故,被撞身亡。当事人亲属在江苏省诉讼要求赔偿,2015年城镇居民人均可支配收入湖南省为19317元,深圳市为44633元,江苏省为29539元。如果受害人亲属举证受害人的经常居住地在深圳,可以采用深圳标准进行赔偿。请问如何计算其死亡赔偿金额?

案例二

一名男性受害人45岁,2016年4月8日在广州发生交通事故致一级残废,尚有父亲73岁,母亲71岁,均无劳动能力又无生活来源(均为农村居民);有一个18岁小儿麻痹症的女儿(农村居民)和14岁的儿子(城镇居民)需要扶养;有哥哥1人,姐姐1人,妻子健在。请问如何计算此例被扶养人的生活费(广州一般地区2015年城镇居民人均消费支出为35752.5元,农村居民人均平均生活费支出为15924.85元)?

(1)计算每个被扶养人应扶养的年数。

(2)计算扶养人在每一个赔偿年度内应承担的每一个被扶养人的生活费的份额。

1. 简述人伤案件适用的险种范围。
2. 简述人伤案件的查勘要点分析。
3. 简述人伤案件核损的流程。

任务十 车险理算

 **任务目标**

1. 了解车险理赔的概况。
2. 掌握车险理赔的流程。
3. 掌握理赔各环节中的工作重点及要求。
4. 能够对赔款进行理算。
5. 能对各类特殊案件进行处理。

 **任务资讯**

资讯一 车险理赔概述

一、车险理赔基本原则

车辆出险后,如果事故责任车辆投保了相应的车险,被保险人就可以依据保险合同向保险人提出索赔请求。而保险人应依据保险合同的约定及时履行赔偿责任。

车险理赔是从保险公司角度而言的。保险公司接到报案后会委派查勘、定损人员进行现场查勘,并对事故损失进行定损,然后根据现场查勘的第一手资料和事故责任比例及保险责任范围对保险标的进行核损、理算赔款、核赔、支付赔款和结案回访。

保险理赔工作是保险政策和作用的重要体现,也是保险人执行保险合同,履行保险义务,承担保险责任的具体体现。保险的优越性及经济补偿作用在很大程度上都是通过理赔工作来实现的。

赔款计算及案卷制作包括保险责任的确定、损失费用的审核、理赔计算、案卷制作及复核、审批。理赔计算及案卷制作主要依据保险条款及现场查勘的详细资料,分析判断保险责任,公正合理地确定损失,迅速准确地计算保险赔款。这项工作是理赔工作的核心,是把好车辆理赔出口关的重要关口,也是理赔工作的难点所在。一方面可以对前段现场查勘和定损工作的检查和复核,起着监督和制约作用;另一方面要按照保险条款和损害赔偿原则进行严格的损失费用审核和赔款计算,尽量避免与被保险人因经济利益发生冲突,引起矛盾纠纷。

汽车保险业务量大，出险几率高，加之理赔工作技术性强、涉及面广，情况又比较复杂，如何更好地贯彻理赔工作质量、充分维护被保险人的合法权益是做好汽车保险理赔工作的关键。因此，在汽车保险工作中必须坚持以下原则。

1. 树立为被保险人服务的指导思想，坚持实事求是原则

理赔工作过程体现了保险的经济补偿职能。发生汽车保险事故后，保险人要急被保险人所急，千方百计避免扩大损失，尽量减轻因灾害事故造成的影响，及时安排事故车辆修复，并保证基本恢复车辆的原有技术性能，使其尽快投入生产运营。保险人在处理理赔工作中必须以高度的服务意识，坚持实事求是。良好的服务水平能提高被保险人的满意度，从而提升公司形象。

在目前的理赔环境中，由于保险人的服务还不够完善，加上被保险人缺乏相关知识，造成大量理赔服务不满意的现象，即通常说的"十赔九不满意"。

2. 重合同，守信用，依法办事

保险人是否履行合同，就看其是否严格履行经济补偿义务。因此，保险方在处理赔案时，必须加强法制观念，严格按条款及相关法律办事，该赔的一定要赔，而且要按照赔偿标准及规定赔足；不属于保险责任范围的损失，不滥赔，同时还要向被保险人讲明道理，拒赔部分要讲事实、重证据。

拒赔理由充分很好地说明了保险人重合同、守信用、依法办事的原则。在车险公司对于出具任何一张拒赔通知书都会写明拒赔的理由，以让被保险人心服口服。

二、车险理赔的特点

汽车保险与其他保险不同，其理赔工作也具有显著的特点。理赔人员必须对这些特点有一个清醒而系统的认识，了解和掌握这些特点是做好汽车理赔工作的前提和关键。

1. 被保险人的公众性

我国汽车保险的被保险人曾经是以单位、企业为主，但是，随着个人拥有车辆数量的增加，被保险人中单一车主的比例逐步增加。这些被保险人的特点是他们购买保险具有较大的被动色彩，加上文化、知识和修养的局限，他们对保险、交通事故处理、车辆修理等知之甚少，从而增加了理赔工作的难度。

2. 损失率高且损失幅度较小

汽车保险的另一个特征是保险事故虽然损失金额一般不大，但是，事故发生的频率高。保险公司在经营过程中需要投入精力和费用较大，有的事故金额不大，但是仍然涉及对被保险人的服务质量问题，保险公司同样予以足够的重视。以某保险公司南京地区为例，金额小于1000元的赔案占总案件数的80%以上，年出险频度在3次以上，这样保险人必须有强大的理赔队伍，从而增加了运营成本。此外，从个案的角度看，赔偿的金额不大，但是，积少成多也将对保险公司的经营产生重要影响。

3. 标的流动性大

汽车的功能特点，决定了其具有相当大的流动性。车辆发生事故的地点和时间不确定，要求保险公司必须拥有一个运作良好的服务体系来支持理赔服务，主体是一个全天候的报案受理机制和庞大而高效的理赔网络。目前，各家保险公司一线理赔人员都为24小时值班制，以满足服务需求。

4. 受制于修理厂的程度较大

修理厂在汽车保险理赔中扮演重要角色，修理厂的修理价格、工期和质量均直接影响汽车保险的服务。大多数被保险人在发生事故之后，均认为保险公司有责任将车辆修复好，所以，在把车辆交给修理厂之后就很少过问。一旦因车辆修理质量或工期，甚至价格等出现问题，均将保险公司和修理厂一并指责。而事实上，保险公司在保险合同项下承担的仅仅是经济补偿义务，对于事故车辆的修理以及相关事宜并没有负责义务。由于车险理赔对修理厂的高度依赖，保险公司逐步加大了与修理厂的合作力度，比如委托拖车、代索赔等一条龙服务措施，从而大大提高了保险公司的服务水平。

5. 道德风险普遍

在财产保险业务中，汽车保险是道德风险的"重灾区"。汽车保险具有标的流动性强，户籍管理中存在缺陷，保险信息不对称等特点；汽车保险条款不完善，相关的法律环境不健全及汽车保险经营中的特点和管理中存在的一些问题和漏洞，给了不法之徒可乘之机，汽车保险欺诈案件时有发生。据保守数据估计在理赔赔付中20%以上是道德风险所致。

资讯二　车险理赔流程

被保险人使用标的发生保险事故后应向承保公司报案，同时，保险公司应立即启动理赔程序。随着网络化办公的普及，现在保险公司的理赔流程与传统理赔流程有一些细微的变化，不同的保险公司之间也存在着一定差异。

一、保险责任确定及费用审核

（一）保险责任的确定

保险责任的确定是处理赔案的一项非常重要的工作，是根据现场查勘记录及查勘报告，事故责任认定书及事故损害赔偿调解书，按照《保险法》、汽车保险条款及有关解释的规定，全面分析事故的主客观原因，以确定赔案是否属于保险责任范围和赔偿范围的一项工作。

1. 责任审定的主要内容

（1）是否属于保险责任的范围。审定发生的损失是否由保险条款所规定的自然灾害或意外事故所引起。如果属于保险责任范围，则应予赔付；否则，应拒赔。

（2）是否在保险有效期内。

（3）是否属于第三者责任。

（4）审定被保险人所提供的单证。

2. 责任审定时的注意事项

（1）要依法履行保险合同的条款。保险合同对保险当事人具有约束力，对于个别典型案例，在汽车保险条款及条款解释中含混不清的，不能急于定论，要集体讨论、研究决定。

（2）熟悉法规条款，实事求是地审核定性。保险责任确定工作的一个首要任务是理赔人员必须熟悉法规、条款及有关规定，这样才能准确定性。确定保险责任要根据法规、条款及有关规定，认真审定灾害事故的性质、发生原因、责任范围和各种证明文件的可靠性、有效性和权威性。

3. 审定中应注意掌握的问题

(1) 货车拖带挂车发生第三者责任的掌握。货车拖带挂车或其他拖带物发生机动车第三者责任后,如果货车(或牵引车)和拖带的挂车(或其他拖带物)均投保了机动车第三者责任保险,肇事后可予负责。如果货车和拖挂车(或其他拖带物)二者只投保了其中之一,则发生第三者责任保险事故后,不负责赔偿。

(2) 抢救车辆不慎造成他人财物损毁,视为合理费用。保险车辆发生保险责任事故后,由于抢救车辆不慎造成他人财物损毁,如果应由被保险人负责的费用,可视为合理费用,则保险人可以酌情予以赔偿。但在抢救出险的保险车辆时,参加抢救人员个人物品的损坏、丢失,保险人均不负赔偿责任。

(3) 合理的施救损失,承担赔偿责任。车辆发生较大事故后,往往需要进行施救(例如严重碰撞及倾覆)才能使出险车辆脱离现场。被保险人未采取合理的施救及保护措施,致使事故损失扩大,其扩大部分不在赔偿范围之内。例如,下面两种情况。

① 未对出险车辆派人现场看护,致使车上设备及零部件丢失。

② 一般情况下,在对车辆进行施救时,难免对出险车辆造成再次损失(如使用吊车吊装,钢丝绳对车身的漆皮损伤)。对于合理的施救费用,保险公司可承担赔偿责任。对于不合理的施救损失,则不承担赔偿责任。

(4) 参加施救的车辆又出险。参加施救的车辆在施救途中发生新的事故,属于保险责任范围内的,保险人只对被保险人自己的或他人义务派来的车辆的损失,负责赔偿。而对被保险人雇请的或以支付施救费用为前提的施救车辆所造成的损失不负赔偿责任。

(5) 第三者责任的认定。被保险人允许的驾驶人员在使用保险车辆过程中发生意外事故,致使第三者遭受人身伤亡或财产的直接损毁,依法应当由被保险人支付的赔偿金额,保险人依照保险合同的规定负责赔偿。但保险车辆被人私自开走,或未经车主、保险车辆的所在单位负责人同意,驾驶人员私自许诺的人开车,均不能视为"被保险人允许的驾驶人员",如果发生此类情况肇事,则保险公司不承担赔偿责任。

(6) 车辆损失扩大部分不赔偿。保险车辆因发生保险事故遭损失后,由于被保险人的原因没有及时进行必要的检查和修理,在车辆未达到正常使用标准前继续使用,造成车辆损失扩大部分,保险人不负赔偿责任。例如,汽车在遭受水灾后,发动机缸体内吸入泥水,被保险人未做检查修理,而盲目发动,致发动机缸体拉伤损坏。

4. 临界于保险责任与责任免除之间的责任确定

在保险理赔实践中,常常发生一些特殊情况,这些特殊情况往往处在可赔可不赔、可多赔可少赔之间。怎样对待这些特殊情况,是衡量保险公司理赔人员业务水平的标准,处理的合理、准确、及时,双方满意为好;相反,则说明不好。下面是常见的特殊情况。

(1) 出险后未能及时报案,私自决定修理,然后报案要求赔偿,保险人不负赔偿责任。凡是保险车辆出险后造成损坏,被保险人应在 48 小时内向保险公司报案,并经保险人查勘估损后送修理厂修理,未经保险人定损估价,而自行修理然后报案,使保险人无法对事故损失查勘核实的,原则上保险人不负赔偿责任。但确有特殊情况的,如通信不便,被保险人伤残或死亡,行政强行扣修等原因,可以根据照片和修理厂估价单、修理费用清单进行审核,通过协商,由被保险人自负部分经济责任,保险人赔偿部分损失。

(2) 机械故障造成保险车辆出险。由于被保险人未做好车辆正常的维护保养,带病行驶,发生机械故障,例如,转向盘失灵、传动轴脱落、制动器失灵等引起碰撞、翻车。在证据确凿的情况下,保险人应剔除其直接引起事故的材料费用,并且视情节由被保险人承担全部或部分经济损失。

(3) 保险车辆出险后驾驶员逃离或离开事故现场,造成责任加重。肇事后驾驶员有意逃离或离开事故现场,造成责任加重,或肇事后驾驶员有意逃离事故现场后,被警方查获或自首,被裁决负全部责任的,保险人视其情节只能承担事故损失的部分赔偿责任。

(4) 造成保险车辆损失的第三者下落不明,根据实际情况赔付。保险车辆出险,被保险人有责任指明第三者责任,但因第三者逃离,报警方查无结果且无警方证明的,保险人可以拒赔;有警方证明的,被保险人应自负部分经济损失。如果是在停放时,被保险人不在现场被其他车辆碰撞损坏,肇事人逃离或被人用其他工具砸损、点燃烧损,报警方查无着落的,被保险人无法提起诉讼,有调查证明的,保险人承担部分赔偿责任,无调查证明的,保险人可以拒赔,也可以根据实际情况通融赔付。

(5) 公安交警在事故处理调解书中的损害赔偿超出规定标准的由被保险人自负。在肇事处理过程中,当公安交警部门对事故处理意见书或调解书的损害赔偿与国务院的《道路交通事故损害赔偿标准》不相符时,保险人应对超出部分在理赔计算时扣除。超出标准的损失赔偿应该由被保险人自负。

(6) 保险车辆事故的修理费用接近或高出保险标的的实际价值。保险人对保险事故车辆的修理费用一般控制在实际价值的70%以内,若超过70%的,说明该车损失严重,接近报废程度,可以推定全损。按实际价值扣除残值和责任免赔后赔付。

(7) 事故裁决书对肇事双方责任未明确分摊比例的处理。发生保险责任事故,在交通肇事处理意见书中,未按责任大小明确各自经济损失分摊比例的,保险人可以按主责承担70%,次责承担30%的比例分担经济责任。

(8) 私了责任处理不赔。保险车辆发生交通事故,必须报警,由交通管理部门依法处理,未按规定报警处理的,由双方肇事人私自了结的,保险人有权拒赔。如果事故发生在非正规交通道路上,可以通过当地公安派出所,也可以直接报保险人调查处理,私自了结所发生的费用完全由被保险人自负。

5. 审定被保险人所提供的单证

(1) 索赔单证必须真实可靠。被保险人所提供的索赔单证必须真实可靠。被保险人如果有涂改、伪造单证等欺诈行为,保险人有权拒绝赔偿。

(2) 索赔单证必须齐全有效。被保险人所提供的单证必须齐全、有效。包括:保险单正本、出险通知书、驾驶员执照复印件(正、副本)、行驶证执照复印件、与事故有关的原始发票、收据、现场照片、事故经过。属单方事故的,必须有保险公司理赔人员的现场查勘报告。属于双方责任事故,必须提供处理事故机关的《事故责任鉴定书》及《事故损害赔偿调解书》。

(3) 对于不同类型事故,除提供上述单证外,还应提供以下单证。

① 撞车事故。应提供双方车辆的估价单、修理项目清单及原始发票。

② 致人伤残事故。应提供县级以上医院出具的诊断证明书、公安部门出具的伤残等级评定结论、误工护理工资证明、病休证明、家庭情况证明、医疗费原始单据、外购药品要有外购处方。

③ 致人死亡事故。提供死亡证明书、家庭情况证明或户籍本复印件。家庭情况证明用

来核定死者及被抚养人的年龄、抚养年限、确定赔偿金额。

④ 失窃事故。要求提供公安部门的立案证明,60日后未破获案件证明;被保险人在电台、报刊登载寻车启事的证明、行车执照、附加费本、购车发票、保险证、丢失车车钥匙,并填写《权益转让书》一式三份。

⑤ 火灾事故。要求提供公安消防机关出具的火灾原因鉴定证明。

⑥ 车上责任事故。车上人员伤亡要求有医院的诊断证明、死亡证明、医疗费收据。车上货物损失应提供提货发票、验货发票、损失项目清单。

(二)损失费用的审核

理赔内勤在对被保险人所申报的索赔事故进行保险责任确定后,应对其提供的损失费用票据进行审核。损失费用的核定是否准确,直接关系到保险人能否准确、合理地履行经济赔偿义务。损失费用的核定应严格按照损害赔偿规定及标准进行。

1. 损失费用的核定原则及内容

(1)对车辆估损单进行复核。根据事故车辆照片对估损单进行审核,主要审核工时费用确定是否准确,换件项目是否合理,配件价格是否准确,是否扣除残值。审核事故车辆修理发票与车辆估损单估损金额是否一致,是否在估损单所确定的修理厂修理。

(2)施救费审核。保险车辆发生事故时的施救、保护费用;由于保险车辆发生保险责任范围内的事故,所产生的合理的救护费用,保险人在与机动车损失险的保险金额相等的限额内负责赔偿。

施救措施是指保险车辆在遭受保险责任范围内的灾害或意外事故后,被保险人为了减少或避免保险车辆的损失,所采取的必要的、合理的抢救行为。施救费包括租用吊车、拖车、灭火器材等所支付的费用。

保护措施是指保险车辆遭受保险责任范围内的自然灾害或意外事故后,被保险人为防止保险车辆损失扩大或加重而采取的行为。保护费包括雇请他人看守的费用等。

合理的费用是指为采取施救、保护行为而支出的直接的、必要的、符合国家有关政策规定的或找不到规定但符合情理的费用。其原则是,以尽可能减少保险车辆及其他财产的损失为准,按照实际情况,从"必要"和"合理"两方面来考虑。一般情况下,应注意以下几个方面。

① 保险车辆遭受火灾时,被保险人或他人使用不属于被保险人所有的消防设备进行灭火,所消耗的灭火剂和灭火器材,按照当地市场消防器材价格计算费用。属于合理的施救费,保险人负责赔偿。

② 保险车辆出险后,失去了正常的行驶能力,雇用吊车、拖车或者其他车辆进行拖移、运送的行为属于必要的施救行为。由此产生的费用,如果符合当地物价部门规定的台班费标准,属于合理费用支出,保险人负责赔偿。被保险人超过规定标准自行承诺的部分,由被保险人自负。

③ 保险车辆出险后,不论事故是否属于保险责任,被保险人派出的任何工作人员,奔赴肇事现场、参加处理事故所支出的费用,如差旅费、招待费、食宿费及各种补助费等,保险人均不负责赔偿。

④ 保险人只对保险车辆的直接救护费用负责赔偿。这就是说,如果保险车辆所载的人和货物没有投保附加险,则救人救货的施救费用应在总施救费用中剔除。如果分不清楚时,

则应按各自价值比例分摊。

⑤ 发生保险责任范围内的进口车或特种车出险,当地没有修复能力,经保险人同意去外地修理车辆的移送费用,可视为合理的施救费用。这种费用仅仅指吊车费用、运车或拖车费。对护送人员的一切费用,保险人概不赔偿。

⑥ 保险车辆受损后不能行驶,雇人看守的费用,有交警部门出具证明的,可以赔偿,费用标准可比照当地劳动力平均收入标准。

2. 第三者人身伤亡的损害赔偿费用的审核

(1) 医疗费。医疗费按照医院对当事人的交通事故创伤治疗所必需的费用计算。一般规定交通事故受害者必须在县级以上医院治疗。因此,被保险人必须凭县级以上医院医疗收费单据索赔。但对一些特殊情况,如因交通原因,受害者需在当地紧急抢救或治疗一些轻微创伤,也可以凭其他医疗单位(如乡、镇卫生所)的医疗收费单据索赔,但必须经交通事故处理机关认可。

在医疗费审核方面应注意以下几个方面。

① 伤者经治疗痊愈出院的,不再给付今后医疗费。

② 伤者出院后,如受害人身体尚未康复确需继续治疗的,根据医生建议及病历诊断证明,根据实际病情可给付部分今后医疗费用(但最高给付不得超过实际住院医疗费用的50%)。

③ 出险当日或次日做一次性结案处理的(无须住院治疗的医疗费),如果不能提供诊断证明或病历的,原则上不予赔付。

交通事故受伤者擅自住院、转院、自购药品、超过医院通知的出院日期拒不出院的,擅自在指定医院外多处就医的、开假证明骗取医疗费用的、治疗非交通事故所造成的损伤或疾病的,以上所发生的医疗费用不在赔偿之列。

医疗费是目前在人身伤亡损失控制中的一个突出问题,由于一些医院,尤其是一些中小型医院存在管理不善和利益驱动的问题,对受害者及其家属的不合理要求采取无原则迁就的态度,有的出于自身利益的考虑,故意引导受害者进行不合理的治疗,更有甚者与受害者家属串通,损害被保险人和保险人的利益。鉴于上述情况,保险公司理赔人员应予以充分重视,主要的对策是采取早期介入的办法,即在受害者送医院时就开始全过程的介入,全面了解受害者的受伤和治疗情况以及各类检查和用药情况。对于一些疑难案件,必要时可以委托有关医疗专家协助检查。

(2) 误工费。误工费指交通事故受害者因误工减少的收入。在此期间收入没有减少的,则不赔付误工费。误工费根据收入情况分成两种:有固定收入的误工费和无固定收入的误工费。误工日期为实际误工的日期,一般以医院出具的证明、单位证明为依据。有固定收入的,按照本人因误工减少的固定收入计算(在国家机关、企事业单位、社会团体等单位工作的,其收入包括:工资、奖金及国家规定的补贴、津贴;农村人口有固定收入的,其收入按交通事故发生地劳动力人均纯收入计算;其收入高于交通事故发生地平均生活费3倍的,按照3倍计算)。无固定收入的误工费,按事故发生地同行业的平均收入计算(按当地政府统计部门公布的上一年度各部门职工平均工资为准)。

(3) 住院伙食补助费。住院伙食补助费指交通事故伤者住院抢救、治疗期间所需的伙食补助费用。补助以住院期间为限,只要住院不管其伤轻伤重都应给付。给付标准按事故发生地国家公务员的出差伙食补助标准计算(以各地政府部门"差旅费开支"规定为准)。

(4) 护理费。护理费指交通事故伤者因伤势严重,生活不能自理,需要专门人员护理的费用,需要注意以下几个方面。

① 期限。以结案前的住院期限为限。

② 需要护理的情况。一般指伤势严重,生活不能自理的或者医院要求家属护理的情况。

③ 护理人和护理费标准。护理人分为有收入和无收入的两种人,前者按误工费的规定计算,后者(如没有工作的亲属或雇人护理的)护理费按照事故发生地平均生活费计算,伤情危重必须24小时护理的,护理人数不得超过2人,其他情况1人。

(5) 残疾者生活补助费。残疾者生活补助费指因交通事故致残而给付残疾者的生活补助费。所谓"残疾"是指交通事故损伤后所致的后遗障碍,包括生理功能的、精神的和解剖结构的异常。残疾者生活补助根据伤残等级按照交通事故发生地平均生活费计算。伤残等级分为10级,补助费用的具体数额,按照伤残等级的10级,依次分为100%~10% 10个档次。赔偿自伤残等级评定结束做出评定之当日起(含当月)赔偿20年。即:50周岁以下的,赔偿20年;50周岁以上的,年龄每增加1岁赔偿减少1年,但最低不少于10年。如55周岁的,应赔偿15年;60~69周岁的,应赔偿10年(70周岁以上的,按5年赔偿)。

(6) 残疾用具费。残疾用具费指因残疾而造成全部或部分功能丧失,需要配制补偿功能器具的费用。残疾用具费用只能按照普及型器具的费用计算。所谓普及型器具是指在同一品种中被广泛使用的器具,一般以国产的为限(不包括豪华型)。确定残疾需要配制器具的,要凭县级以上医院证明。

(7) 丧葬费。丧葬费指办理丧葬事宜所必需的费用,按照交通事故发生当地丧葬费标准支付。

(8) 死亡补偿费。死亡补偿费指交通事故对死者家属的抚慰金,以及对死者家庭遭受损失的补偿金。死亡补偿费按照交通事故发生当地平均生活标准计算,补偿10年。即16周岁以上、70周岁以下的补偿10年;不满16周岁的,年龄每小1岁减少1年;对70周岁以上的,年龄每增加1岁,补偿减少1年。如14周岁的补偿8年;74周岁的补偿6年;但最低不少于5年,即11周岁以下的和75周岁以上的均补偿5年。

(9) 被扶养人生活费。被扶养人生活费指死者生前或者残者丧失劳动能力前实际扶养的,没有其他生活来源的人的生活费。残者丧失劳动能力以伤残评定"第Ⅴ级残疾以上(含第Ⅴ级)"为限。

实际扶养的,没有其他生活来源的人应掌握的原则:指死者或者残者丧失劳动能力前"已经在扶养的、无收入的被扶养人",包括配偶、子女(含非婚生子女、继子女、养子女)、父母、兄弟姐妹、祖父母、外祖父母、孙子女、外孙子女等。以上人员应由具有扶养义务和扶养能力的人共同承担,死者或残者只承担本人应扶养的一份费用。

被扶养人生活费按照交通事故发生地居民生活困难补助标准计算。对不满16周岁的人扶养到16周岁。对无劳动能力的人(指完全丧失劳动能力、无法获得生活保障的)扶养20年,但50周岁以上的,年龄每增加1岁减少1年,最低不少于10年。70周岁以上的按5年计算。

在扶养费审核方面除按赔偿范围和标准进行掌握外,重点应审查提供的被扶养人证明材料,防止出现伪造和虚构扶养对象的虚假证明。

(10)交通费。交通费指伤残者就医、配制残疾用具等的车船票费,一般按当地公务员出差的最低交通费报销标准计算。

(三)赔案中常见的间接费用和不合理费用,损余物资处理

1. 间接费用

间接费用包括:通信费、停车费、招待餐费、交警部门收取大事故处理费、罚款、查勘现场租车费、伤者家属的医疗费、家庭生活困难补助费等。以上费用在审核时,应予以剔除。

2. 不合理费用

不合理费用包括以下几个方面。

(1)未按照交通事故责任承担的费用。如负事故次要责任,却承担全部费用或大部分费用。

(2)未按照当事人法定承担的份额赔偿的费用。

(3)其他超出赔偿标准的费用。

对于这些费用在核定时应严格按照规定处理,超标准的费用应予以剔除。

3. 损余物资处理

汽车发生碰撞或倾覆事故后可能会造成车上所载货物及第三者物资财产的损坏。对于本车所载货物的损失若未投保车上货物责任险或货运险,则可考虑不予核损;若已投保车上货物责任险或货运险,则按照保险赔偿原则应对损坏物资进行鉴定并进行损失费用的核定。

对于一般普通类物资(商品),定损人员可通过现场查勘进行一般性常规外观检查予以鉴定,但对于机电类物资设备(产品)除进行常规性检查之外,必要时还应进行技术检测及技术鉴定实验。

一般情况下,有些物资受损后经过整理和修复完全可以使用;有些物资虽经修复但又不能保证原有的性能及质量,要降质使用;有些物资则无法修复,不能恢复原有的使用性能,只能报废按全损处理。在实际查勘和定损处理过程中,因为大多数损坏物资都属于商品(或产品),因此,在处理方面往往难度较大,即便是通过整理、修复可以使用,但作为物资所有者(商品销售者)往往强调其物资属商品(产品),整理、修复后的物资销售困难或要降价销售。在处理此类问题时,查勘人员和定损人员要实事求是、合情合理地处理,做到物尽其用,准确核定实际损失费用,在对损坏物资进行修复安排时,应尽可能创造条件保证修复后能符合原产品的技术要求与质量标准。

(1)对于损余物资,一般有以下几种处理办法。

① 对于不需要再加工或一时不能处理或修复的,可在当时作价折算,由被保险人自行处理。

② 对于能及时加工整理或修复的,可在修复后作价折归被保险人,由被保险人降价销售处理,有关修复、检测费用由保险公司承担。

③ 损余物资虽有残余价值,但被保险人已无法利用时,可共同协商作价转售他人或其他单位。

④ 如果被保险人确实无法自行处理或折价无法协商一致的,保险人也可收回损坏物资,另行处理。

(2) 损余物资处理的管理。

① 严格遵守国家有关规定和制度,坚持"物尽其用"的原则。损余物资达不到报废标准的不应按报废处理,能加工或修复使用的应尽量利用,合情合理核定修复费用,减少损失。

② 本着实事求是的精神,按照条款规定,对于受损财产的残余部分应根据可利用程度,合情合理地折归被保险人。经技术鉴定无法修复或不能利用的,在核实品名、数量、重量后,按废品折价由被保险人处理,折价款均从赔款中扣除。对于易变质、易腐烂的(如食品、水果类等)物品,在保险公司有关领导同意后,应尽快与被保险人协商现场变价处理。被保险人未经保险人同意,不得以任何借口擅自削价处理。对于双方达不成协议、无法折价的,可报经保险公司有关领导批准后收回处理。

③ 收回的损余物资要严格按规定办理手续,开列清单,列明损余物资的品名、数量、损失程度、残值数额等,并由被保险人盖章,填制《损余物资回收单》一式三份,一份附赔案卷内,一份交财会部门做表外账目入账,一份交保管人员核实,登记留存。收回的损余物资要妥善保管,及时处理,防止损失及流失。

④ 对收回的损余物资进行处理时,要填制《损余物资处理单》一式三份。损余物资处理后的收入,必须按规定冲减赔偿,不得挪作他用和转移。

⑤ 损余物资如因工作需要留作保险机构内部使用的,须事先报经上级公司批准,并合理作价,按照财务会计制度登记账册,不得擅自无偿占用。不准将损余物资作为福利措施在保险机构内部发放给个人。

二、索赔的基本程序

购买汽车保险就是为了在出险时获得保险公司的赔偿,被保险人如果了解保险公司的索赔手续,就可以更快地取得赔款。还要了解保险公司的拒赔规定,就能在车辆使用或索赔时避免不当行为,减少被拒赔的可能性。如果投保车辆万一发生不测,遭受意外事故或自然灾害,被保险人及驾驶人员应积极采取措施进行施救并保护好现场,同时向保险公司报案并通知有关部门,然后提出索赔申请。索赔的基本程序包括以下几个方面。

(一) 报案、定损和修理

1. 通知出险和提出索赔要求

保险事故发生后,被保险人首先要立即报案,通知公安交通管理部门和保险公司。然后提出索赔请求。被保险人或受益人应当将保险事故发生的时间、地点、原因及造成的损失情况,以最快的方式通知保险人,便于保险人及时调查核实,确认责任。同时,被保险人或受益人也应当把保险单证号码、保险标的、保险险种险别、保险期限等事项一并告之保险人。如果保险标的在异地出险受损,被保险人应向原保险人及其在出险当地的分支机构或其代理人报案,这就是通知出险。

2. 报案的基本要求

(1) 如果是在本地出险,被保险人或驾驶人员应立即前往(或电话通知),向所投保的保险公司报案,报案时,应向保险公司工作人员出示保险单正本。保险公司工作人员检验保险单后,将提供《机动车辆出险登记表》《机动车辆保险出险通知书》和《机动车辆保险索赔须知》,被保险人要根据事实详细填写有关内容并签章。

被保险人若用电话报案,事后应及时补填《机动车辆出险登记表》和《机动车辆保险出险通知书》。

(2) 如果是在外地出险,被保险人或驾驶人员应及时向当地相应的保险公司报案(根据各保险公司的规定,在全国范围内任何一家保险公司的分支机构均有为其他公司代办理赔业务的责任),并在48小时内通知承保的保险公司,在当地公司根据实际情况查勘和定损完毕后,被保险人即可向承保公司办理索赔。

(3) 保险车辆被盗抢,应在24小时内向出险地公安刑侦部门报案;必须在48小时内通知保险公司,并携带保险单和机动车辆保险证向保险公司索取出险通知单,由被保险人按表内各栏规定如实填写,字体要端正清楚,如属单位车辆的要盖公章,私人车辆的要签名。

根据被保险人填具的《机动车辆出险登记表》,保险公司工作人员将使用计算机查抄保险单和批单。填写出险通知书,也就是索赔申请书。对于上门报案的,由保险公司的接待人员指导报案人当场填写。对于其他方式报案的,在事故查勘、核定损失时,由保险公司的专业人员现场指导填写,若被保险人是单位的,还需加盖单位公章。

(4) 报案时须注意以下几个问题。

① 报案期限。保险事故发生后48小时内通知保险公司。

② 报案方式。到保险公司报案,电话(传真)报案,业务员转达报案。

③ 报案内容。被保险人名称、保险单号、保险期限、保险险别、出险时间、出险地点、出险原因、出险车辆牌号、出险厂牌车型、人员伤亡情况、伤者姓名、送医时间、医院名址、事故损失及施救情况、车辆停放地点、驾驶员、报案人姓名、与被保险人的关系以及联系电话。

3. 合理施救

合理施救是被保险人承担的一项义务,对于发生的保险事故,被保险人负有及时施救以减少损失和保护现场原状的责任,以避免损失扩大和便于保险公司派员查勘现场;否则,将给索赔带来困难。被保险人应当采取必要的、合理的抢救措施,进行抢救,例如,灭火、抢救财产等,并对受损的保险标的进行必要的整理。

保险事故发生后,未经保险人查勘、核损或同意前,被保险人或受益人应当保护好事故现场,不要先行清理事故现场,也不要自行拆修、处理受损财产。否则,会给以后的理赔工作造成困难,增加定损、赔付的麻烦。

4. 接受保险人的检验

保险人有权进行现场查勘,而被保险人负有接受检验的义务。因此,被保险人应根据保险人的要求,提出检验申请,接受保险人或其委托的其他人员(如保险代理人、检验机关)的检验,并为其进行的检验提供方便条件,用以保证保险人及时、准确地查明事故原因,确认损害程度和损失数额等。

5. 查勘与定损

保险公司接到客户的报案后,会及时派出专业人员赶赴出事现场,对保险责任范围内的事故,保险公司工作人员将对其进行查勘、定损,协助处理和分析事故原因,了解事故损失,告知理赔注意事项。被保险人及驾驶员应积极配合保险公司的查勘人员调查取证,如实回答查勘人员提出的问题。主动与保险公司的定损人员一道确定事故车辆的损失情况并在评估单上签字后,将车辆送到修理厂修理。

因保险事故受损或造成第三者财产损坏,应当尽量修复。修前被保险人须会同保险人核定损失,确定修理项目、修理方式和费用。

6. 事故车辆的修理

受损的保险车辆需进厂修理的,一律要经保险人查勘估价,经核损认可,出具估价单。定损后由被保险人自行选择修理厂修车或到推荐的修理厂维修。若客户未经保险人认可自行修理,则修理费用保险人有权重新核定甚至拒绝赔偿。对在外地出事并已委托代查勘和定损的车辆,其估价单须经保险人核定认可后,方可维修。

(二)索赔时应提供的单证

索赔时要带全所需的必要单证。被保险人或受益人在提出索赔时,应当根据有关法律和保险合同的规定,被保险人应在公安交通管理部门对交通事故处理结案之日起10日内,向保险人提供事故相应的索赔单证,如事故证明、裁决书、赔偿调解书等,保险人才会接受其索赔。

被保险人应妥善保管各种必要单证,如修理保险车辆、赔偿第三者受损财产时开具的发票以及抢救治疗受伤人员时医院开具的票据等,以便在索赔时提供给保险人。被保险人还要积极配合有关部门办理理赔手续,并根据保险人的需要提供这些资料,以便保险人确定保险赔偿责任。

交管部门结案后,被保险人可携带出险证明、事故责任认定书、事故调解书、损失技术鉴定书或伤残鉴定书、有关原始单据以及其他证明及材料到所投保的保险公司办理索赔。

1. 领取赔款时应提供的单证

被保险人领取赔款时须提供出险登记表、被保险人身份证、公章、取款人身份证。如有疑问,可向理赔人员咨询。

2. 向保险人开具权益转让书

由于汽车保险具有补偿性,被保险人不能在补偿其保险车辆损失的范围以外获取利益,因此,在汽车保险的索赔和理赔中适用代位追偿和委付制度。对于涉及第三者赔偿责任的时候,被保险人应当向保险人开具转移其向第三者索赔权给保险人的书面转让文件,用以证明保险人在向被保险人赔付后享有的向第三者追偿的权利。

此外,在推定汽车保险的保险标的全损的情况下,被保险人也可以向保险人申请委付,但是,被保险人必须出具转移保险标的的一切权利给保险人的书面文件。

3. 确认赔偿金额、领取保险赔款

被保险人提供齐全、有效的索赔单证后,保险人即根据条款、单证进行赔款理算,然后向被保险人说明赔偿标准和计算依据,若被保险人对赔款没有异议的,即可领取赔款。一般情况下,赔款金额经双方确认后,保险人在10日内一次赔偿结案。赔款收据应填上开户银行账号,盖上财务公章。如为私人车辆,则由被保险人签名,经保险人审核无误后,凭本人身份证到保险公司领取赔款。

在被保险人领取了保险赔款后,其据以索赔的保险单是否继续有效,要根据具体情况来处理。对于机动车损失保险来说,被保险人领取了全部保险金额赔偿后,其保险单的效力终止;对于机动车第三者责任保险,责任险保险单因其无责任限额,在领取了部分保险金额赔偿后,根据保险合同的约定,保险单继续有效,故原则上是在保险人赔付后继续有效至保险期限届满。若该类保险单规定了累计限额的,则在扣除赔款额后的余额范围内继续有效。

(三) 索赔时应注意的问题

(1) 保险车辆发生的损失是第三方造成的,应由其负责赔偿时,被保险人首先应向第三方索赔。如遇第三方不予支付的情况,应向人民法院提起诉讼,然后携带人民法院的受理证明,请求保险公司先行赔付。

(2) 如果保险车辆的事故属单方性质,在及时报案并经承保公司现场查勘后,在办理索赔时被保险人可不必提供事故证明。

(3) 如果保险车辆被盗,则被保险人应办理被盗车辆的封档手续。查找60日无下落,向承保公司索赔。封档手续如下:被保险人持案发地派出所证明到车管所领取封档表,然后持封档表到派出所、所属分局刑警队、公安局主管处室分别盖章,然后送车管所封档签章。

(四) 当事人在索赔和理赔中的权利和义务

为保证索赔理赔工作的顺利进行,保险立法及具体的保险合同规定了各方当事人在索赔和理赔过程中应当享有的权利和承担的义务。

1. 被保险人的权利和义务

(1) 权利——索赔权。如果被保险人履行了所承担的各项义务,就有权在保险单许可的范围内要求保险人赔偿保险事故造成的损失或给付保险金。保险人对于其保险责任项下的款项应当迅速赔付,不得以其权利(诸如代位求偿权或分摊权等)尚未实现为由而暂缓赔付。否则,将构成违约。

(2) 义务。

① 发生保险事故的通知义务。被保险人在发生了保险事故后,应当立即通知保险人,将发生保险事故的事实以及损害发生的情况通知保险人及其代理人(详见《保险法》第21条)。其目的是让保险人能够及时地调查保险事故发生的原因,查证损失情况,并采取适当的措施来防止损失的扩大。用以避免因延误时间而增加调查的困难,防止被保险人隐瞒或消灭证据等欺诈行为。

如果被保险人在保险事故发生后,经过一段合理的时间,并且能够通知却没有向保险人及其代理人发出通知的,则违反了这一义务,保险人有权拒绝赔偿。

② 施救的义务。虽然被保险人的损失可以从保险人那里得到约定的赔偿,但是,出于保护社会财富,防止被保险人谋取不当利益的道德危险的要求,保险立法规定了此项义务,即被保险人在保险事故发生时,应当采取必要的、合理的措施进行抢救,防止或减少保险标的的损失。

③ 提供索赔单证的义务。为了获取保险人的赔付,被保险人在提出索赔要求的时候,应当按照有关保险法和保险合同的规定,向保险人提交有关的索赔单证,以此证明保险事故发生的事实和损失数额。否则,保险人将拒绝接受其索赔请求。

2. 保险人的权利和义务

(1) 义务。保险人在索赔和理赔过程中的主要义务是:应当根据被保险人或受益人的索赔要求,及时正确地进行理赔,依据法律和保险合同的规定,向被保险人或受益人予以赔付。如果保险人应当赔付而未予赔付,或故意拖延赔付,或所赔付的数额小于应当赔付的范围的,则均构成违约行为,要依法承担违约责任。

(2) 权利。

① 调查权。为使审核损失,确定责任的工作得以顺利进行,法律赋予保险人调查损失

的权利。基于这一权利,保险人得以进入事故现场,调查事故发生的原因及造成的损失情况。必要时,保险人有权聘请专门机构和人员评估损失。并且,保险人有权审核被保险人或受益人提交的索赔单证是否真实、齐全。

② 代位求偿权。代位求偿权表现为如果第三者对于保险标的的损失依法负有赔偿责任时,保险人在向被保险人进行赔付时,有权要求被保险人将其享有的对第三者的赔偿请求转移给保险人。然后,保险人代被保险人向第三者追索赔偿。

保险人取得代位求偿权的前提是向被保险人履行了保险赔偿义务。如果被保险人作为受害人已经从第三者处得到了赔偿,且所得赔偿的数额等于或大于保险人依保险合同所应赔付的数额时,被保险人在保险合同中的索赔权随之消灭,则保险人也就不存在代位求偿的权利。

③ 分摊权。分摊权存在于重复保险的财产保险合同中。具体来讲,如果投保人就同一保险标的分别向两个或两个以上的保险人投保,导致各个保险合同的赔偿总额超过了被保险人的实际损失的,则构成重复保险。在重复保险的情况下,被保险人只向其中一个保险人提出索赔请求时,该保险人有权向其他保险人要求按一定的分摊方法承担各自的赔偿责任。保险人要求其他保险人分摊损失的权利即为分摊权。

三、赔款计算及基本程序

计算赔款是理赔工作的最后环节,也是理赔工作的关键、重要一步。保险车辆肇事后经现场查勘、调查、定损以至事故车辆修复后,由被保险人提供单证、事故责任认定书、损害赔偿调解书、车辆估损单、修理清单和修车发票以及各种其他赔偿费用单据,经保险责任审定、损失费用核定后,应按机动车损失保险、第三者责任保险、施救费、车辆附加险等分别计算赔款数额。

(一)机动车损失保险的赔偿计算

在汽车保险合同有效期内,保险车辆发生保险责任范围内的事故而遭受的损失或费用支出,保险人按以下规定赔偿。交通事故的经济赔偿部分,以《道路交通安全法实施条例》及出险当地的道路交通事故处理规定为原则计算赔款。计算赔款的方法如下。

1. 车辆全部损失的赔款计算

机动车辆全部损失是指保险标的因碰撞、倾覆或火灾事故造成车辆无法修复即整车损毁;或保险标的受损严重,车辆修复费用极高,基本上接近于保险车辆的保险金额,已失去修复价值;或按国家有关汽车报废条件,达到报废程度,由保险公司的查勘、定损人员推定全损。

在车辆全损的赔款计算中应注意掌握和区分:车辆的实际价值和车辆的保险金额。在车辆全损的赔款计算中,不论机动车损失保险按保险价值或实际价值或由被保险人与保险人协商估价投保确定保险金额的,若保险金额等于或低于出险时的实际价值,则在赔款计算中以保险金额为最高赔偿限额进行赔款计算;若保险金额高于出险时的实际价值,则以不超过出险当时的实际价值进行赔款计算。车辆残值应根据车辆损坏程度、残余部分的有用价值与被保险人协商作价后折归被保险人,并在赔款计算中扣除。

车辆出险时实际价值的确定:车辆发生事故推定全损后,如何确定发生事故前车辆原有的实际价值,目前我国还没有一个比较准确的核定方法。因为车辆的使用条件、环境以及汽车的维护修理情况千差万别。同样一种车型，同时投入运行，但其使用强度以及车辆状况的差异，也就使车辆的实际价值可能差异很大。现在确定车辆实际价值的通常做法是按照国家关于汽车使用更新报废条件中的使用年限，比照现行汽车重置价值采取按使用年限折旧的方法予以确定。也可以按各地汽车交易市场同一车型、同一使用年限的车辆交易平均价格参照确定。

车辆全损赔款计算公式为：

$$保险赔款 = 车辆核定损失 \times 按责任分担损失的比例 \times (1-免赔率)$$

（1）保险车辆发生全部损失后，如果保险金额等于或低于出险时的实际价值时，按保险金额计算赔款。即

$$保险赔款 = (保险金额 - 残值) \times 事故责任比例 \times (1-免赔率)$$

（2）保险车辆发生全部损失后，如果保险金额高于出险时车辆的实际价值时，以出险当时的实际价值计算赔偿。即

$$保险赔款 = (实际价值 - 残值) \times 事故责任比例 \times (1-免赔率)$$

在计算时应注意以下两点。

① 免赔率是指车辆保险每次赔款计算中，应按规定扣除的按责免赔比例。免赔率的高低与被保险人承担的事故责任成正比。负全部或单方事故责任的免赔 20%，负主要责任的免赔 15%，负同等责任的免赔 10%，负次要责任的免赔 5%。

② 计算公式中的按责任分担损失比例是按照交通事故责任者应当按照所负交通事故责任承担相应的损害赔偿责任。交通事故责任认定划分为：全部责任；主、次责任；同等责任。全部责任（含单方事故）承担事故所造成的全部损失；主、次责任通常情况下按 7∶3 比例分担事故所造成的全部损失，也有按 9∶1、8∶2 或 6∶4 比例分担损失的。同等责任按 5∶5 分担事故所造成的全部损失。

【例 10-1】 甲、乙两车都在某保险公司投保了机动车损失保险，两车均按保险价值投保，保险金额都为 40 000 元。两车在不同事故中出险，且均被承保的保险公司推定全损。甲车投保时为新购车辆，即其实际价值与保险金额相等，残值作价 2000 元；乙车投保时该车已使用了两年，出险当时实际价值确定为 32 000 元，残值作价 1000 元。试核定两车的损失。

解：甲车损失 = 保险金额 − 残值 = 40 000 − 2000 = 38 000（元）

乙车损失 = 实际价值 − 残值 = 32 000 − 1000 = 31 000（元）

【例 10-2】 甲、乙两车发生严重碰撞事故，甲车被推定全损，该车在某保险公司投保，机动车损失保险保险金额为 80 000 万元，出险时车辆实际价值被确定为 65 000 元，残值作价 3000 元。根据交通事故处理机关认定甲方负主要责任，承担 70% 的事故损失。试计算保险公司应支付甲车机动车损失保险的赔款。

解：甲车机动车损失保险赔款 = （实际价值 − 残值）× 按责任分担损失的比例 ×（1 − 免赔率）

$$= (65\,000 - 3000) \times 70\% \times (1-15\%)$$
$$= 62\,000 \times 70\% \times 85\%$$
$$= 36\,890（元）$$

2. 车辆部分损失的赔款结算

车辆部分损失是指保险车辆出险受损后，尚未达到"整体损毁"或"推定全损"的程度，仅

发生局部损失,通过修复,车辆还可继续使用。

机动车辆部分损失的赔款计算,也应区分两种不同情况分别计算。

(1) 投保车辆以新车购置价确定保险金额的车辆,发生部分损失后,按实际修理费用计算赔偿。但每次以不超过保额或出险当时的实际价值为限,如果有残值应在赔款中扣除。其计算公式为:

保险赔款＝(实际修复费用－残值)×事故责任比例×(1－免赔率)

(2) 保险金额低于新车购置价的车辆,按照保险金额与新车购置价的比例计算赔偿修理费用。但每次以不超过保额为限,如有残值应在赔款中扣除。其计算公式为:

保险赔款＝(修理费用－残值)×事故责任比例×(保险金额／新车购置价)×(1－免赔率)

修复费用的确定以保险公司查勘、定损人员出具的事故车辆估价单估损金额为准。残值是指部分损失车辆更换下来的零部件的残余价值,通常情况下按所更换配件价值的2%计算,但所更换的配件无残余价值(如风窗玻璃、灯具、橡胶塑料件等)则考虑不扣除残值。

保险车辆损失赔偿及施救费用以不超过保险金额为限。如果保险车辆按全损计算赔偿或部分损失的一次赔款金额与免赔金额之和等于保险金额,则机动车损失保险的保险责任即行终止。但保险车辆在保险期限内,不论发生一次或多次保险责任范围内的损失或费用支出,只要每次的赔款加免赔金额之和未达到保险金额,其保险责任就仍然有效,保险人应按原保险金额继续负责。

3. 施救费的计算

施救费的赔偿是保险赔偿责任的一个组成部分,是在施救费用核定的基础上进行计算的。通常保险人只承担为施救、保护保险车辆及其财物而支付的正常、必要、合理的费用,保险人在保险金额范围内按施救费赔偿;但对于保险车辆装载的货物、拖带的未保险车辆或其他拖带物的施救费,不予负责。施救的财产中,含有机动车损失保险合同未保险的财产,如果两者费用无法划分,应按本保险合同保险财产的实际价值占总施救财产的实际价值的比例分摊施救费。计算公式为:

保险车辆施救费＝总施救费×保险金额/(保险金额＋其他被施救财产价值)

【例10-3】 某保险车辆的保险金额为40 000元,车上载运货物价值为30 000元,发生属保险责任范围内的单方事故,保护与施救费共支出1000元。试计算保险公司应赔付的施救费。

解:保险车辆施救费赔款＝1000×[40 000/(40 000＋30 000)]＝571.43(元)

(二) 机动车第三者责任保险的赔偿计算

赔偿的依据

(1) 保险车辆发生机动车第三者责任事故时,应按《道路交通安全法实施条例》及有关法规、条例规定的赔偿范围、项目和标准以及保险合同的规定进行处理,在保险单载明的赔偿限额内核定、计算赔偿金额,对被保险人自行承诺或支付的赔偿金额,保险人有权重新核定或拒绝赔偿。计算赔款数额时,按以下两种情况采用不同的公式来计算。

① 当被保险人应负赔偿金额超过保险赔偿限额时:

保险赔款＝赔偿限额×(1－免赔率)

② 当被保险人应负赔偿金额等于或低于赔偿限额时：
$$保险赔款 = 应负赔偿金额 \times (1 - 免赔率)$$

【例 10-4】 甲车投保了机动车损失保险及机动车第三者责任保险(限额5万元)，在保险有效期内出车时，因雾大路滑，超速且占道行驶，与对面驶来的乙车相撞，造成对方车辆损坏严重，驾驶员受重伤，经交通事故处理机关现场查勘认定，甲车负全部责任。甲车投保的保险公司经对乙车查勘和定损，核定车辆损失为40 000元，乙车驾驶员住院医疗费为15 000元，其他费用(护理费、营养费、误工费等)按规定核定为5000元。以上两项，交通事故处理机关裁定甲车(即被保险人)应承担赔偿费用为60 000元，已超过机动车第三者责任保险赔偿限额，试计算甲车保险公司应赔付甲车机动车第三者责任保险的赔款金额。

解：
$$\begin{aligned}保险赔款 &= 赔偿限额 \times (1 - 免赔率) \\ &= 50\,000 \times (1 - 20\%) \\ &= 40\,000(元)\end{aligned}$$

如果甲车造成乙车的损失恰好是50 000元，则甲车保险公司应付甲车赔款数为：
$$\begin{aligned}保险赔款 &= 应负赔偿金额 \times (1 - 免赔率) \\ &= 50\,000 \times (1 - 20\%) = 40\,000(元)\end{aligned}$$

如果甲车造成乙车的损失应负赔偿金额是40 000元，则甲车保险公司应付甲车赔款数为：
$$\begin{aligned}保险赔款 &= 应负赔偿金额 \times (1 - 免赔率) \\ &= 40\,000 \times (1 - 20\%) \\ &= 32\,000(元)\end{aligned}$$

【例 10-5】 甲、乙两车在行驶中不慎发生严重碰撞事故。经查证，两车均投保了机动车损失保险和机动车第三者责任保险，其中，甲车机动车损失保险保险金额为30 000元，新车购置价为50 000元，机动车第三者责任保险限额为50 000元；乙车机动车损失保险保险金额为80 000元，保险价值为80 000元，机动车第三者责任保险限额为50 000元。经交通事故处理机关现场查勘分析认定甲车严重违章行驶，是造成本次事故的主要原因，应承担本次碰撞事故的主要责任，负担本次事故损失费用的70%。乙车措施不当，负本次事故的次要责任，负担本次事故损失费用的30%。经甲、乙双方保险公司现场查勘和定损核定损失如下。

甲车：车损为20 000元，驾驶员住院医疗费为10 000元，按规定核定其他费用(护理费、误工费、营养费等)为2000元。

乙车：车损为45 000元，驾驶员死亡，按规定核定费用为25 000元(含死亡补偿费、被抚养人生活费)，一乘车人受重伤致残，其住院医疗费为20 000元，按规定核定其他费用为25 000元(护理费、误工费、营养费、伤残补助费及被抚养人生活费)。以上两车总损失费用为147 000元，按交通事故处理机关裁定。

甲车应承担赔偿费用为：147 000×70%=102 900(元)
乙车应承担赔偿费用为：147 000×30%=44 100(元)
试计算双方保险公司按保险责任应支付的保险赔款。

解：
a. 甲车承保公司应支付甲车赔款：

$$保险赔款 = 车辆核定损失 \times 按责任分担的比例$$
$$\times (保险金额/保险价值) \times (1-免赔率)$$
$$= 20\,000 \times 70\% \times (30\,000/50\,000) \times (1-15\%)$$
$$= 14\,000 \times (30\,000/50\,000) \times (1-15\%)$$
$$= 8400 \times 85\%$$
$$= 7140(元)$$

b. 甲车承担的机动车第三者责任保险赔款

甲车应承担乙车的赔偿费用 $= (45\,000+25\,000+20\,000+25\,000) \times 70\% = 80\,500(元)$

因其已超过第三者责任保险赔偿限额，所以甲车承保公司应付甲车的机动第三者责任保险赔款数为：

$$保险赔款 = 赔偿限额 \times (1-免赔率) = 50\,000 \times (1-15\%) = 42\,500(元)$$

总计应支付甲车赔款 $= 7140+42\,500 = 49\,640(元)$

c. 乙车承保公司应支付乙车赔款

$$机动车损失保险保险赔款 = 45\,000 \times 30\% \times (1-5\%) = 12\,825(元)$$

d. 乙车承担的机动车第三者责任保险赔款

乙车应承担甲车赔偿费用 $= (20\,000+10\,000+2000) \times 30\% = 9600(元)$

$$保险赔款 = 12\,825 \times (1-5\%) = 9120(元)$$

总计应支付乙车赔款 $= 12\,825+9120 = 21\,945(元)$

(2) 机动车第三者责任保险的保险责任为连续责任。即保险车辆发生第三者责任事故，保险人赔偿后，每次事故无论赔款是否达到保险赔偿限额，在保险期限内，机动车第三者责任保险的保险责任仍然有效，直至保险期满。

(3) 第三者责任事故赔偿后，对受害第三者的任何赔偿费用的增加，保险人不再负责赔偿。

(三) 车辆附加险赔款计算

1. 机动车车上人员责任保险的赔款计算

(1) 机动车车上人员责任保险的保险责任。被保险人在投保机动车损失保险及机动车第三者责任保险后，若附加投保机动车车上（人员、货物）责任保险，则保险人负以下赔偿责任。

① 保险车辆因发生机动车损失保险规定范围内的灾害事故，致使车上人员伤亡或货物损毁，依法应由被保险人承担的经济赔偿责任。

② 被保险人对上述人员伤亡或货物损毁进行抢救、施救所发生的合理费用。

③ 已投保机动车全车盗抢保险的被保险人，在本车被劫时车上人员伤亡。

(2) 机动车车上责任险的赔款计算方法。被保险人凡发生车上责任险范围内的各项损失，保险人按责任限额以及被保险人在事故发生过程所应承担的责任，扣减相应比例免赔率进行赔付款计算。具体计算方法如下。

① 车上人员伤亡。车上人员伤亡按人分别计算，每辆车给付的人数以不超过保险车辆的额定座位（包括驾驶员）为限。如实际载客人数超过额定座位时，以额定座位数与实际载客数的比例付给。

a. 当被保险人应承担的受伤人员医疗费、抢救费超过限额时(含车上人员死亡)：

$$保险赔款＝赔偿限额×(1－免赔率)$$

b. 当被保险人应承担的受伤人员医疗费、抢救费等于或低于限额时：

$$保险赔款＝实际费用×(1－免赔率)$$

按人分别计算后的合计数，即保险人应支付给被保险人的赔款数。

② 车上货物损失。

a. 当被保险人应承担的车上货物损失(含施救费)超过限额时：

$$保险赔款＝赔偿限额×(1－免赔率)$$

b. 被保险人应承担的车上货物损失(含施救费)等于或低于限额时：

$$保险赔款＝实际损失费用×(1－免赔率)$$

2. 机动车全身盗抢保险的赔款计算

附加机动车全身盗抢保险的保险车辆，在保险期间被盗窃或被抢劫，若满60日后仍未找到，保险人在取得车辆权益转让书后，按车辆保险金额或出险时车辆实际价值计算赔偿，并扣除相应的免赔率。

(1) 当车辆保险金额高于或等于车辆出险时的实际价值时：

$$保险赔款＝实际价值×(1－免赔率)$$

(2) 当车辆保险金额低于车辆出险时的实际价值时：

$$保险赔款＝保险金额×(1－免赔率)$$

被盗抢车辆在60日内找回，但车辆遭受部分损失(碰撞、车上装备丢失以及其他机械方面的损坏)，保险人比照机动车损失保险赔付款计算方法进行计算。

四、核赔

核赔是理赔流程的最后一环，也是对赔案是否合理定性定量把关的一环，前面各环节的疏漏将在本环节得到控制，是对接听报案、查勘、定损、核价、核损、理算等岗位工作质量的监控，是理赔质量的最终体现。

核赔包括以下几个方面。

(1) 审核承保情况，主要通过审核保险单抄件，有疑问时候增加审核投保险单、保险单正本、业务协议等。

(2) 审核定责情况，主要通过索赔申请书、查勘报告、现场照片和事故证明等审核。

(3) 审核定损情况，主要审核车辆损失、人身伤害赔偿、非车辆财产损失、施救费。

(4) 审核理算情况，主要包括适用的险种是否准确；赔款计算公式是否正确(累加计算)；责任系数、免赔率是否正确；各项目的赔款金额是否与损失清单、发票相符；是否足额投保。

(5) 审核案卷情况，主要包括各级核赔人的适用权限是否准确；各流程责任人有无签字；索赔交接单与案卷的单证、票据、证明是否相符；必需的单证、票据、证明是否齐全；案卷装订是否规范。

(6) 签署意见、反馈，主要包括核赔人的权限签署审批意见；超过权限的案件上报上一级核赔人；对有疑问的案件向下一级核赔人反馈；必要时组织复勘，重新缮制案卷；收集典型案例，向核保岗位反馈。

资讯三 未决案件

一、未决案件概述

1. 未决案件现状

（1）个别保险公司未决赔案无专人管理或管理人员兼职过多，且对自己的职责不清，造成未决赔案无人管理或管理混乱，出现未决赔案在办公职场内随意摆放等现象，进一步加大了未决管理的风险。

（2）个别保险公司未决管理的流程和标准模糊。不清楚如何进行未决赔案管理及未决赔案应该管理到什么程度。出现了在规定时效不及时收取查勘人员和定损人员的未决资料、"有案无卷"、客户提供索赔材料后不能得到及时赔付的现象。

（3）个别查勘人员不能按照车险理赔流程处理案件。出现定损完毕后不能将未决材料及时上传易保系统，不能及时转交未决管理岗，造成单证不全，材料遗失、残缺等现象。特别是在查勘人员流动时，不能及时进行工作交接，导致整个案件无法处理。

（4）个别未决管理岗不能及时对立案金额进行修改，出现预估损失偏差较大，最终导致赔付率不真实，影响公司对车险经营管控的决策。

2. 未决赔案的定义

未决赔案是指保险事故业已发生，保险人尚未核准赔付的赔案，它包含三类案件。

（1）业已发生尚未报案的赔案。

（2）业已报案，公司业务系统尚未确认责任、损失进行立案的赔案。

（3）系统业已立案，但尚未做已决结算的赔案。

二、岗位职责

1. 客服负责人

保险公司各机构客服负责人为未决管理第一责任人，应该对本机构未决赔案的真实性、准确性负责。

2. 查勘、定损岗

查勘、定损岗应在规定时间内对案件进行查勘和定损，并及时将未决材料上传保险公司系统，同时转交未决管理岗，保证实际流转和保险公司系统完全统一。

3. 未决管理岗

（1）及时对未决材料进行跟踪催办，督促未决卷宗的及时流转，保证做到"一案一卷、案卷相符"。

（2）及时对未决赔款准备金的提取进行修改，有效降低预估损失偏差率。

（3）及时清理未决赔案，督促被保险人或本公司相关人员及时结案。

（4）定期对未决赔案进行统计分析，掌握未决原因，为理赔负责人制定相关措施提供依据。

三、未决赔案的单证

被保险人在出险时向所在保险公司报案,所在保险公司受理并形成报案号后,即形成未决赔案,未决管理岗即应建立未决档案,并根据案件处理的进程随时添加案件材料,未决材料一般包括出险通知书、现场查勘报告、人伤调查报告、定损单、现场相片及其他必要文件,如询问笔录等。

四、未决管理

1. 未决管理的主要内容

(1) 每日上午11时前,建立前日机构的所有新增未决的电子报表。

(2) 打印抄单,建立手工未决档案。

(3) 根据电子报表进行定损、核损、缮制、核赔的催办;未决报表必须反映每一笔赔案从受理开始的流转过程和现时状态,24小时内必须保证查勘和定损信息的录入,及纸质未决档案的建立,确保所有报案从受理开始,24小时手工及易保同时生成未决档案,上传车损信息。

(4) 进行定损核损缮制核赔的催办,对每笔不能在规定时效内结束的案件备注说明,如超过总公司要求时效无法处理个案,必须及时转发核损核赔协调人;并对以往发生未能及时处理的未决赔案进行复查,每日下午5点前将当日未决的报表信息刷新并发至各机构理赔负责人。

(5) 负责对客户材料的收集受理,对客户材料已受理,因疑问或材料缺失,导致不能处理的案件进行沟通,找寻具体负责人或电话催促客户进行办理,对全辖所有发生的未决进行每日清理,对客户超过一周未主动办理的进行电话联系,并备注个案具体进展,必须对每个不能及时结案的赔案进行逐个说明,并进行定期复核。每日下午5点前将当日下发的报表信息刷新并反馈汇总至理赔负责人。

(6) 进行未决齐全案件的分派及缮制核赔流程的催办监督。

(7) 对在48小时时效内未完成易保查勘和定损信息录入及纸质未决材料未能齐全归档的,附案件跟踪单每周进行催办清理。

(8) 客户手续不齐全的案件,每月进行催缴手续并清理,并在案件跟踪单中详细记录处理过程,如与谁联系的、电话号码是多少,缺少什么手续,客户如何答复等,便于其他工作人员接手后仍可清晰地进行工作。

(9) 已完成立案处理案件必须形成物理卷宗,由未决管理岗统一管理,必须做到"一案一卷,案卷相符"。未决档案应按赔案号码先后顺序进行保管,除理赔负责人外他人不得调阅档案。特殊原因需要调阅案卷的,如法律诉讼,需经理赔负责人签字同意,办理借阅手续后方可调档。

2. 未决案件清理的目的

(1) 加快案件处理时效,有效提高及时结案率。

(2) 保证未决赔案数据的真实性,为业务决策及理赔管理提供依据。

(3) 体现保险行业"以客户为中心"的服务理念,提高理赔工作的主动服务意识。

3. 未决案件管理的要求

各保险公司要对未决赔案不断跟踪,及时清理,查明未决原因,并做好清理记录,这就要求各保险公司做到以下几点。

(1)未决管理岗定期(最长不得低于2个月)在保险系统中设置该保险公司的《未决清单报表》,并按报表设置清理台账。

(2)按《未决清单报表》逐个向被保险人(报案人)核实未决原因,并做详细记录。未决原因可按以下情况进行分类,见表9-1。

表 9-1 未决案件分类

A. 交警未决、法院诉讼的	B. 人伤未愈继续治疗的
C. 被保险人未提供索赔材料或材料不全的	D. 赔款金额被保险人有争议的
E. 疑难案件需进一步调查核实的	F. 损失不足绝对免赔额或待拒赔案件的
G. 被保险人逾期自动放弃索赔的	H. 索赔材料已提供未及时理算的

五、未决注销(零结)

注销(零结案)未决赔案是指在规定时间内已做立案处理,立案后事实确认可以撤销的案件。注销(零结案)未决赔案必须坚持"实事求是"的原则,对实行要注销的案件应慎之又慎,经得起时间的检验。原则上可注销的未决案件有以下几种。

(1)重复报案、重复立案的。
(2)双方事故标的无责的。
(3)小额车损物损,被保险人逾期两年以上不提供资料索赔的。
(4)立案后有足够理由说明被保险人放弃索赔的。
(5)赔款金额小于绝对免赔额的。
(6)立案后发现明显不属于保险责任的。

资讯四 理赔案卷的制作和管理

一、理赔案卷的制作

(一)编制损失计算书

理赔人员完成保险责任的确定、损失费用的审核后,应按计算原则及方法编制《汽车理赔编制损失计算书》,编制计算书时应注意以下几个问题。

1. 有关证明和单证材料要齐全

如报案登记表、出险通知书、查勘理赔工作报告、原始单据、第三者人身伤亡的医疗费单据、赔偿第三者的收款收据、施救费用清单和单据、查勘费用单据、汽车修理项目清单和费用单据、公安交通管理部门出具的责任认定材料、现场照片以及修车协议书(车辆估损单)等有关材料。如果保户原始单证入账无法提供,可用加盖财务公章的抄件或复印件,并注明原始凭证入账日期和会计凭证编号。

2. 正确填写《汽车理赔编制损失计算书》

《汽车理赔编制损失计算书》是支付赔款的正式凭证,各栏要根据保险单、查勘理赔工作报告及有关证明单证详细核对填写,项目要齐全,计算要准确,数字、字迹要清晰,不可有任何涂改。损失计算要列明计算公式,经办人员盖章。

(二)《赔案综合报告》

《赔案综合报告》是对一个赔案整个处理过程简明扼要的文字表述,要求文字表达准确、简练,内容要全面。任何人(包括赔案复核人、审核人)看了《赔案综合报告》后,能够对保险标的的承保情况、事故发生情况、保险责任确定以及损失费用核定情况有所了解,并能清楚整个赔案处理是否准确合理。

1.《赔案综合报告》的要素

(1)保险标的承保情况。包括被保险单位或被保险人、机动车损失保险投保金额、车辆重置价、机动车第三者责任保险限额、附加险投保情况、保险有效期限等。

(2)事故情况。包括事故发生时间、地点,事故类型(碰撞、倾覆或其他自然灾害),交通事故处理机关经查勘事故现场后,分析认定事故责任情况以及损害赔偿调解,经济损失分担情况(包括承担比例及损失赔偿费用)。

(3)保险责任确定情况。保险公司查勘、定损人员现场查勘调查情况以及依据保险条款对是否属于保险责任的确定。

(4)损失费用核定情况。损失费用核定应分项表述,如车辆损失费用核定情况、施救费用核定情况、第三者损失费用核定情况(人、车、物)、附加险损失费用核定情况。在分项表述时应重点表述核减、剔除费用的原因及依据。

(5)赔款分项计算情况及总赔款数。《赔案综合报告》一般情况下要求全用文字表述,但考虑到理赔内勤人员的工作量以及要做到让综合报告简单明了,对一些基本通用情况,如保险标的的承保情况及事故处理情况中的事故发生时间、地点、事故类型等,可采用表格形式,其他要素则采用文字表述形式。

2. 赔案材料的整理与装订

汽车保险理赔案卷内的理赔材料,一般排列顺序如下。

(1)赔案审批单。

(2)《赔案综合报告》书及赔款计算书。

(3)出险通知书。

(4)机动车辆保险单抄件。

(5)保险车辆出险查勘记录(现场查勘报告)。

(6)事故责任认定书、事故调解书或判决书及其他出险证明文件。

(7)保险车辆损失估价单(含附加机动车车上责任保险损失估价单)。

(8)机动车第三者责任保损失估价单(车、物)。

(9)事故损失照片(含事故现场照片、车辆损失照片、物资损坏照片)。

(10)损失技术鉴定书或伤残鉴定书(含病历、诊断证明)。

(11)有关原始单据。有关原始单据要求分类排列。

① 车辆修复原始发票及修理厂修理清单。

② 车辆施救票据。

③ 物资损坏修复费用票据。
④ 人员受伤医疗票据。
⑤ 其他赔偿费用票据。
要剔除不合理的费用单据,应另行粘贴,以便退还给被保险人。
(12) 赔款收据。
(13) 权益转让书。
(14) 其他有关证明、材料。

案卷装订时,原始单据、照片一律要求贴在粘贴单上,要排列整齐有序。各种材料每页应在其右上角空白处依序编号。案卷目录应能反映出案卷内各种材料的数量(特别是原始票据数量),做到编排有序、目录清楚。案卷装订应按各保险公司有关档案装订的规定进行,案卷装订要整齐牢固、美观大方。

二、理赔案卷的管理

理赔案卷应做到一案一档,防止一档多案。理赔案卷在入档之前,理赔内勤人员要认真进行《理赔档案保管登记簿》登记。

登记的主要内容有:归档日期、案卷序号、赔案编号、被保险人姓名等。登记簿要指定理赔内勤人员专人管理,便于查找调阅案卷。案卷管理是一项长期、细致的工作,应指定专人负责管理。通常当案卷整理、装订完毕并分类编号登记后,应按类号装盒归档,有序陈放,并按业务档案的管理规定进行妥善保管。

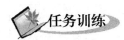

任务训练

理 赔 模 拟

1. 小组配合,讨论并进行以下案例的理算。

例1 A、B两车互碰,各负同等责任。A车损失3500元,B车损失3200元,均已承保交强险、机动车损失保险和机动车第三者责任保险,未投保不计免赔率险,则两车损失应如何赔付?

例2 A、B、C三车互碰造成三方车损,A车主责(损失3550元),B车无责(损失4000元),C车次责(损失5050元),车外财产损失6000元。A车、B车、C车均承保交强险、机动车第三者责任保险及机动车损失保险,则三车损失分别赔付多少?

2. 理算完成后,小组讨论完成理算表格的填写。

3. 结合案例和《汽车理赔编制损失计算书》完成理赔情景模拟。

汽车理赔编制损失计算书

保险单号： 　　　　　　　　　　　　　　　　　　　　　立案编号：
报案编号： 　　　　　　　　　　　　　　　　　　　　　赔款计算书号：

被保险人		条款类别		
厂牌型号		车辆购置价		事故类别	
号牌号码		车损保险金额		责任比例	
出险日期	年 月 日	第三者险责任限额		免赔比例	
出险地点		保险期限	自 年 月 日零时起至 年 月 日 24 时止		

分险别赔款计算公式
交强险
医疗费用赔偿
死亡伤残赔偿
财产损失赔偿
支付抢救费用(人民币大写)： 　　　　　　　　　　　　　元(¥： 　　元)
垫付抢救费用(人民币大写)： 　　　　　　　　　　　　　元(¥： 　　元)
交强险赔款合计(人民币大写)： 　　　　　　　　　　　　元(¥： 　　元)
机动车损失保险
机动车第三者责任保险
附加险

鉴定费：	元	代查勘费：	元	诉讼、仲裁费：	元
其他费用：	元	预付赔款：	元	损余物资/残值金额：	元
商业保险赔款合计(人民币大写)：				元(¥：	元)
赔款总计(人民币大写)：				元(¥：	元)
经理签字： 年 月 日	主管签字： 年 月 日		理赔师签字： 年 月 日	经办人签字： 年 月 日	
上级审批意见： 　　　　　　　　　　　　　　　　　　　　　　　　　　　　　　　　　年 月 日					

1. 简述车险理赔的特点。
2. 车险赔案中常见的间接费用和不合理费用有哪些?
3. 简述损余物资的一般处理办法。
4. 被保险人的权利和义务有哪些?
5. 简述汇总车险理赔时的计算公式。
6. 简述未决案件的含义。
7. 原则上可注销的未决案件有哪些?
8. 简述赔案材料的整理和装订顺序。

参考文献

[1] 李景芝,赵长利.汽车保险理赔[M].北京:机械工业出版社,2014.
[2] 梁军.汽车保险与理赔[M].北京:人民交通出版社,2011.
[3] 张彤.汽车保险与理赔[M].北京:清华大学出版社,2010.
[4] 李景芝,赵长利.汽车保险典型案例分析[M].北京:国防工业出版社,2010.
[5] 荆叶平,王俊喜.汽车保险与公估[M].北京:人民交通出版社,2009.
[6] 程浩勋,黄关山.汽车保险与理赔[M].北京:人民交通出版社,2011.
[7] 常兴华.汽车保险与理赔一体化教程[M].北京:机械工业出版社,2014.
[8] 郭颂平,赵春梅.保险营销学[M].北京:中国金融出版社,2012.
[9] 贾林青.保险法[M].北京:人民大学出版社,2011.
[10] 张新宝,陈飞.机动车交通事故责任强制保险条例理解与适用[M].北京:法律出版社,2006.